나의 패턴
스위칭

나의 패턴
스위칭

감정 생각 습관을 바꾸는 삶의 매뉴얼

김형기 지음

바다출판사

아버지께서는 내게 말씀하셨다. "옹졸하게 굴지 말고 생각을 크게 가져라." 제대로 먹어보지도 못하고 땅바닥에 떨어뜨린 막대사탕, 골목에서 내기하다가 순식간에 잃고 만 딱지, 사촌들과 밤새 놀지 못하고 헤어져야 하는 아쉬움 등을 두고 내가 속상해할 때마다, 아버지께서 내게 해주신 이 말씀은 꽤 옳은 지적임에도 귀에 들어오지 않았다. 그때는 그게 세상에서 가장 듣기 싫은 잔소리였다.

수십 년이 흘러 나도 두 아이의 아버지가 되었다. 이제는 내가 아이들에게 무언가를 이야기해줘야만 한다. 그렇지만 아버지께서 말씀하신 옹졸한 내 모습은 여전했다. 어른이 되어도 여전히 지나간 일에 속상해하고 집착하는 내 모습은 달라지지 않았다. 상황과 현실에 맞춰 방향을 틀고 나를 전환해야 함에도 갈피를 잡지 못하고 헤매기가 일쑤다. 번번이 되풀이 되는 시행착오 끝에 이제야 조금 깨달은 것은, '내가 달라지기 위해서는 무엇보다 나를 잘 달래줘야 한다.'는 것이다. 아쉽고 포기해야만 하는 것일수록 더 그렇다.

한번은 유리병 향초를 구입한 적이 있다. 비싼 향초라 한 번에 다 쓰기가 아까워 잠깐 켜뒀다가 끄기를 반복했다. 그랬더니 심지가 한쪽으로 쏠려서 유리병 한쪽이 검게 그을렸다. 결국 나는 그게 보기 싫어 그

향초를 치워버렸다. 한참 후에서야, 향초를 처음 사면 처음 한두 시간은 가만히 켜둬야 심지가 제자리를 찾고 그 결을 따라 안정적으로 탄다는 사실을 알게 되었다. 그 이야기를 듣고 나는 초기 민감기의 중요성을 떠올렸다. 내가 만약 심지가 중심을 잘 잡을 수 있도록 처음 한두 시간 향초를 안정적으로 켜뒀더라면 그 초를 끝까지 잘 쓸 수 있었을 텐데. 사람도 마찬가지다. 세 살 버릇 여든 간다는 속담도, 발달심리학에서 강조하는 애착과 달램의 중요성도 모두 비슷한 맥락이다.

사람은 누구나 어려서 체험한 결들을 체화해 패턴(Pattern)으로 만든다. 자신의 어떤 패턴은 마음에 상처라는 그을음을 반복해서 낸다. 그렇게 하지 말자고 아무리 굳게 결심해도 스스로에게 상처를 주는 일을 자꾸 반복하게 될 때가 있다. 왜 내가 그런 일을 반복하는지 그 이유를 스스로 알기도 어렵지만, 그 원인을 알아냈다 해도 몸에 배어버린 패턴은 바꾸기가 힘들다. 마치 헛스윙을 자꾸 하는 타자 같다. 스윙을 조금 늦추면 공을 칠 수 있다는 것을 알아도 번번이 방망이를 휘둘러버리는 타자 말이다. '조금 기다렸다 쳐야지.' '무작정 휘두르지 말아야지.' 해도 몸은 생각처럼 쉽게 변하지 않는다. 아무리 후회하고 다시는 그러지 말자고 다짐해도 그 상황이 되면 자기가 하던 대로 하기 십상이다.

사람들은 새로운 것을 바라지만 정작 자신이 가지고 있던 것을 손에 꼭 쥐고 놓지 못할 때가 있다. 그것을 놓아야 새로운 것을 얻을 수 있는데도 말이다. 정말 원하는 것이 있다면 그것이 무엇인지를 파악하고, 내가 무엇을 붙잡고 있는지를 알아야 한다. 무언가를 꼭 쥐는 데 힘을 쓸 수 있다면, 그 주먹을 푸는 데도 힘을 쓸 수 있다. 힘을 달리 사용하면 새로운 것을 쥘 기회가 열린다. 발판이 마련된다.

《나의 패턴 스위칭》은 그 힘에 관한 이야기이다. 성장과 발전, 변화와 회복을 목표로 펼쳐지는 애착과 그 원천에 관한 이야기이다. 원하는 아침을 맞이하고 주체적으로 살아갈 하루를 만들기 위한 이야기이다. 감정과 사고, 의지와 행동을 둘러싸고 반복되는 실체에 관한 이야기이며, 변화를 위해 스스로를 어떻게 달래주어야 하는지, 관계를 개선하기 위해 자기 마음에 어떤 결을 내야 할지를 알려주는 지침서이다.

요새 내 주위에는 자전거 타기에 목숨 거는 친구들이 늘어나고 있다. 그들은 자기 체력에 맞서는 '무한도전' 시리즈를 자주 털어놓는다. 자전거로 가파른 언덕을 넘을 때, 죽도록 포기하고 싶지만 한 번 참고, 또 참고, 세 번째 오는 고비마저 견뎌내면, 그때는 한계를 뚫고 나아갈 수 있다는 것이다. 온 근육이 터질 듯하다가 신경구조까지 바뀐다며 마치 자기가 스포츠 전문가라도 된 양 열변을 토한다.

누구에게나 견디기 힘든 시련은 닥친다. 사람은 자신이 모르는 것을 두려워한다. 나 역시 실직한 직후 무척 힘겨웠다. 앞날을 예측할 수 없어 너무나도 두려웠다. 하지만 벼랑 끝에 몰린 그때, 하는 수 없이 한 발을 내딛었더니 놀랍게도 새로운 길이 열렸다. 사점(死點)을 뚫고 나가는 순간이었다.

과거에 나는 확실한 계획 없이는 한 발도 떼지 않는 사람이었다. 열심히 돌다리도 두드려보고도, 계산기를 두드려보고도 정작 건너지 않는 사람이었다. 금융기관, 경영 컨설팅 펌에서 다른 이들의 사업계획서를 검열하는 일을 해서 그런지, 내 인생을 설계하는 데서도 확실한 결과를 만들어내는 확신이 서지 않는 이상 모험을 하지 않았다. 그러나 내 삶은 결코 자연스럽지 않았다. 계속되는 긴장 상황, 경쟁, 접대, 혹사……. 나 스스로를 되돌아볼 시간이 없었다. 속상한 심정을 누군가에게 말할 수조차 없었다. 재충전을 위해 현실에서 잠시 벗어나 어디론가 훌쩍 떠난다는 건 상상에서나 가능했다. 그렇다고 뭐가 문제인지 모르는 것도 아니었다. 사회구조적인 문제가 있다는 것도 알았다. 그럼에도 나는 내가 살아오던 대로 끝없이 질주했다.

　그러다 갑자기 상황이 변했다. 직장에서 해고를 당한 것이다. 앞으로 무엇을 해야 할지, 어떻게 살아야 할지, 가족들을 어떻게 먹여 살려야 할지 갈피를 잡을 수가 없었다. 불안했다. 후회와 원망의 나날이 이어졌다. 이 땅의 모든 것이 싫었다. '내 다시는 이 땅을 밟지 않으리라.' 다짐하고, 떠밀리다시피 북아메리카 대륙으로 갔다. 아내와 아이 둘도 함께였다.

　그렇게 시작된 유랑은 끝도 기약하지 않은 채 1년 가까이 이어졌다. 그러던 중 하와이 코나에 있는 예수 전도단 YWAM(Youth With A Mission)의 DTS(Discipleship Training School) 코스를 밟게 되었다. 그 코스의 마지막 단계는 오지로 단기 선교를 떠나는 일이었다. 구체적인 여정도, 방식도 정해져 있지 않았기 때문에 팀원들과 모든 것을 결정해야 했다. 낯선 선교지에서 말도 안 통하는 현지인들에게 어떻게 그리스도의 사랑을 전해야 하는가에서부터 식사는 어떻게 해결할지, 어떻게 씻고 어디에서 자야 할지 하는 소소한 문제까지 모두 우리가 정해야 했다. 이 경험은 오늘과 내일의 모든 계획을 세우고, 손익 계산을 모두 마친 후에야 겨우 움직이던 내 패턴과는 완전히 다른 방식이었다. 새로운 도전을 하는 동안 나는 기존의 내 모습을 계속 되돌아보았다. 나를 만들어온 패턴이 무엇이었으며, 앞으로 어떻게 이 패턴을 전환해야 할지 계속해서 고민했다. 그 짧은 경험을 통해 나는 이전과는 다른 시공간에 자리하게 되었다.

어느덧 내 내면에서 '돌아가라!'는 외침이 울려 퍼졌다. '그토록 절망했던 삶의 지점으로 돌아가서 나와 같은 이들에게 내가 겪은 일을 나누고 말해주자.'는 결심이 내 심장을 뛰게 했다. 《나의 패턴 스위칭》은 그렇게 시작된 책이다.

《나의 패턴 스위칭》의 목표는 명확하다. 자신을 괴롭히는 내면의 원인을 지목하고, 그것이 나에게 어떤 영향을 주는지, 왜 자꾸 비슷한 상황이 반복되는지를 추적하고 관찰하고 돌보기 위함이다. 패턴은 일상과 관계 속에서 나타났다 사라지기를 되풀이하는 가운데, 때로는 문제를 일으키는 골칫거리가 되기도 한다. 자신이 버리고 싶은 자신의 어떤 면모가 있다면, 다시 말해 자기를 쇄신(Switching)하고 싶다면, 자신의 감정과 사고 이면에 밀착해 있는 강력한 본질(Pattern)에 다가서야 한다.

그렇게 하지 않으면 피상적이고 습관적으로 반성만 하고 제자리에 머무르고 말 것이다. 이것이 패턴에 주목해야 하는 이유다. 《나의 패턴 스위칭》은 스스로를 무너뜨리고 좌절하게 하는 감정과 행동, 사고의 패턴을 찾아 그 뿌리를 파헤치고 해체한 뒤, 각자의 패턴을 긍정적으로 바꿀 수 있도록 도와준다. 무엇이 부족한지를 일깨워주고 어떻게 보완해야 할지를 알려준다. 사랑(Love)이라는 기초에서 시작해 평화(Peace)라는 결과를 얻을 수 있도록 돕는다. 사람이라면 누구나 지니고 있는 공통 본연의 속성인 사랑(Love), 균형(Equilibrium), 정의(Aright), 결단(Decisiveness), 열의(Enthusiastic), 창의(Recreation), 격려(Stimulating), 겸손(Humility), 화합(Integration)을 발휘해 궁극적으로 평화(Peace)를 이끌어내어, 즉 각자의 'LEADERSHIP'을 찾아 스스로를 바꿀 수 있도록 돕는다.

《나의 패턴 스위칭》은 그 목표를 위해서 당신 자신을 이야기할 것을 제안한다. 누구나 '자기를 안다'고 생각하지만 그것을 자신의 말로 발화해보지 않으면 모르는 것이나 마찬가지다. 막연히 아는 것과 그것을 입 밖으로 말해보는 것은 엄연히 다르다. 자화상을 머릿속으로 상상해보는 것과 손으로 직접 그려보는 것에 차이가 있는 것처럼 말이다. 자기를 구체적으로 이야기하다 보면 내면에 웅크리고 있던 뜻밖의 자아와 마주치기도 한다. 여섯 단계로 구성된 'S.W.I.T.C.H.' 프로세스의 단계별 진단 도구를 통해 자신을 괴롭히는 패턴이 무엇인지, 자신이 어떤 성향을 지니고 있는지, 지금 발휘하는 능력은 무엇인지를 순차적으로 살펴볼 것이다. 이를 위해 먼저 자신의 감정-사고-행동을 구축하는 기초적인 연결고리를 살펴보고 자기 정체성을 이끄는 가치 체계, 삶의 우선순위, 중요도에 관한 질문을 점진적으로 던질 것이다.

그 뒤, 자신이 가지고 있는 고귀한 역량에 이름을 붙이는 작업을 할 것이다. 이를 통해 막연히만 알고 있었던, 혹은 자신도 몰랐던 스스로의 고유한 역량을 발견하게 될 것이다. 이로써 스스로 패턴을 지배하고 자신의 존재 키워드를 장악할 수 있다. 또 저마다 영혼 깊숙이 마련된 고유한 차이들을 서로가 인정하고 함께 협력할 발판을 마련할 수 있다.

나는 수많은 심리 진단 프로그램들을 직접 체험해보았다. 어느 프로그램은 미래의 청사진부터 그려보라고 하고, 또 다른 프로그램은 꿈을 분석하기도 하며, 또 어떤 것은 사람의 성장 과정과 배경을 파악하려 애쓴다. 여러 가지 방식들을 사용하지만 그 프로그램들의 목적지는 결국 한 곳이다. 바로 '진짜배기의 삶!'이다. 나는 서구식 심리진단 프로그램을 우리 실정에 맞게 재편성하고, 자기 경영 및 조직 개발 프로그램에서 사용하는 기질에 대한 분석법을 재해석했다.

이제부터 나누려고 하는 이야기는 진짜배기 제 모습으로 살지 못하게 하는 고질적인 패턴에 관한 이야기이다. 뜨겁다는 것을 알면서도 손에 쥐고 허둥대던, 그래서 번번이 실망하고 화나고 못마땅해 하던 나 자신의 이야기이기도 하다. 하지만 이제는 그 실체를 더 쉽게 알아차리고, 나를 더 선명하게 바라보며, 예전과는 차별화된 선택을 할 수 있도록 도와주는 총체적인 이야기이다.

차례

4. Tracing 패턴 살펴보기

5. Confronting 문제 직면하기

6. Handling 스스로 운영하기

S WITCH

Status Quo

감정 파악하기

칼 융이 말했다.
바깥을 보는 사람은 꿈을 꾸고
안을 들여다보는 사람은 깨어난다고.

감정인가, 감정적인가?
Is it emotion? or emotional?

들어가기 전에 스스로 묻는 질문

당신은 자신의 감정을 솔직하게 이야기할 수 있는가?
자신의 감정을 제대로 전달하지 못한다면 그 이유는 무엇인가?
최근 자신의 감정을 한마디로 표현해보라.
주위에서 내 감정을 가장 잘 받아주는 사람은 누구인가?
당신이 만약 누군가의 감정을 잘 받아준다면 그 상대방은 누구인가?
자신의 감정을 표현해서 부당한 경험을 당했다면 그것은 왜인가?
감정 조절이 잘되지 않을 때 주로 어떻게 하는가?
어려서부터 일부러 감추거나 참아온 감정이 있다면 무엇인가?

감정 독립시키기

누구나 한 번쯤은 한석봉 이야기를 읽었을 것이다. 나도 초등학교 글쓰기 수업시간에 한석봉 이야기를 읽었다. "이야기를 읽고 느낀 점을 쓰시오." 모범 답안은 이럴 것이다. "한석봉의 지극한 효심과 붓글씨를 잘 쓰기 위해 노력하는 모습에 감명 받았습니다." "한석봉 어머니의 현명한 가르침이 당대 최고의 명필가를 만들었습니다."

하지만 나는 이야기 곳곳에서 이상한 점들을 발견했다. 예를 들어, 한석봉의 어머니가 불을 껐을 때 한석봉은 이런 감정을 느끼지 않았을까? '엄마, 무서워요. 너무 깜깜해요.' 게다가 어둠 속에서 어머니가 칼로 떡을 써시는데, '자칫 손이라도 베지는 않을까?' 하고 걱정하진 않았을까? 그렇다면 어머니가 다시 불을 켰을 때 "어머니, 괜찮으신지요?" 하고 여쭤보는 게 당연한 일 아닐까? 그렇지만 수업시간에 등장인물이 진짜로 느꼈을 법한 기분이나 감정에 대해 이야기할 수는 없었다.

유관순 누나에 대해 이야기할 때도 마찬가지다. 독립을 위해서 굳건히 만세를 외친 유관순 누나의 행동에만 의미를 부여할 뿐, 유관순 누나가 느꼈을 실제 기분이나 사생활 따위(?)에 관심을 두지는 않는다.

누나 역시 팔팔한 십대였을 텐데, 친구들이랑 놀러 다니고 싶지는 않았을까? 혹시 당시에 누나가 사귀던 남자친구가 징용에 끌려가지는 않았을까? 이별의 아픔 때문에 일제의 칼날에도 굴하지 않고 절박하게 독립을 외친 건 아니었을까? 한자 공부도 하기 힘든데 일본어까지 배워야 해서 스트레스를 받지는 않았을까? 하지만 유관순 누나가 실제 피부로 느꼈을 만한 점들에 대해서는 아무도 이야기하지 않는다.

그때 그 사건과 감정 속으로

나는 어려서 난처한 상황에 부딪힐 때마다, 도대체 무엇을 어떻게 해야 할지, 이른바 '감정 대처법'을 배운 적이 없다. 그래서 서러움을 겪었던 적도 많았다.

딱지치기가 유행하던 어린 시절, 나는 몇몇 아이들이 벌인 딱지 판 주변을 어슬렁거렸다. 여러 아이들 사이를 비집고 구경을 하기 위해 고개를 들이미는 순간, 갑자기 누군가 나에게 소리쳤다.

"아니, 이건 어디서 굴러먹다 온 개뼈다귀야!"

반대편에 있던 아이 중 한 명이었다. 고개를 들어 그 애를 쳐다보았다. 그 녀석 콧속으로는 송충이 한 마리(?)가 들락거리고 있었고, 머리에는 밤톨만 한 땜빵이 있었다. 뺨에는 시꺼먼 땟국물 자국 두 줄이 선명했다. 짧은 순간이었지만 나보다 센 놈이란 걸 직감할 수 있었다. 결국 아무런 대꾸도 하지 못한 채 구석에 쪼그리고 앉아서 조용히 아이들을 지켜보아야만 했다.

하늘의 조명이 꺼지고 집으로 돌아와 어머니가 차려주신 뜨거운 밥을 먹고 잠자리에 누웠다. 두 눈을 감았지만 머릿속에서는 그 녀석이 내뱉은 "아니, 이건 어디서 굴러먹다온 개뼈다귀야!" 소리가 메아리쳤다. 머릿속에서 자꾸만 상황이 재연되었다.

"아니 이건 어디서 굴러먹다 온 개뼈다귀야!"

"개뼈다귀? 음하하! 그러는 너는 어디서 먹다 버린 말뼈다귀냐! 으하하!"(그러곤 번개처럼 날아서 그 애를 제압한다.)

'이렇게 했어야 했는데!' '이런 말을 해줄걸!' '이런 동작을 보여줬어야 했는데!' 가상의 시나리오가 비디오 모션처럼 전개되었다. 되씹고 또 돌려가며 장면과 대사를 바꿔보았지만 여전히 직성이 풀리지 않았다. 가슴이 답답했다. 그 상황으로 되돌아가지 못하는 게 분하고 억울했다. 패배감에 휩싸여 며칠이나 잠을 제대로 이루지 못했다.

아마 그 녀석은 그날 일을 기억하지 못할 것이다. 녀석에겐 그냥 스쳐 지나간 한순간이었을 테지. 하지만 나는? 녀석에게 적절하게 받아치지 못한 데서 오는 열등감, 솟구치는 분노, 풀리지 않는 적대감으로 씩씩댔고, 시간이 갈수록 무력함은 더해만 갔다. 자기 연민에 빠지다 못해 급기야는 부모님을 뵐 면목조차 없을 정도의 죄책감까지 느꼈다. 내가 그런 인간이라고 아무도 이야기하지 않았는데도 말이다. 나를 그렇게 만든 것은 바로 나 자신이었다. 미국 인권활동가 엘리너 루즈벨트는 이렇게 말했다. 당신의 동의 없이는 아무도 당신에게 열등감을 느끼게 할 수 없다고.

이제 와 돌이켜보면, 그때의 나에겐 내 기분을 털어놓을 수 있는 누군가가 필요했다. 집에 돌아와서 엄마나 아빠에게 "나 이런 일이 있었는데, 그 일 때문에 무지 속상해요." "정말 억울해요." "너무 갑갑해요." "원통하고 분해 죽겠어요." 하고 이야기할 수 있어야 했다. 내가 겪은 일을 말로 털어버리면서 울기라도 해야 했다. 누군가 나더러 뭐라고 하면 "사내아이는 왜 울면 안 되죠?" 하고 발을 동동 구르면서 속 시원히 아쉬움을 털어버려야 했다. 사실, 지금도 늦지 않았다. 그때 내 감정을 자신에게 말하기만 해도 속이 한결 가벼워질 테니 말이다.

사건

반응
나는 실패자! 멍청이! 머저리! 똥개!
나는 어리석은 바보! 나는 비겁한 겁쟁이!
나는 불효자!

감정
진짜 속상하다.
그 녀석 앞에서 한마디도 못한 내가 답답하고 부끄럽고 창피하다.
아무것도 하지 못한 것이 너무 억울하고 분하다.
옆에 있던 다른 녀석에게 이런 모습을 보여준 게 수치스럽다.

사건을 향한 감정의 이해

사무실까지 따라온
놀이터에서의 습관

어른이 되고도 나는 여전히 자격지심에 사로잡힌 사람이었다. 직장에 다녔던 때, 외국 기관과의 합작투자를 유치하기 위해 시카고행 비행기에 오른 적이 있다. 당시 유명세를 타던 사업가 한 분과 동행하기로 되어 있었다. 그분과 공항에서 만나기로 했으나 그는 나타나지 않았다. 의아했지만 워낙 중요한 미팅이니 어떻게든 오겠지 싶었다.

비행기가 이륙하고 자리에서 움직여도 된다는 표시등이 켜졌다. 자리에 앉아서 몸을 뒤척이고 있는데, 그가 갑자기 내 자리 쪽으로 다가왔다. 그는 일등석에 탔던 것이다. 그 일등석 자리가 마치 초특급 호화판 개인 전용석처럼 보였다. 개량한복을 근사하게 입고 나타난 그의 모습에 왠지 모르게 내 자존심이 심하게 구겨졌다. 나야말로 비즈니스맨의 모델이라도 되는 양 〈월스트리트저널〉을 이리저리 뒤적여가며 나름 격조 있는 자세를 취하고 있었는데도, 극적으로 등장한 그 때문에 자존심이 상해버린 것이다. 누군가가 "뭐 그런 걸로 그러느냐, 이해가 되지 않는다." 하고 말할 수 있겠지만, 나는 그 순간 자존심을 다쳤고, 존재감마저 잃어버린 기분이 들었다. 속이 울렁거렸고 고통스러웠다.

그때 내가 취했어야 할 조치는 간단하다. 나의 감정부터 만나주고, 그 것을 인정해주는 것이다. 거기에서부터 출발해야 한다. '지금 내 기분 이 어떻지?' '뭘 느끼고 있지?' '이 감정은 무엇이지?' 먼저 내가 느끼 는 일차적인 기분을 물어본 다음, 피부에 와 닿는 감각, 느낌을 있는 그 대로 알아주고 이름을 붙여주어야 한다. '아 내가 지금 무척 부끄럽구 나.' '그렇지. 왜 그런지 모르겠지만 어쩐지 수치스럽네.' 하면서 말로 풀어내야 한다. 기분을 좀더 자세히 관찰하려면 이유도 함께 물어보는 것이 좋다. '내가 지금 왜 부끄러울까?' '도대체 왜 이렇게 당황스러울 까?' '음 그래, 내가 더 잘 보이고 싶었기 때문에 부끄러웠던 거구나. 프 로젝트를 성공적으로 마무리하기 위해선 내가 그와 비슷한 수준에 있 어야 한다고 생각했기 때문이구나.' '나는 언제 어디서든 다른 사람들 에게도 잘 보이고 싶고, 인정받고 싶어 하는구나.' 이렇게 질문을 던지 다 보면 감정과 직결된 나의 숨은 욕구를 알 수 있다.

그 후로 나는 어떻게 됐을까? 협상 테이블은 다행히 무척 성공적이 었지만, 그럼에도 나는 더 이상 그에게 다가갈 수가 없었다. 그가 한 일 이라곤 내가 예상치 못한 곳에서 등장했던 것뿐인데 나의 자격지심에 내가 갇혀버린 셈이다. 여전히 굴레에서 제대로 풀려나지 못해 나를 가 두고 그와 친밀한 관계를 만들지 못했다.

당시 내 감정은 한마디로 '부끄럽다'는 것이다. 내 기대와 실제 나의 모습과의 차이 때문에 '수치스러웠다'는 것이다. 그 순간 내가 부끄럽고 수치스럽다는 것, 그게 나의 진짜 모습이다. 하지만 그러한 나를 나는 받아주지 못했다. 내 감정의 실체를 있는 그대로 느끼고 지지해주지 못했다.

감정에 대한 평가는 그다음 문제이다. '나에게 무슨 문제가 있는 건 아닐까?' '나는 왜 이렇게 느끼지?' '나는 왜 이 모양이지?' 이 분석은 자기 공감 이후에 택할, 후순위 작업이다. 자기 교감이 우선이다. 통제하고 조정하려는 대신, 스스로에게 다가가 감정을 '묻고' '관찰하고' '불러주고', 때로는 친한 누군가에게 털어놓기도 해야 한다. "글쎄, 나한테 이런 일이 있었지 뭐야!" 하며 내 기분을 있는 그대로 받아줄 만한 사람에게 이야기하면서 감정을 흘려보내는 것도 도움이 된다.

시간이 꽤 흘렀더라도, 지금이라도 이렇게 해보는 것이 좋다. 놀이터에서의 버릇이 사무실까지 따라온다지만, 놀이터에서 하지 못했던 행동들을 사무실에서 시작해도 괜찮다. 자신의 감정을 일터에서 함께 나누는 것도 꽤나 근사하다.

자기교감의 흐름도 - 감정을 돌보는 과정의 이해

감정인가?
감정적인가?

"부정적인 감정에 휘둘리지 마라." "감정에 지배당하지 마라." "부정적인 감정을 극복하라." 감정에 관해 우리가 흔히 듣는 조언들이다. 그런데 여기서 말하는 감정은 '감정'이라기보다 '감정적인 것'이다. 이때의 감정은 진짜 감정이 아니다. 화를 내거나 분노를 표출하는 행위, 다시 말해 감정을 제대로 표현하지 못하는 데 따른 '감정적인' 행위이다.

'방귀 뀐 놈이 성낸다'는 속담이 있다. 그렇다면 방귀 뀐 놈이 느끼는 감정은 무엇일까? 엄밀히 말해 화를 내는 것은 감정이 아니다. 행위이다. 감정을 뜻하는 영어 단어는 'emotion'이다. 행동(motion)을 드러내는 에너지(e)가 감정인 셈이다.

그렇다면 방귀 뀐 놈이 느끼는 진짜 감정은 무엇일까? 아마도 민망함일 것이다. 부끄럽거나 창피하기 때문일 테다. 부부끼리 언성을 크게 높이면서 싸우는 경우에도 당사자들이 느끼는 감정은 따로 있다. 갑자기 고함치며 윽박을 지르는 김 부장에게도 감정은 따로 있다. 무엇이 김 부장을 화나게 했을까? 열 받아서 화내기 시작한 김 부장의 진짜 감정은 무엇인가? 내가 욱하고 소리를 지른다면 나는 무엇을 느꼈기 때문일까? 내가 소리를 치게 만든 진짜 나의 감정, 나의 실체는 어디에 있을까? 그것은 무엇일까?

'감정'인가? 아니면 '감정적'인가?

남편이 이틀 연속 늦게 들어왔다. 아내가 벼르고 벼르다가 자기 감정을 말해야겠다고 마음먹었다. 아내는 이불을 걷어차며 다음과 같이 말했다.

"당신! 도대체 생각이 있는 거야, 없는 거야! 내가 12시 전에는 꼭 들어오라고 했지? 그랬어, 안 그랬어! 지금 나랑 살겠다는 거야, 말겠다는 거야! 이럴 거면 나가! 나가! 당장 나가! 잘~ 한다, 정말. 내가 못살아, 진짜!"

지금 아내는 남편에게 감정을 전달했을까? 아니다. 아내는 '감정적'인 행동을 했다. 아내의 진짜 감정은 따로 있다. 어쩌면 아내는 매번 늦게 들어오는 남편의 몸 상태가 걱정되었는지도 모른다. 매일 밤 혹사하는 남편의 간을 걱정하면서 자기 속을 태웠을지도 모른다. 혹은 경기도 별로 좋지 않은데, 술값으로 많은 돈을 날려대는 통에 속이 상했을지도 모른다. 진짜 아내의 감정은 따로 있다. 그렇다면 어떻게 해야 아내가 감정을 제대로 드러내는 걸까?

- 당신, 매일같이 술 마시고 속 버리는 거 보니까 참 걱정스럽네.
- 나랑 약속 안 지키고 매일 밤늦게 와서 나 정말 속상해.
- 일찍 들어오면 나도 걱정을 좀 덜 할 텐데, 그게 아니라 내 속이 답답해.

- 당신 또 속 아프다고 할 거면서. 그러면 내 마음이 편하겠어? 그럴 때마다 내 기분이 착잡하고 불안해.
- 당신, 매일 밤 그 술값은 어떻게 하고 있는 거야? 나 솔직히 통장 보기가 겁나. 두렵다고!

이번에는 남편이 '감정적'으로 변하는 사례를 들어보자. 아내와 함께 차를 타고 어딘가에 가던 중, 오른쪽 골목으로 들어갔어야 했는데 잘못해서 직진을 하게 된 상황. 아내가 옆에서 거든다.

"저 진입로에서 우회전했어야 하지 않아?"

"그러게 말이야. 다음번에 유턴하면 될 거야. 내가 알아서 갈게."

하지만 시간이 지나도 유턴할 만한 길은 나오지 않고, 참고 있던 아내가 조심스럽게 말을 꺼낸다.

"누구한테 좀 물어봐야 하는 거 아냐? 계속 헤매지 말고."

"내가 이 길 안다니까 그러네. 다음 진입로에서 꺾으면 돼."

하지만 계속해서 남편이 길을 헤매자, 아내가 또 한마디 거든다.

"자기야, 그러지 말고 물어보자니까? 왜 안 물어봐? 그게 뭐가 어렵다고."

순간 남편의 언성이 높아진다.

"아니 왜 사람을 못 믿어? 내가 이 길 안다니까 그러네!"

"그런데 안 나오잖아. 누구한테 길 좀 물어보는 게 그렇게 어려워?"

"뭐야?!"

오래 참았다고 생각한 남편은 결국 소리를 지르고 만다. 남편은 어째서 소리를 질렀을까? 다시 조금 전 아내가 이불을 걷어찬 상황으로 가 보자. 만약 그때도 남편이 "아니! 내가 뭘 그렇게 잘못했다고 그래! 1시 조금 넘어서 들어온 걸 가지고! 남자가 사람들 만나다 보면 늦을 수도 있지. 안 그래?" 하고 남편이 소리를 질렀다면, 그때 그는 어떤 감정이 었을까?

어쩌면 오늘만큼은 남편도 집에 일찍 들어오려고 했을지도 모른다. 그런데 어찌어찌 하다 보니 한 잔이 두 잔 되고, 두 잔이 석 잔 되어버 려 민망했을지 모른다. 오늘만큼은 절제하려고 애썼는데, 결과가 그렇 게 돼버려 안타깝기도 하고 미안하기도 한 것이 남편의 주된 감정이었 을 것이다. 남편이 소리를 지르며 화를 낸 것은 남편의 속내가 아니라, 민망하고 안타깝고 그래서 미안한 게 진짜 속내일 것이다. 그렇다면 자 기 감정을 표현하는 대신, 이렇게 버럭 화를 내는 이유는 뭘까?

이때야말로 방귀 뀐 놈이 성내는 것과 동일한 이유 때문이다. 즉 자 신의 진짜 감정을 감추기 위해 화를 내버리는 것이다. '나도 사실 길을 빨리 못 찾아서 민망하고 창피하고 부끄러운데, 옆에서 뭐라고 하니까 더 자존심이 상해.' 하는 마음이 고함을 치면 그 즉시 감춰진다. 민망하 고 어색한 감정이 빠르게 해소된다. 아내 역시 움찔하게 만들어 잠시 상황을 잊어먹게 만드는 효과(?)를 볼 수도 있다.

늦게 들어와 아내에게 잔소리를 들을 때도 마찬가지다. 안 그래도 미 안한데(게다가 이상한 곳에서 있다가 늦게 들어오기라도 하는 경우에는 더더욱), '버럭 효과'는 더할 나위 없이 효과적이다. 민망함을 쉽게 감추고, 상대 방도 제법 통제하기 쉬워지니 주도권을 내가 쥐게 된다. '요즘 현대인들은 감정에 따라 산다?' 아니다. 정반대다. 감정에 따라 살지 못하는 것이 현실이다. 감정에 따라 사는 대신 '감정적'으로 살며, 진짜 감정 대신 거짓 감정을 드러내며 산다. 자신의 감정을 그대로 이해해주지 못하는 것이 진짜 우리네 현실 아닌가?

자기 돌봄의 시작은
자기 감정을 만나주는 것에서부터

이렇듯 일터에서는 김 부장이, 집에서는 아내가, 술자리에서는 친구들이 '소통'을 요구한다. 그렇다면 우리는 누구와 먼저 소통해야 할까? 사람들과 원활한 소통을 하기 위해서 가장 먼저 다가가야 할 대상은 바로 '나'이다. 관계를 회복하기 위해서 제일 먼저 '나'를 만나야 한다. 나를 공감해주고 이해해주어야 한다. 그렇다면 잠시 하던 일을 멈추고 스스로에게 물어보자. 숨을 한 번 크게 들이마신 다음, '지금 내 기분이 어떠한가?' 하고 물어보자. 잠잠히 느껴보자.

어떤 답을 했는가? 혹시 '기분 좋아.' '기분이 별로야.' '글쎄, 잘 모르겠는데?' 이런 답이 들려오는가? 그렇다면 본격적으로 자기 자신을 돌볼 때가 되었다.

이제껏 내 감정은 감정이 아니었다?

기분이 '좋다' '나쁘다'는 엄밀히 말해서 감정이 아니다. 이는 자신의 생각이다. 감정에 관한 가치 판단이다. 감정은 가치를 판단하기 이전에 우리 몸과 밀착된 일차적인 감각이다. 기쁘다거나 신난다거나 슬프다거나 즐겁다거나 하는 기초적인 느낌이다.

'지금 내 기분이 어떤가?' 느껴보라.

적당한 단어를 찾았는가? 하지만 그 또한 적절한 표현이 아닐 수 있다.

우리가 입고 있는 옷을 보면 가장 먼저 눈에 들어오는 것은 무엇일까? 바로 표정이다. 웃는 표정, 슬픈 표정, 기쁜 표정, 어색한 표정, 당황한 표정, 조급한 표정, 분이 덜 풀린 표정 등. 현재의 표정을 다른 표정으로 바꿀 수는 있지만 표정 자체를 없애버릴 수는 없다. 마찬가지로 마음에도 표정이 있다. 그리고 그 표정 자체를 없앨 수는 없다. 이를 일컬어 감정이라고 부른다. 감정에도 제각각 모양이 있다.

다음 표에 울긋불긋한 색깔마냥 다양한 감정들이 나열되어 있다. 방금 전에 떠올려본 자신의 감정이 이런 종류라면 다행이다. 하지만 그렇지 않더라도 괜찮다. 우리는 전에 이런 것을 배워본 적이 없으니 말이다. 학교에서 우리는 주로 '생각을 표현하는 법'을 배웠다. '감정을 표현하는 법'에 익숙하지 않은 것은 당연하다.

더구나 성인이 되고 직장인이 되면, 자신의 감정보다는 회사 분위기, 사내 문화, 상사의 기분 등 주변 정세를 요령껏 살피며 지내야 한다. 다른 사람 눈치 보기도 바쁠 텐데 자기 감정을 일일이 찾고 그것을 누군가에게 말한다는 것은 어쩐지 쑥스럽고 거추장스럽기까지 할 것이다. 자기 감정을 드러내는 것이 불편하게 느껴지는 건, 당연하다.

남자보다 여자가 감정 표현을 잘할까? 여자가 남자보다 감정 이입은 더 잘한다. 표정의 동화도 더 큰 편이다. 하지만 감정 표현은 그렇지 않

자기 감정 찾기

즐거운	어색한	편안한	흥미로운
통쾌한	몽롱한	신나는	후회스러운
행복한	슬픈	피곤한	괴로운
부끄러운	초조한	재미있는	벅찬
두려운	망설이는	들뜬	외로운
어리둥절한	황홀한	겸연쩍은	기쁜
수치스러운	고통스러운	울화가 치미는	홀가분한
조급한	신기한	지긋지긋한	수줍은
설레는	어벙한	맥 빠진	조심스러운
불안한	지루한	실망스러운	상쾌한

다. 몸으로 전해지는 생생한 느낌, 어릴 적에 느낀 순수한 감동과 감각 등을 말로 표현하는 일에 익숙지 않다. 이것은 남녀 모두 마찬가지다.

자기 감정 찾기 연습

누군가 오후 1시에 모니카 르윈스키와 사무실에 있었다. 새벽 1시에도 그녀와 함께 있다. 이 대목에서 무언가 느낄 수 있다. 그 사람은 다음 날 모니카 르윈스키와 1미터 떨어진 거리에 또다시 서 있었다. 하지만 조금 후 그녀와 1센티미터 간격을 두고 서 있다. 이번에도 무언가 느낄 수 있다. 시간도 이야기하고 공간도 이야기한다고 한다는 말이 바로 이런 뜻이다(Time Talks, Space Speaks).

이야기한다. 시간과 장소가 이야기하듯 존재하는 전부가 이야기한다. 내 몸과 마음도 이야기한다. 우리는 자기 자신의 전부를 이야기하도록 되어 있다. 게다가 외부로부터 오는 자극을 거부하지 못하도록 설계되어 있다. 느끼지 말아야지 하고 자신을 통제하려 해도 다가오는 신호를 거부할 수는 없다.

특히 듣지 않는 것은 불가능하다. 눈을 감으면 보이지 않고, 숨도 당분간 참을 수 있으니 냄새를 얼마 동안 맡지 않는 것도 가능하다. 하지만 스스로 귀를 닫는 것은 불가능하다. 자동차가 빵빵거리는 소리, 철커덕 기차 움직이는 소리, 컴퓨터 팬 돌아가는 소리, 자판 두드리는 소리, 배에서 꼬르륵거리는 소리, 청소기가 먼지를 빨아들이는 소리를 듣지 않을 수 있는가? 듣지 않으려 하면 오히려 더 잘 들린다.

자신의 소리를 듣고자 한다면 그 신호에 다가가야 한다. 그 시간과 공간 속으로 다가가야 한다. 침묵과 독대의 자리로 가야 한다.

거기로 가서 자신을 한번 두드려보라. 딱딱한 소리, 텅 빈 소리, 막막한 소리, 허전한 소리, 망설이는 소리, 외면하는 소리, 침묵하는 소리, 숨이 막히는 소리. 그 미세한 소리의 결들을 그저 느껴보라. 그동안 들어보지 못했던 꼭꼭 숨겨둔 명치 끝 떨림까지도 충분히 짚어보라. 중요한 것은 내가 먼저 다가가 나에게 말을 걸어야 한다는 것이다. 내가 만나보고 그게 정말 나인지 내가 먼저 물어봐 줘야 한다는 것이다.

감정인가? 생각인가?

다음 예문들이 감정인지, 생각인지 구분해보자.

• 패턴 스위칭 1단계 프로세스 – Status Quo 감정 파악하기 •

감정인가? 생각인가?

1. 너희들 모습이 보기에 참 훌륭하구나.
2. 서로 싸우는 모습을 보니까 선생님 기분이 안 좋네.
3. 눈이 참 아름답다고 느껴.
4. 너희들이 열심히 공부하는 모습을 보니까 참 흐뭇한데?
5. 당신을 바라보니 마음이 무척 설렙니다.
6. 나는 당신을 사랑합니다.
7. 그 양반이 날 무시하는 것 같아.
8. 오늘따라 김 부장 기분이 안 좋은가 봐. 진짜 사이코 아냐?
9. 그 사람이 말할 때마다 나를 따돌리는 기분이야.
10. 어제 당신이 나한테 한 말 때문에 상처받았어.
11. 실적이 오르지 않아 맥이 빠져.
12. 이번 심사에서 떨어져서 실망스러워.

막상 본인은 열심히 감정을 전달한다고 했는데 그것이 감정이 아닌 경우가 있다. 앞선 예문들 가운데, '훌륭하다' '기분이 안 좋다' '아름답다고 느낀다'와 같은 표현들은 얼핏 보아서는 이것이 감정인지, 생각인지 구별하기 어렵다. 모호하기도 하고 어떤 것이 감정인지 명확하게 판단이 서지 않는다.

이럴 경우, 각 문장 뒤에 '~라고 생각해'를 붙여보자. 감정을 표현한 것이라면 그 문장이 어색할 것이다. 예를 들어, 5번 예문의 '설렌다'에 '~라고 생각해'를 붙이면 부자연스럽고 어색하다. 따라서 '설렌다'는 감정이다. 반면 1번 예문의 '훌륭하다고 생각해'는 자연스러우므로 '훌륭하다'는 생각이다.

세부적으로 살펴보면, 1. '참 훌륭하구나'는 판단이다. 생각을 표현한 것이다. 2. '기분이 안 좋네'와 3. '아름답다고 느껴' 역시 기분이나 느낌을 표현하는 것 같지만 감정 표현을 가장한 가치 판단이다. 4. '흐뭇한데' 5. '설렙니다' 6. '사랑합니다'의 경우 감정이다. 7. '무시하는 것 같아'와 8. '사이코 아냐?' 같은 표현들은 다소 쉽게 구별되는 판단 표현이다. 9. '따돌리는 기분이야' 10. '상처받았어' 또한 느낌을 가장한 판단이다. 반면 11. '맥이 빠져'와 12. '실망스러워'는 감정 표현이다.

감정은 좋고 나쁘지도, 옳고 그르지도 않다

그렇다면 감정과 생각은 어떻게 다를까? 첫째, 감정은 좋다 나쁘다로 구별되지 않는다. 감정은 평가될 수 없다. 평가해서도 안 된다. 그 자체로 유효하다. 예를 들어, 가깝게 지내던 분이 돌아가셨다. 그래서 몹시 슬퍼하고 있는데, 옆에 있는 동료가 "슬픈 건 나쁜 거야." "슬퍼하면 안 돼." "그럼 못써." "나쁘고말고."라고 하면 불편한 것처럼 말이다.

감정은 좋고 나쁘고를 떠나 그 자체로 고유하다. 마치 사람 생김새와도 같다. 이렇게 생겨서 좋고, 저렇게 생겨서 나쁘다고 하면 그 즉시 평가가 된다. 감정은 좋다 나쁘다, 즉 호불호의 대상이 아니다. 감정을 평가하는 순간, 감정은 생각으로 변한다.

둘째, 감정은 '옳다, 그르다'로도 구별되지 않는다. 이번에도 가까운 분이 돌아가셨다. 마찬가지로 슬프다. 그런데 함께 일하는 상사가, "있잖아, 슬픈 건 결코 옳지 않아." "그렇게 슬퍼하는 것은 잘못된 거야. 부정적이야."라고 한다면 어떻겠는가? 슬픔은 부정적이라서 틀렸는가? 그렇다면 누군가의 죽음 앞에 기쁨이라도 드러내야 옳다는 것인가? 기쁨은 긍정적이니까?

감정을 '긍정과 부정' '옳다, 그르다'로 구분하는 순간, 도덕적 판단으로 변한다. 도덕 기준, 가치 기준, 선악에 따라 판단하는 생각이 되는 것이다. 다시 강조하지만 우리가 말하는 부정적 감정이라는 것은 '감정'이 아닌 '감정적'인 것을 의미한다.

셋째, 감정은 고정된 명사형이 아니라 움직이는 동사형에 가깝다. 만약 주위에 아이가 있다면 한번 물어보자. "친구를 때리면 왜 안 되니?" 아이들은 답한다. "나쁘니까요." "친구를 때리면 안 돼요. 그럼 나빠요." 우리도 그렇게 배워왔다. 하지만 원래 취지는 그런 의미가 아닐 것이다. 친구를 때리면 안 되는 이유는 '나쁘기 때문'이 아니라 무엇보다

'아프기 때문'일 것이다. 하지만 우리는 감정을 제대로 느껴보기도 전에 도덕적 기준을 먼저 배운다. 감정을 생각하도록 만든 셈이다. 제 스스로 감정을 만지고 경험해보기도 전에 가치 판단 기준을 떠안아 순수한 느낌을 차단당한다.

이번에는 사내아이들에게 물어보자. "남자는 왜 울면 안 되지?" 두 가지 답이 돌아온다. 사내아이는 울면 '바보가 된다'. 아이는 지금 억울해 죽을 것 같아 펑펑 울고 싶은데, 그래야 모르핀처럼 강력한 눈물이 흐르고, 몸에서 도파민이라는 호르몬이 분비되어 그 자리를 박차고 일어설 수 있는 에너지를 받는데도, 울면 곧장 바보가 된단다. 심지어 고추가 떨어지고, 계집아이가 되기도 한단다. 자기 감정을 표현하면 성정체성이 바뀐다고 협박당한다. 또 "산타 할아버지가 선물을 안 주신다!" 감정을 표출하면 보상 체계에서도 밀려나게 된다!

감정을 명사형이 아니라 동사형이라고 말한 이유는 이것이 행위자 안에서 살아 움직여야 한다는 뜻이다. 예를 들어, '열등감'이라든지 '실패감'과 같은 심리 상태 역시 감정을 지칭하는 것은 아니다. 이 같은 명사형 표현은 '부끄럽다'거나 '실망스럽다'는 식으로 마음에서 교감할 수 있는 실체로 풀어줘야 할 것들이다. 경직된 얼음을 녹여 내면에서 계속해서 흐를 수 있는 동사형으로 전환시켜줘야 한다는 것이다.

이제 이러한 구별 방법을 활용해 자신의 감정에 다가가는 연습을 해보자. 스스로 물어주고 틈나는 대로 자기 언어로 옮겨보자.

감정 골라내기

자라오면서 드러내지 못한 감정이 있었다면 차분하게 만나주자. 특히 집안에서 드러내지 못했던 감정이 있었다면 그것들과 대면하는 시간을 가져보자. 감정을 '좋다, 나쁘다' '옳다, 그르다'로 구별하는 대신, 있는 그대로의 다양한 감정들을 바라봐 주자. 그때는 알지 못해서, 또는 너무 어려서, 아니면 할 수 없었다거나, 너무 바빠서 놓치고 지나친 감정이 있었다면 자신을 돌아보자. 특히 아버지와 어머니에게 전하지 못한 감정들이 있었다면 자신의 메시지를 적어보자.

• 패턴 스위칭 1단계 프로세스 – Status Quo 감정 파악하기 •

감정 골라내기

• 아버지에게 전하지 못한 메시지(그때는 말하지 못했던 자신의 감정 전하기)

• 어머니에게 전하지 못한 메시지(그때는 말하지 못했던 자신의 감정 전하기)

감정을 달래주는 협상가들

"말들 좀 해보지 그래?"

"……."

"아니, 왜 다들 꿀 먹은 벙어리야! 뭐라고 말을 해야 뭘 어쩌든가 저쩌든가 할 거 아니야? 안 그래?"

"……."

"왜 말들을 안 해?"

"……."

사무실에서 간혹 벌어지는 풍경이다. 말 못하는 이유는 딱 한 가지다. 자신이 안전하지 못하기 때문이다. 누구나 두려움이 배제된, 안전한 곳이어야만 자신의 감정을 표현할 수 있다. 힘든 일이 있었다면 안전하다고 느끼는 곳에서 반드시 자기 자신의 감정을 말해야 한다. "그때 정말 무섭고 두려웠어." "그 순간 정말이지 답답했어." "그때 난 정말 당황스럽고 난처했어." "속이 무척 상했어."

슬픔을 없앨 때도 마찬가지다. 슬플 때는 내가 슬프다고 말해야 슬픔이 사라진다. 억울하고 원통할 때 애써 참으려 하지 말고 눈물이 나오는 대로 펑펑 울어버려야 그 자리에서 툭툭 털고 일어날 수 있다. 슬픔이 밀려올 때는 내가 슬프다고 밖으로 표현해야 한다.

인질범을 다루는 협상가(Negotiator)들은 격한 상황에서 인질범에게 반박하면 상대가 곧바로 반발한다는 사실을 아주 잘 알고 있다. 그래서 상대의 불쾌한 신호를 읽으면 먼저 그것을 잠재운다. 극한 상황에서 상대의 행위를 통제하는 대신, 상대방의 달아오른 감정, 즉 두뇌에서 감정을 일깨우는 아미그달라(Amygdala)부터 달래준다. 그가 처한 상황부터 물어봐 주고, 그가 지금 왜 그러는지 이유를 하나하나 되짚어준다. 그가 그럴 수밖에 없는 '감정적'인 입장까지도 듣고 재확인시켜준다. 그리고 마지막으로 관찰자의 눈으로 행위자들 스스로 자기 감정을 바라볼 수 있도록 도와준다. 부드럽고 세밀하고 천천히. 이것이 협상가들의 비법이다.

매튜 리버만은 "자신의 감정을 제3의 눈으로 바라보기만 해도 우리를 흥분시키는 아미그달라는 식어버린다."고 말한다. 질 테일러 역시 "스스로 자기를 조용히 주시하는 것만으로도 부정적 감정이나 생각이 90초 내에 식는다."고 한다. '거울 이론'이라고도 불리는 이 방법은 '제 감정을 스스로 비춰주기'만 해도 신기하게 저절로 꺼진다는 취지다.

그래서 만약 '이제부터 감정적인 태도를 고치겠다.' '욱하는 성격을 잠재우고, 막무가내로 소리치는 습관까지도 바꾸겠다.' 하고 결심했다면, 자신에게 좀더 부드럽고 세밀하게 다가서는 전략을 세워야 한다.

아이들에게는 이렇게 적용해보면 된다. "너, 제발 소리 지르지 마!" 또는 "짜증내지 마!"라고 하며 행동을 통제하고 다그쳐봐야 아무런 소용이 없다. 오히려 더 심해지기만 할 뿐이다. 행동을 고치려고 한다면 먼저 차분하게 지도해줘야 할 것이 있다. 자신의 마음에 무엇이 있는지 깨닫도록 도와주는 것이다. 잘못된 행위를 지적하고 통제하는 대신, "네 안에 지금 무엇이 있니?" 하고 물어 자기 안에 있는 것을 스스로 돌볼 수 있는 기회를 주는 것이다. "내 안에 지금 불이 있어요!" "내 안에 오물이 있어요!"처럼 아이들의 순수한 느낌으로 자기 마음속에 있는 감정을 밀접하게 표현하도록 도와주는 것이 좋다. 다시 말해 활활 타오르는 '불'로 다른 사람에게 '분노'를 불사르거나, 자기 안에 있는 '오물'로 상대방에게 '짜증'을 투척하는 대신, 활활 타오르는 불은 불로, 더러운 오물은 있는 그대로 오물이라고 이름 붙이고, 자기 자신과 대화를 시작하게 만들어주어야 한다.

이 과정이 익숙해지면 점차 자연스럽게 "갑자기 계획이 바뀌니까 내 마음이 지금 착잡하고 분주해!" "생각지도 못한 일이 일어나서 그런지 갑자기 흥분되고 열이 나기 시작해!" 등 앞뒤 맥락을 감정과 연결시켜 표현할 수 있게 도와주는 것이다.

감정도 용도에 맞게 꺼내 쓸 수 있어야 한다

감정 교육은 '마음이 상하면 안 된다'고 배우는 것이 아니다. '마음이

상하는 자신을 어떻게 바라볼지'를 훈련하는 것이다. 다시 말해 마음이 상하는 게 잘못됐다고 알려주는 게 아니라, 마음이 상했을 때 어떻게 스스로를 달래주느냐를 학습하는 것이다. 그리고 그렇게 하는 과정에서 순수한 에너지와 힘을 얻을 수 있다는 점을 발견하고 통찰하도록 하는 것이다.

바람직한 감정 교육은 따라서 여러 삶의 순간들에 마땅히 누려야 할 권리를 되찾는 훈련이다. 무엇을 사느냐에 따라 지갑에서 만 원짜리를 꺼내기도 하고, 천 원짜리를 꺼내기도 하는 것처럼 때와 상황에 따라 자기 마음 안의 감정을 꺼내 쓸 수 있도록 하는 훈련이다.

'이런 감정은 꺼내 쓰면 안 돼.' '쓰면 나만 손해야.' '절대 표현하면 안 돼.' 하는 식으로 깊숙이 아끼고 감춰두었다가 예상치 못한 순간에 몽땅 터트리는 식이 되어서는 곤란하다.

어려서부터 자기 감정을 외면하면 어른이 되어서도 마찬가지로 자신의 마음에서 도피한다. 자기 감정을 스스로 받아줌으로써 자기와 신뢰를 쌓지 않으면 신뢰의 근거를 외부에서 찾게 된다. 남들이 보는 시선, 다른 사람이 생각하는 내가 기준이 되어버린다.

자기 감정을 이해해주고 자기 자신과 신뢰를 쌓은 사람은 남도 믿을 수 있다. 자기 자신과 바람직한 교감을 나누는 사람은 타자를 끌어안을 수 있는 가치관을 세울 수 있다. 자기 자신과의 신뢰와 친밀함이 타자, 세계, 더 나아가 우주를 품을 수 있는 발판이자 밑그림이 되는 셈이다.

자기 길 찾기에 감정 표현이
중요한 이유

- 백화점에 가서 아내 옷을 골랐다.
- 백화점에 가서 아내 옷을 고르는데 눈물이 핑 돌았다.

- 복도를 걸어가는데 뒤에서 김 이사가 내 이름을 불렀다.
- 복도를 걸어가는데 뒤에서 김 이사가 내 이름을 불러 그만 뜨끔했다.

앞 문장과 뒷 문장에는 어떤 차이가 있을까? 뒷 문장들에는 감정이 담겨 있고 앞 문장에는 없다. 감정이라는 재료 하나가 추가되었을 뿐인데, 뒷 문장들은 등장인물이 처한 상황을 훨씬 더 명확히 보여준다. 이처럼 감정은 사실을 보다 구체적으로, 맥락을 좀더 명확히 드러내주는 단서다. 감정이 빠지면 어떻게 될까? 극장에서 영화를 보다가 중간에 화장실에 다녀오느라 결정적인 장면을 못 보고 지나치는 꼴이다.

일상에서 드러나는 자기의 모습도 감정을 통해 스스로 비춰볼 수 있다. 감정이야말로 자신의 상태나 정체를 가장 빠르게 알려주는, 나와 가장 가까운 신호 체계이기 때문이다. 못에 찔리면 감각신경이 그것을 느끼고 뇌에 신호를 전달해주기 때문에 다음 행동을 할 수 있는 것처럼, 어떤 일을 당했을 때 감정이 알려주는 내 마음의 정보를 토대로 다음 행동을 결정할 수 있다. 감정은 자아의 현주소를 알려주는 나침반이기도 하고, 앞으로 나아갈 길의 방향을 가르쳐주는 내비게이터이기도 하다.

복잡한 길 찾기에 필요한 내 음성

나는 강연장에 들어갈 때와 나올 때의 기분이 영 다른 것을 종종 느낀다. 그 자리에 앉아 있을 때에는 심지가 불끈 서는데, 막상 강연장 문밖을 나서면 '여태 내가 뭘 한 거지?' '이제 뭘 어떻게 해야 하지?' 하는 허무함과 무기력함이 스멀스멀 떠오른다. 어쩐지 이러면 안 될 것 같은 생각에 마음을 애써 달래보려 해도 잘 되지 않는다. 강연장을 나와 기다리던 버스에 올라타다 옆 사람과 살짝 몸이라도 닿는 순간, 그 뜨겁던 기분들은 슬그머니 사라진다.

이처럼 일상에서의 나는 엄청나게 복잡한 존재다. 누구나 하나의 논리로는 설명할 수 없는 복잡한 감정들을 지니고 산다. 단순한 대중심리이론으로는 한 인간의 복잡다난한 상황을 모두 설명할 수 없다. 게다가 남의 이야기와 내 이야기 사이에는 현격한 차이가 있다. 그러므로 내이야기는 내가 해야 한다. 현실 속의 진짜 내 이야기 말이다. 그래서 나와 가장 가까운 이에게 내 이야기를 하지 않는 이상, 남이 하는 이야기역시 온전하게 내 세계에 들어올 수 없다.

이때 중요한 것은 '내가 이야기하는 것(I message)'이 아니라, '나를 이야기하는 것(I statement)'이다. 특히 나의 감정을 이야기해야 한다. 삶의 현장은 간단한 논리로 설명되지 않는다. 아예 논리가 없을 때도 많다. 우리 마음속에서 시시각각 일어나는 비논리적인 감정의 흐름을 논리에 끼워 맞추려 애쓰다 왜곡하지 말고, 간과해버리지도 말고 면밀히 살피고 돌보라는 것이다.

회식 시간, 사람들끼리 소통하라고 마련된 시간이 되면 우리는 주로 남의 이야기를 한다. 친구들을 만나도, 모임에 나가서도 나대신 다른 사람들의 이야기를 한다. 주변 사람, 정치인, 연예인 이야기를 한다. 본인의 이야기를 한다고 생각할 때도, 정작 나에 대한 이야기보다는 나와 관련된 다른 사람들의 이야기만 한다. 나를 나조차 이야기해주지 않는다.

나 자신의 입으로 내 마음과 가장 밀착된 이야기를 하지 않는 이상 나의 것은 드러나지 않는다. 다시 말해 자기 내면이 외면화되지 않는다. 내 마음이 풀리지도 않고, 변화하지도 않는 이유는 그것 때문이다. 나에게 묶인, 나 스스로에게 묶여 있는 자신의 감정부터 풀어주는 것이 변화 관리의 출발점 아닐까?

내 마음의 사용자 되기

우리나라의 경우 천만 명을 유저(User)로 만들면 세상을 바꿀 수 있다고 한다. 틀린 말이 아니다. 인구 천만이 사용하는 물건은 가구당 하나 꼴로 쓰이므로 온 국민을 장악하는 셈이다. 오래전 텔레비전 수상기가 그러했고, 냉장고나 컴퓨터, 자동차, 스마트폰이 그러하다. 백만 이상의 지속적인 유저를 만들어내지 못한 시티폰, PDA, 삐삐는 잠시 동안 우리 곁을 스쳐간 물건이었다. 사용하는 물건이 바뀌면 삶이 실제로 변한다. 물리적으로도, 정신적으로도 바뀐다.

자기 자신을 바꾸는 일에서도 이와 유사한 전략을 쓸 수 있다. 세상을 바꾸려면 유저를 장악해야 하듯, 나를 바꾸려면 내 마음의 사용자가 되어야 한다. 행위를 고치려면 먼저 자기 내면의 감정이 출발하는 지점으로 가야 한다. 나를 바꾸는 여러 작업을 시도하기 전에, 내가 진정으로 느끼는 것이 무엇인지 먼저 파악해야 한다. '나는 왜 이것을 필요로 하는가.' '나는 왜 이것을 얻으려 하는가.' '나는 왜 이곳에 서 있는가.' '나는 어디로 가고자 하는가.' 스스로에게 물어보고 무엇을 느끼는지를 포착하고 그 기분을 살펴봐야 한다.

'경영'이라는 단어가 우리 삶에 등장한 지는 채 100년이 되지 않는다. 그때부터 사람들은 경영을 통해 생산성을 높이기 위한 함수관계를 연구하기 시작했다. 1924년 웨스턴 일렉트릭사를 대상으로 한 메이요의 생산성 연구가 고전적인 예다. 그는 조명의 밝기라든가 배치 설계와 같은 작업장의 근로 조건을 달리해보면서 생산성에 어떤 영향을 미치는지 검토했다.

결론은 이러하다. 생산성에 가장 큰 영향을 미치는 것은 동료들과의 관계였다. 다시 말해 근로자의 의욕을 지배하는 최대 함수는 기술적인 요소나 전략적인 시스템이 아닌, 인간관계의 양상이라는 것이다. 스티브 잡스가 〈포춘〉 인터뷰 기사에서도 이런 점을 언급했다. 그는 경영 현장에서 피부로 느끼는 최대 관심사가 재정 확충이나 시스템 변화, 전략적 혁신 기법이 아니라 '해고에 따른 심리적 불안감' '목표에 대한 부담감' '경쟁을 이겨내야 하는 압박감' '실패에 따른 실의' '관계에 있어서의 심적 부담' 등이라고 말했다.

시대마다 고유한 질병이 있다고 한다. 20세기에는 페스트, 20세기 말에는 에이즈. 그리고 21세기의 시대적 질병은 우울증이다. 많은 현대인들이 정도가 약하든 심하든 우울증을 앓고 있다. 그런데 아무리 술을 마시고, 파티를 하고, 쇼핑을 하고, 온종일 드라마나 인터넷을 들여다봐도 우울증은 가시질 않는다. 약도 잘 듣질 않는다. 왜 그럴까? 시대가 우리에게 강요하는 것이 있기 때문이다. 자본주의 사회는 우리에게 성과를 더 많이 낼 것을 주문한다. 공장은 24시간 풀타임 돌아가고, 도시는 좀처럼 어두워질 줄을 모른다.

더 많은 성과를 내기 위해 이 시대는 '긍정의 힘'을 발휘하라고 말한다. '높이 나는 새가 세상을 지배한다.' '새벽형 인간' 등 자신의 가능성과 능력을 긍정하고 더 높은 효율을 내기 위해 노력하라고 부추긴다. 그렇다면 성과주의의 마지막 종착역은? '미쳐라!'다. 재미에 미치고, 돈에 미치고, 일에 미치고, 여행에 미치고, 주식에 미치고, 등산에 미치고. 미치고, 미치고, 또 미쳐라! 무언가에 미쳐 사는 것이 마치 당연한 것처럼 말한다. 그런데 어디, 미치는 게 정상인가? 시대가 비정상을 부추긴다.

이런 조류는 성과를 내는 데 방해가 되는 요소를 제거하고, 사적 영역과 공적 영역의 삶 사이의 벽을 허물어뜨린다. 전에는 퇴근하고 집에 오면 업무 전화가 와도 "내일 사무실에 가서 확인해보겠습니다."가 가능했지만, 요새는 바로바로 처리해줘야 한다. 집 안과 집 밖, 휴일과 근무일, 근무 시간과 퇴근 후의 경계가 사라진다. 분명 스마트폰은 내가 산 내 소유물인데 계속해서 내 시간과 내 자유를 갉아먹고 정신적 여유까지 빼앗는다.

이 시대에서 의미 있는 이야기는 자본 창출이 가능한 이야기이다. TV만 켜도 금방 알 수 있다. 성공한 자들의 이야기가 흘러나온다. 아무리 실패했어도 결국은 성공했다는 이야기로 끝난다. 성공한 자들의 이야기의 값은 내 이야기의 값보다 비싸다. 오바마의 이야기 값과 오프라 윈프리의 이야기 값이 다르며, 명박 씨의 이야기 값과 내 아내 명숙 씨의 이야기 값이 다르다. 소득에 차이가 나는 것처럼 내 이야기 값과 네 이야기 값이 다르다. '가치 없는' 이야기는 그래서 고독하다. 그러나 나의 이야기는 나에게 가장 가치 있다. 그러므로 남들이 알아주지 않는 나의 이야기에 내가 귀를 기울여야 한다. 그러기 위해서는 무엇보다 홀로 있는 자유의 시간이 필요하다. 오롯이 나른함도 느끼고, 심심함과 지루함도 함께 껴안아보자. 홀로 사색하며 나 자신을 독대하는 시간, 침묵하는 시간은 절대적으로 필요하다.

'틈'을 '공간'으로 전환하라

내 마음의 맥락을 풀어내지 못하면 내면에 틈이 생기고 거리가 생긴다. 마음을 언어화할 기회를 주고, 다독여줘야 한다. 특히 일터에서 자신의 내면에 대해 이야기하는 경험은 정말 필요하다. 돈 문제를 둘러싼 일상적인 이야기에서부터 목표에 대한 무게감, 갑작스러운 해고나 전출에 대한 두려움까지 자신의 체험을 이야기하고 이로써 호흡을 정리하는 전환점을 마련해야 한다. 인디언 크로우족 격언 중 "할 말이 있거든 밝은 데 나와서 하라."는 말이 있다. 당신이 일하는 일터에서 동료들과 이런 이야기를 하면 내면에 닫혀 있던 '틈'은 열린 '공간'으로 변한다. 그렇다면 그동안 만져보지 못했던 자신의 감정을 짚어보고, 이 나이 먹도록 좀처럼 표현해보지 못한 느낌들을 한번 말해보면 어떨까? 인식의 통로가 확장됨은 물론 관계의 문까지도 새롭게 열 수 있을 것이다.

SWITCH

Whying
욕구 살피기

감정이 영혼의 그릇이라면
욕구는 영혼의 음식이다.
단, 사실이라는 소스에 찍어 먹어야 제 맛이다.

욕구인가, 욕망인가?
Is it Desire? or Lust?

들어가기 전에 스스로 묻는 질문

당신의 솔직한 욕구를 누군가에게 이야기할 수 있는가?
당신의 욕구를 제대로 표현하지 못한다면 그 이유는 무엇인가?
당신의 욕구를 감추거나 참고난 후 욕구를 풀기 위해 하는 행동이 있다면 무엇인가?
최근 당신의 내면에서 일어나는 가장 왕성한 욕구는 무엇인가?
주위에서 당신의 욕구를 가장 잘 받아주는 사람은 누구인가?
당신이 누군가의 욕구를 잘 받아준다면 그 상대방은 누구인가?
가정에서 자신의 욕구를 드러내서 불이익을 당한 적이 있는가?
회사 동료들에게 드러내지 못하고 있는 욕구가 있다면 그것은 무엇인가?

선명한 화질의 차이,
욕구에 있다

이승복 어린이는 "나는 공산당이 싫어요!" 하고 외쳤다. 이승복 어린이는 스스로의 감정을 '싫다'는 말로 표현했겠지만, 앞서 지적한 대로 '좋다' '싫다'는 말은 가치를 판단하는 말이지, 감정을 드러내는 말이 아니다. 이승복 어린이가 현실에서 느낀 감정은 무서움과 두려움이었을 것이다. 하지만 현실에서는 자신의 순수한 느낌을 드러내면 위협에 처할지도 모른다는 생각 때문에 표현하지 못하는 경우가 종종 생긴다. 몇 번의 비슷한 경험을 하고 나면 점차 자신의 감정을 표현하는 것이 두렵게 된다. 감정을 억누를 때마다 억눌리는 게 또 하나 있다. 바로 욕구다. 결국 나를 드러낸다는 의미는 자신의 욕구를 드러낸다는 것과 같다. 욕구를 드러낸다는 것은 곧 자기 세계를 드러낸다는 것이다. 욕구는 자신의 깊이를 확연히 드러내는 바로미터다.

예를 들어 대학 4학년 졸업반인 학생이 회사 면접을 보러 가느라 기말고사를 보지 못해 F학점을 받았다. 채용이 확정되었지만 F학점 때문에 졸업을 할 수 없게 돼 입사가 어려워졌다. 이럴 때 그 학생이 "교수님께서 학점을 안 주셔서 제가 취직을 못 했어요!" 하고 말하는 것과 "전

졸업 후에 곧바로 취직하려고 했거든요. 그러려면 교수님께 꼭 학점을 받아야 하는데 그 과목에서 필수 학점을 얻지 못했어요!"라고 말하는 것은 다르다. 후자에는 욕구가 개입되어 있으므로 이야기가 더 선명하다. 감정의 주체가 나라면, 이야기에서도 내가 주인공이 되어야 한다.

이번에는 김 부장이 왜 '사이코'가 되는지도 명백히 설명해보자.

김 부장이 지나간다. 못 보던 넥타이를 했다. "넥타이가 멋지네요." 김 부장은 대꾸도 없이 그냥 지나친다. 나는 마음속으로 이렇게 말한다. '김 부장 넥타이가 멋있다고 칭찬을 했는데도 저 인간이 그냥 무시하고 지나치네! 아침부터 재수 없으려니까. 누가 사이코 아니랄까봐!' 하지만 이것으로는 김 부장이 '사이코'가 되기에 2퍼센트 부족하다. 이번에는 나의 욕구와 감정을 넣어 생각해보자.

'나는 김 부장과 다정하게 인사도 나누고 대화도 하고 싶어서 말을 걸었지. 김 부장이 나를 좀 아는 체 해줬으면 좋겠는데, 김 부장이 대꾸도 없이 그냥 지나쳐서 불쾌하네.'

그렇다면 나는 왜 김 부장과 인사도 나누고 대화하길 원하는가? '김 부장과 친밀한 관계를 갖고 싶어서'다. 그럼 왜 친밀한 관계가 되길 원하는가? '김 부장과 친해지면 일하기도 편하고, 인사고과에도 좋은 영향이 있을 테고, 그럼 승진도 수월할 테니까.' 승진은 왜 하고 싶은가? '더 나은 지위를 얻고, 보수도 더 많이 받아 사람들에게 인정도 받고, 평소에 갖고 싶었던 것들도 더 살 수 있을 테니까.'

내 주변에서 벌어지는 사건을 보다 선명하게 파악하려면 자신의 욕구를 끝까지 바라보라. 또 상대가 왜 그런 행동을 하는지 이해하고 싶다면 그가 지닌 기대와 욕구부터 짚어보라. 혹시 내 행동의 원인이 애매하다면, 그것은 내 욕구의 정체가 애매하기 때문이다. 정말 사랑한다면, 정말로 사랑한다고 말하게 되지 않을까?

욕구 돌아보기

나의 감정 너머에는 기대와 욕구가 있다. 자라면서 드러내지 못했던 기대와 욕구가 있다면, 차분하게 그것들과 대면하는 시간을 가져보자. 특히 가정에서 드러내지 못했던 욕구를 만나주자. 그때는 너무 어려서 혹은 알지 못해서, 아니면 할 수 없었거나 너무 바빠서 이루지 못하고 지나쳐버린 자신의 바람을 스스로에게 물어보자. 우선 아버지와 어머니에게 전하지 못한, 욕구를 둘러싼 메시지를 적어보자.

· 패턴 스위칭 2단계 프로세스 – Whying 욕구 살피기 ·
자기 욕구 골라내기

• 아버지에게 전하지 못한 메시지(그때는 말하지 못했던 자신의 욕구 전하기)

• 어머니에게 전하지 못한 메시지(그때는 말하지 못했던 자신의 욕구 전하기)

욕구를 돌보는 자기 정리

지금 행하고 있는 것들 가운데 자신이 진정으로 원하는 것을 하고 있는지, 또 자신이 진정으로 원하는 것을 하고 있지 않다면 그것은 무엇인지 살펴보자.

• 패턴 스위칭 2단계 프로세스 – Whying 욕구 살피기 •
'진정 원하는 것'과 '행하고 있는 것'

연습 Ⅰ 내가 진정으로 원하는 것을 알고 있으며 실제로 그것을 행하고 있다.

1.
2.
3.

연습 Ⅱ 내가 진정으로 원하는 것을 알고 있으나 그것을 행하지 못하고 있다.

1.
2.
3.

• 요새 하고 있는 일을 다음 기준에 따라 적어보자.

연습 III 진정으로 원하고 좋아하며 잘 하는 것

1.

2.

3.

연습 IV 원하지도 좋지도 잘 하지도 못하는 것

1.

2.

3.

욕구를 포용하는 새로운 태도

우리 부부는 가끔 말싸움을 한다. 사람들은 잘 알아채지 못하지만, 우리는 가끔 말로 비수를 꽂는다. 최첨단 비밀병기도 등장한다. 그런데 문제는 '죽어봐라!' 하고 신종 무기를 휘두른다 해도 상대방이 절대 죽지 않는다는 거다. 허라도 찔리는가? 결코 아니다. 오히려 더 상대를 자극하기만 할 뿐이다. 전의를 불러일으키고 복수심만 부추길 따름이다. 참다 못해 큰 소리를 지르면 결투는 종료된다. 하지만 진짜 전투는 그때부터 시작이다. 오히려 그때부터 남자에게는 더 지독한 지옥이 시작된다.

분주한 일상 때문에 잊힌 것처럼 보이지만, 아내는 '휴전' 중일 뿐이며, 오히려 이 기간에 진정한 전쟁을 위해 더 날카롭게 칼을 갈기도 한다. 말 그대로 전쟁을 쉬고 있을 뿐, 언제 어디서든 전쟁에 복귀할 마음의 준비가 되어 있다. 그 전투야말로 진짜다. 속상했던 당시 상황으로 돌아가서 그 상황을 반복하고 또 반복한다. 그래서 전장의 여운이 감도는 상태일 때 더 복장이 터진다. 창피하지만 내게도 왕왕 벌어지는 일이다.

아내와 점심에 단 둘이 외식을 하러 나갔다. 뜨거운 순댓국을 먹고 카페에 들렀다. 나는 급하게 화장실에 가면서 아내에게 말했다.

"내가 주문해서 가지고 갈게. 2층에 자리 잡고 있어."

화장실에 다녀와서 내가 마실 '오늘의 커피'와 아내가 마실 '카페라테'를 사들고 2층으로 올라갔다. 그런데 대화가 꼬이기 시작했다. 사람이 눈치가 있지, 아내 심기가 불편해 보였다. 무언가 할 이야기가 있는 듯했다. 내가 먼저 눈을 흘겼다. 참고 있던 아내가 입을 열었다.

"누가 이거 먹고 싶다고 했어?"

어라, 이게 아닌데. 뭐가 문제지? 이유를 알 수 없어서 당황스러웠다. 아내가 무언가에 화가 났음이 틀림없었다.

"나한테 물어보고 시켰어야지!"

"아니, 늘 마시던 걸로 시켰는데 도대체 왜 그래?"

우리 부부는 전에 약속했던 것이 있었다. 싸움판이 갖춰졌을 때, 서로의 감정을 물어봐 주자는 것이었다. 이 다정한(?) 프로세스를 우리는 '산굼부리'라고 부르기로 했다. 그냥 그렇게 정한 것일 뿐, 별다른 이유가 있는 건 아니다.

"우리 산굼부리하자!"

이때부터는 자신의 욕구, 기대, 묵혀두었던 그 어떤 감정까지도 허심탄회하게 말해도 좋다. 그러자고 만든 갈등 대처 방안이니까. 내가 먼저 물었다.

"지금 기분이 어때?"

"솔직히 답답해. 비참하고 짜증나."

"그렇구나. 답답하고 비참하구나. 짜증도 나고. 제일 답답한 게 뭐야?"

"당신은 꼭 그러잖아. 물어봐 주면 좋을 텐데 묻지도 않고 멋대로 정하는 거."

"뭘 물어봐 줬으면 좋았을까?"

"뭐 마실 거냐고 물어봐 주면 좋잖아!"

"그렇구나. 뭐 마실지 물어봐 주길 원했구나?"

"그럼. 날도 덥고, 점심을 짜게 먹었더니 시원한 게 마시고 싶었단 말이야."

"그랬구나. 또?"

"그럴 땐 주문부터 하고 화장실은 나중에 가도 되잖아. 나한테 뭐 마실지 묻지도 않고 화장실에 가버려서 한참을 앉아 기다렸어. 당신에게 좀처럼 배려받지 못한다는 생각이 들었어."

전부 지당하신 말씀이다. 더 이상 내게 무슨 말이 필요하겠는가? 사실 부부가 대화하면서 일어나는 갈등은 기본적인 데 있다. 아내는 남편이 그저 자신의 이야기를 들어주기만을 바란다. 방금처럼 감정이나 욕구를 물어봐 주는 것까진 바라지도 않는다. 그저 말없이 들어주기만 해도 되는데, 남편들은 중간중간 참지 못하고 이런 조언과 저런 해결책을 시시콜콜 들이댄다. 초보 운전자가 브레이크를 자꾸 밟는 것처럼 말이다.

그것이 화근이 되어 아내의 속은 더 타들어간다. '그저 (끊지 말고) 내 이야기를 들어만 달라고요. 그냥 내 기분, 내 속상한 감정을 들어주기

만 하면 된다고요.' 하지만 남편은 끝내 아내 마음속에 있는 진짜 욕구
는 모른 채, "아니, 대체 내가 무슨 잘못을 했느냐!"며 "와 미치겠다! 도
대체 여자들 속은 알 수가 없다!"며 화를 버럭 내고는 방문을 꽝 닫고
들어가 버린다. 부인은 그러는 남편을 또한 결코 이해할 수 없다. 남편
역시 이 상황을 끝끝내 이해하지 못한 채 마지못해 살아간다. 지금 이
이야기를 이해하지 못한다면, 당신은 남자다.

욕구를 담아내는 대화 훈련

아이가 학교에서 늦게 들어왔다. 우리는 흔히 "대체 어딜 싸돌아다니
다 지금 들어온 거야! 정신이 있니 없니? 지금 시간이 몇 시야?" 하고
말한다. 그러면 아이들은 '제정신'에서 점점 더 멀어진다. 아이가 무슨
생각을 하는지 알고 싶다면 "공부하기 지겹고 짜증나지?" 하고 감정부
터 물어봐 줘야 자기를 생각하고 이야기하게 된다.

감정을 있는 그대로 환영받지 못한 아이는 자신이 원하는 것을 찾지
못한다. 원하는 것에 가까이 다가갈 방법을 모르기에 원하는 것을 이룰
힘도 찾지 못한다. 어른이 되어 뭔가 잘해 보려고 했는데 일을 그르치
게 되면 마음이 상하는 것은 몹시 자연스러운 일이다. 누군가에게 비난
을 받았을 때 속이 상하는 것도 자연스러운 현상이다. 하지만 그런 마
음을 숨기고 스스로도 이름 붙여주지 않으면 힘을 되찾지 못한다.

예를 들어 동료 직원이 승진에 실패했을 때, "인생이 그렇지 뭐. 기회
가 또 있지 않겠어? 힘내. 사는 게 뭐 별건가?" 하고 말할 수 있다.

"아빠 힘내세요." 하는 말과 "아빠, 많이 힘들지?" 하는 말에는 차이가 있다. "손님, 걱정하지 마세요."와 "손님, 오래 기다리느라 걱정 많으셨죠?" 하는 말의 차이도 비슷하다. 후자는 질문형인 반면, 전자는 명령에 가깝다. 후자는 지금 상태를 말하지만, 전자는 앞으로의 미래를 지시한다. 희망을 이야기한다고 하지만, 듣는 사람이 피부로 받아들이는 감각은 다르다.

회사 동료가 이렇게 이야기한다.

"어휴, 난 왜 이렇게 사는 게 재미가 없지? 뭘 해도 신나지 않아!"

쉽게 답하면 이럴 것이다.

"사는 게 다 그렇지 뭐. 이 나이에 무슨 재미가 있겠어? 다 그런 거 아니겠어!"

그를 위로하고 싶은 마음에 하는 말이지만 듣는 사람에게는 위로가 되지 않는다. 이럴 때는 문장의 주체를 바꿔야 한다. 내 생각에서 그의 생각으로, 평가를 하는 대신 그가 지닌 감정과 욕구에 가까이 갈 필요가 있다.

"요새 사는 게 통 재미가 없구나? 그래, 그럼 뭘 하며 살길 원해?"

그의 감정과 욕구를 물어봐 주면 이야기의 주인공이 그가 된다. 이야기를 풀어나가는 다음 전개의 주체도 그가 된다.

또 다른 예시. 이번엔 동료 직원이 쓰레기통을 비우고 돌아오며 투덜거린다.

"아무도 날 도와주지 않아! 도대체 왜 나만 이 일을 해야 하는 거야?"

쉽게 답하자면 이렇다.

"나도 그 부서에 있을 때 그랬어. 직장에 있는 게 그렇지 뭐. 남의 돈 받아먹는 게 어디 쉬운 일인가?"

처한 상황과 주변 정세를 잘 고려해 이야기해줬다 할지라도 화자 입장에서는 별 도움이 되지 않는다. 오히려 기운만 빠진다.

"저런, 아무도 도와주질 않아? 많이 힘들겠다. 주위에 도움을 부탁할 만한 사람이 있어?" 이 대화의 주인공은 내가 아니므로 말하는 자의 기분과 기대를 물어봐 줘야 한다.

이번에는 직장 후배가 찾아와서 이렇게 말한다.

"회사를 그만두고 싶어요."

"아직 신입이라 그럴 거야. 조금만 견디면 좀 나아져. 나도 처음엔 그랬어. 이겨내!"

후배가 듣고 싶은 말이 과연 이것이었을까? 그가 정말 그 말을 몰라서 당신에게 자기 속마음을 이야기했을까? '과정을 견디고 이겨내야 한다.'는 너무나 명쾌한 '정답'이 있는데 '너는 왜 답을 모르고 있느냐?'며 채근하는 꼴이다. 담장이 무너지고 있는데 '왜 무너졌는지?' '무엇 때문에 무너지는지?' 그래서 '지금 무엇이 문제냐?' 하며 따지는 꼴이다. 일단은 무너지는 담장부터 지지하고 보는 게 급선무 아닐까? '이겨내라' '견뎌라' '참아라' '다 지나간다' '네 운명에 맡겨라' '널 사랑하라' 같은 해결책은 그 이후에 나눠도 충분하지 않을까?

이제 다음 예문을 읽고 상대의 감정과 욕구를 물어봐 주는 공감 대화를 연습해보자. 연습 I은 가정에서, 연습 II, III은 일터에서의 상황이다.

상대의 욕구 읽어주기

연습 I

1. 아이가 몇 시간째 컴퓨터 게임을 하고 있다.
   - 도대체 몇 시간째 게임만 하고 있는 거야?
   → 컴퓨터가 하고 싶었구나? 요새 공부하기 어떠니? 많이 힘드니?

2. 아이가 연락도 없이 늦게 왔다.
   - 대체 어딜 싸돌아다닌 거야?
   → 방과 후에 특별히 가고 싶은 곳이라도 있었니? 미리 말을 해줄 수 없는 상황
   이었니? 무슨 일이 있었는지 궁금하구나. 이제라도 이야기해줄 수 있겠니?

3. 아이가 학교 가지 않으려 한다.
   - 너 왜 학교에 안 가! 정신이 있는 거야, 없는 거야?
   →

연습 II

1. 상사에게 질책받아 후배가 화가 났다.
   - 괜찮아, 뭘 그 정도 가지고 그래.
   →

2. 동기 중 한 명이 혼자만 승진을 하지 못했다.
   - 괜찮아, 다음에 또 기회가 있겠지 뭐.
   →

3. 갑작스레 동료가 어려운 일을 당했다.

　• 괜찮아, 사는 게 그렇지 뭐. 너라도 힘내.

　→

연습 III

1. 나 왜 이렇게 살이 안 빠지지? 몸무게가 자꾸 늘어서 화가 나.

　→

　---

2. 아무래도 올해 집 장만하긴 글렀어.

　→

　---

3. 아무래도 이번 달 목표 달성은 힘들 것 같아.

　→

　---

4. 아무도 날 도와주지 않아. 도대체 왜 이 일을 나만 해야 하는 거지?

　→

　---

5. 선배, 나 정말이지, 회사 그만두고 싶어요.

　→

말로 주면 되로 받는다

피드백(Feedback)을 한자로 하면 '확언'이다. 말을 재확인하다, 즉 다시 하여 확실하게 한다는 의미이다. '신뢰(信賴)'라는 한자 단어는 '人(사람)' + '言(말)' + '賴(의지하다)'의 조합으로, 사람의 말에 의지한다는 것을 의미한다. 영어에서 신뢰하다를 의미하는 'Trust'는 독어 'Trost', 즉 편안함에서 비롯되었다.

　중국집에 전화를 건다. "여기 짜장 셋, 짬뽕 둘, 볶음밥 하나, 탕수육 작은 것, 팔보채 하나요. 만두는 서비스로 주시는 거 맞죠? 결제는 카드로 할게요." 그랬더니 그냥 "네." 하고 전화를 끊는다. 뭔가 찜찜하다. 제대로 주문이 됐는지 알 길이 없다. '아, 답답하다.' 이런 불안감을 정리해주기 위해 필요한 것이 확언이다. 피드백이다.

　"네, 손님. 다시 한 번 확인해볼게요. 짜장 셋, 짬뽕 둘, 볶음밥 하나, 탕수육 작은 것 하나, 팔보채 하나 맞지요? 만두는 서비스로 드릴 거고요. 결제는 카드로 하시겠다고 하셨지요?" '휴우.' 이제야 마음이 놓인다. 이것이 확언의 효과다.

　소통에서 실패하면 일단 불안하다. 그래서 괴롭다. 서로 간에 전달해야 할 메시지가 잘 전달됐는지 확인되지 않으면 은근한 고통이 생긴다.

실험을 했다. 면접관이 응시자를 대상으로 처음 5분 동안은 고개를 끄덕여주고 짤막한 맞장구를 계속 쳐주지만, 마지막 5분에는 아무런 반응 없이 그저 응시자를 쳐다보게만 했다. 인터뷰를 마친 응시자의 반응.

"처음엔 무언가 말이 술술 풀리고 이야기를 잘한 것 같은데, 끝에 가서는 도대체 무슨 말을 했는지 기억이 안 나요. 죽을 맛이었어요."

사실 그들이 인터뷰 후반에 제대로 답을 못하거나 부족하게 말한 것은 아니었다. 하지만 면접자들은 다르게 느꼈다. 고개를 끄덕여주고 맞장구쳐주는 피드백이 없자, 진땀을 흘리고 숨이 콱 막히고 뭔가 풀리지 않는 것 같은 기분을 느꼈다.

원수에서 동지되기, 5초면 충분하다

사실 상대방의 말만 되짚어 줘도 이러한 불안은 어느 정도 해소된다. 무의식적으로 내가 지지받는다는 느낌을 받는다.

"아빠, 나 저거 먹고 싶어!"

"어, 그렇구나. 그게 먹고 싶구나?"(피드백)

"어."(자동 반응)

한번 실험해보라. "어."가 자동으로 나온다. 대화 내용을 하나하나 생각해서 논리적으로 답하지 않고 자동 반사처럼 나온다.

"여보, 나 샐러드 먹고 싶어."

"그래? 자기, 샐러드 먹고 싶구나."(피드백)

"어."

"아빠, 나 스마트폰 사주라. 나도 저거 갖고 싶어."

"그렇구나. 우리 딸, 스마트폰이 갖고 싶었구나."(피드백)

"어."

이 정도만 돌려줘도 대화에 제법 울림이 생긴다. 하지만 우리에게는 다음 같은 대답이 익숙하다.

"여보, 나 저거 사고 싶어."

"아니, 얼마 전에 샀잖아! 근데 또 사? 왜?"

이렇게 말하면 일단 마음이 조급하고 분주하다. 왜냐고 물었으니 답을 찾아내야 하기 때문이다. 무엇보다 자기의 욕구가 부정당했다는 마음이 들어 속상하다.

"여보, 나 다음에 저기 데려다 주라."

"아니, 나 요새 바쁜 거 알면서 그래? 당신, 생각이 있는 거야, 없는 거야?"

"아빠, 나도 스마트폰 사주세요. 나도 갖고 싶어요."

"네가 지금 몇 살인데 그래? 안 돼, 지금은. 더 크면 몰라도."

이런 대화는 하면 할수록 원수가 된다. 반복되면 반복될수록 자녀들과 멀어진다. 크게 한 번 숨 쉬고 딱 한 번만 되짚어 주라. 한 번만 돌려줘도 신세계가 열린다.

"여보, 나 저거 사고 싶어."

"그렇구나, 당신 그거 사고 싶구나."(피드백)

"어. 그런데 아무래도 비싸겠지? 지난번에 산 거랑 비슷한 것 같기도

하고."(신세계)

"여보, 나 다음에 저기 데려다 주라."

"그렇구나, 당신 거기 가고 싶구나."(피드백)

"어. 꼭 여길 지날 때마다 가고 싶은 마음이 든단 말이야. 아참, 그런데 요새 당신 바쁘지? 바쁜 일 다 끝나면 꼭 한번 데려다 줘."(신세계)

"아빠, 나 스마트폰 사주세요. 나도 갖고 싶어요."

"응, 우리 딸이 스마트폰이 갖고 싶구나?"(피드백)

"어. 맞아요. 우리 반 애들 몇 명이 최신형 갖고 있는데 근사하더라고요. 나도 갖고 싶어요. 그런데 꼭 지금은 아니어도 되고."(신세계)

원수에서 동지가 되는 관계의 승부, 아무리 길어도 5초면 충분하다.

상대를 지지하는 에너지 공식

'네 마음이 그랬구나.' 하고 한 번 되짚어 주기만 해도 아이들은 정말 잘 느낀다. 잠깐이면 충분하다. 이렇게 하면 상대는 의식적으로, 또 무의식적으로 나에게 지지받는다는 느낌을 받는다. 힘을 얻는다. 에너지가 다르다. 술자리 분위기가 달라진다. 이야기가 통하고 내면의 동기가 살아난다. 무언가 하고 싶어지고 실제로 행동하게 된다. 뭐든지 술술 풀리는 것 같다. 왜일까?

　주변에 있는 물건을 꺼내 한 방향으로 밀어보라. 힘을 주어 밀면 물건은 그 힘을 받아 앞으로 나아간다. 물건이든 사람이든 마찬가지다. 다른 사람에게 내가 힘을 주는 지지의 말을 던지면 그 사람은 힘을 받아 앞으로 나아갈 수 있다. 가정에서, 또 직장에서 서로를 지지해주는 일은 정말 소중하다. 한 조직의 사람들을 둘러앉게 하고 서로를 지지해 보라고 요청하면 특별한 방법을 알려주지 않더라도 서로가 지닌 강점들을 열심히 찾아내 말해준다. 말을 하다 보면 내가 몰랐던 나의 강점을 알게 될 수도 있고, 속으로만 생각하고 있었던 다른 구성원에게 그 사람의 강점을 알려줄 수도 있다. 신기하게도 이러한 지지 경험을 맛본 조직은 힘을 얻는다. 성과를 낳고 관계를 개선하고 신뢰를 쌓는다.

업무 중 대화에서도 같은 원리가 적용된다.

"이 방법을 시도했더니 비용이 절감되던데요?"

"그래? 그 방법이 비용을 절감시켰군."(한 방향 피드백)

"네, 시간이 있다면 다른 팀에도 응용할 수 있을 것 같습니다."

"그래? 시간이 필요하단 말이지. 다른 팀에도 적용할 수 있게 말이야."(한 방향 피드백)

"네, 하지만 입력할 때 더 정확한 수치를 넣어야 합니다."

"그래? 더 정확한 수치를 원하는구먼?"(한 방향 피드백)

"네, 그렇습니다. 타부서에 지원 요청을 해주시면 시간을 줄일 수 있을 것 같고요."

(이번엔 화자 전환)

"그런데 말이야, 영업 쪽은 별로 혜택을 받지 못할 거라고 생각하던데?"

"그래요? 영업 쪽에서 말인가요?"(한 방향 피드백)

"그렇다네. 지난번에는 오히려 시간 낭비만 했다고 하더군."

"그래요? 시간 단축에 대한 기대가 더 컸군요?"(한 방향 피드백)

"그런 듯하네. 투입 시간에 대한 적정선을 제시하면 영업팀에서도 좀 더 적극적으로 나오지 않겠는가?"

이 예시에서 두 사람은 계속해서 대화를 주고받지만 내용은 한 방향이다. 하나의 메시지를 반복해서 두 번 되풀이하고 그것이 서로 돌아가면서 반복적으로 지지되는 양상이다. 그 말이 꼭 맞다고 해두는 것이 아니다. 상대의 말을 내가 다시 세워주고 그 말을 지지하는 방식이다. 출발점은 두 사람이지만 화살표가 한 방향으로 흐르고 화자는 두 명이지만 한 사람의 이야기처럼 흘러간다. 한 곳을 향하던 힘은 또 다른 힘을 얻어 훨씬 더 강력하게 앞으로 나갈 것이다.

화자가 주는 마지막 선물, 결론 내릴 기회

가정에서도 이런 대화가 가능할 것이다. 다음은 한 방향 대화다.

"엄마, 나 오늘 성적표 받았어."

"그래? 성적표 받았구나?"(피드백)

"응, 받기는 했는데, 그게 좀……."

"받기는 했는데 그게 왜?"(피드백)

"응, 받았는데 생각보다 별로라서."

"그랬구나. 별로였구나?"(피드백)

"응, 시험 볼 때는 자신 있었는데 막상 점수가."

"자신 있게 봤는데 생각보다 낮게 나왔구나?"(피드백)

"맞아. 그래서 좀……."

"그래서 기분이 어떤데?"(피드백)

"답답하고 힘들었어. 하지만 다음에는 더 잘해 보고 싶어."

"우리 딸이 힘들었구나. 그래 다음에는 더 노력해보렴."(피드백)

"응. 다음에는 문제를 좀더 차분하게 읽어야겠어."

다음은 양방향 대화다. 한 방향 대화와 비교하면서 살펴보자.

"엄마, 나 오늘 성적표 받았어."

"그래? 어디 보자."(양방향 자기 대화)

"(머뭇거리며) 엄마, 잠시만."

"한번 보자. 성적표 받았다며."(양방향 자기 대화)

"보여주기는 할 텐데, 뭐라고 하지 마."

"뭐라고 하기는. 그런다고 성적이 달라지는 것도 아닌데."(양방향 자기 대화)

"……."

"세 개나 틀렸잖아? 왜 이렇게 많이 틀렸어?"(양방향 자기 대화)

"시험 보기 전에는 자신 있었는데 막상 시험을 보니 많이 헷갈렸어."

"됐어. 다음에 더 잘 봐라."(양방향 자기 대화)

"……."

대화의 마지막에 비록 "다음에 더 잘 봐라." 하고 끝이 났더라도 아이 마음은 괜찮지가 않다. 왜? 예를 들어 남자친구 문제로 고민하던 딸아이가 엄마에게 어렵사리 이야기를 꺼냈는데, 딸아이에게 "그놈이 네마음을 그렇게 만들었어? 쳇, 내가 진즉에 그럴 줄 알았어." 하고 말하면 엄마는 아이의 마음을 달래주는 걸까? 그야말로 속을 뒤집어 놓는 건 아닐까? 앞 대화의 상황은 이 경우와 다르지 않다.

한 방향 대화에서 엄마가 내린 "다음에 더 잘 보면 되지."는 아이의 말을 확언해준 것이 아니라 엄마가 미리 답을 내버린 꼴이다. 다시 말해 아이가 내야 할 결론을 엄마가 가로챈 셈이 된다. 아이가 느낌을 드러내고 다음 설계도를 꺼내기도 전에 엄마가 미리 평가하고 결론 내리는 바람에 아이가 정리할 시간을 빼앗긴 것이다.

누구나 자신에게 이야기해오는 다른 이에게 도움을 주고 싶어 한다. 특히 자신과 가까운 사람에게는 더더욱 서둘러 답을 주고 싶어 한다. 즉각적으로 도움을 주어야만 직성이 풀린다. 대부분의 사람이 그렇다. 하지만 그 순간 참아야 한다. 시간과 공간의 마진을 상대방에게 열어줘야 한다. 좋은 피드백은 상대가 앞으로 어떻게 나아가야 할지 스스로 결론을 내리도록 도와주는 것이다. 한 술 뜨고 다음 입을 벌릴 때까지 천천히 먹는 모습을 지켜봐 주는, '오래 참는' 사랑의 인내가 그런 것 아닐까?

진짜 원하는 결정 내리기

아내가 어릴 적 장인어른 사업이 부도가 나서 하루아침에 길 건너편 차고로 온 식구가 쫓겨나게 되었다고 한다. 용돈을 받지 못하며 학교를 다니던 어느 날, 친구가 햄버거를 먹자며 패스트푸드점으로 데리고 갔다고 한다.

"너 뭐 먹을래? 내가 사줄게."

(메뉴판을 둘러보다가 가장 값싼 메뉴를 발견하고) "음, 피시버거?"

"그래? 피시버거? 여기요, 피시버거 두 개 주세요. 뭐 마실래?"

배도 그다지 고프지 않은 데다, 햄버거를 얻어먹는 것도 미안한데 음료수까지 사달라고 하는 것이 민망해서,

"음, 난 됐어. 괜찮아."

"그래? 콜라 하나 주세요. 그런데 우리 아이스크림도 먹을래? 어때, 좋지? 하나씩 먹자! 아이스크림도 두 개 주세요."

결국 한 손에는 피시버거, 다른 한 손에는 아이스크림을 들고 자리에 앉았다. 아내는 원치 않았던 아이스크림을 먹으며 인체가 지닌 소화 능력의 한계를 경험했다고 한다.

원하는 것을 말하지 못할 때, 정말로 필요치 않은 것을 얻게 된다. 그런데 배고픔을 참고 참다보면 나중에는 상한 밥이라도 먹으려 한다는 것이 문제다. 정말 필요한 것을 얻지 못할 때 가장 부적합한 것으로 필요를 채워버리는 비극이 생긴다. 그러므로 욕구를 드러내는 방법을 안전하고도 자연스럽게 배우며 살아가는 것이 필수적이다.

타이슨, 클린턴, 잡스의 비밀스러운 소원

세계 최연소 헤비급 세계챔피언 타이틀을 거머쥔 마이크 타이슨은 성공도 하고 큰 인기도 얻었지만 폭력 사건을 자주 일으켰고 심지어는 여성들을 강간하기도 했다. 미국 전 대통령 빌 클린턴은 미국 최고 권력의 자리에 두 번이나 올랐지만 '지퍼 스캔들'이라 불리는 성추문 사건을 일으켰다. 금세기 최고 기업경영인인 고(故) 스티브 잡스는 생모가 자신을 입양 보내는 아픔을 겪었지만 본인 역시 친딸의 존재를 인정하지 않았던 적이 있다.

이처럼 각 분야에서 최고 자리에 올랐던 이들 내면의 풀리지 않은 심리적 각본을 두고 여러 가지 말들이 나온다. 그들의 성장 과정을 중심으로 분석한 그 이야기들의 공통된 견해는 한마디로 '콩 심은 데 콩 나고 팥 심은 데 팥 난다'는 것이다. 다시 말해, 내면에 쌓인 것은 언젠가 불편한 행위를 초래한다는 것이 요지다.

그렇다면 그들이 정말로 원했던 것은 무엇일까? '난 누군가를 때리고 싶어.' '난 누군가와 부적절한 관계를 맺을 거야.' '난 내 중요한 사람을 부정해버릴 거야.' 이런 것들이 그들이 진정으로 바라는 일이었을까? 그렇다면 그들이 성인이 되어 저지른 일들은 과연 무엇을 의미하는가? 자신이 원하는 것을 자연스럽게 받아들인다는 것은 무엇이며, 자기 내면에 숨겨진 욕구를 '진정으로 말함'으로써 얻는 결과는 또한 무엇일까?

날개 잃은 그대에게,
두려움을 펴는 자유를

공연하는 가수들이 간혹 무대 위에서 객석으로 날며 몸을 맡길 때가 있다. 그때 그가 날 수 있는 이유는 누군가 나를 받아줄 것이라는 기대가 있기 때문이다. 이로써 날고자 하는 욕구는 충족된다. 이와 같이 우리들 소통의 중심에는 '지지받고 싶은 욕구' '상대방에게 사랑받고 싶다는 욕구'가 깊게 깔려 있다. 인간은 누구나 다음과 같은 욕구를 지닌다.

- 지지(Affirmation): 누구나 지지받기를 원한다.

- 주목(Attraction): 누구나 주목받기를 원한다.

- 관심(Attention): 누구나 관심받기를 원한다.

- 수용(Acceptance): 누구나 수용받기를 원한다.

애착을 담당하는 두뇌구조

'나도 사랑받고 싶다'는 아우성은 본능적으로 자기 내면을 지배한다. 배고프니까 얼른 밥을 달라고 조르는 듯한 신호를 지속적으로 보낸다.

이런 본능의 특징은 항상 '현재 시각'을 가리킨다는 점이다. 과거에 충분히 사랑을 받지 못했던 경험이 현재에까지 영향을 미치는 것이다. 지금 이 자리에서 사랑을 받아야 비로소 안심이 된다. 특히 전두엽이 발달하기 전에 감성두뇌는 언제나 '현재 시각' 기준을 갖고 있다.

애착을 담당하는 감성두뇌, 즉 (1)시상(Thalamus)은 출생과 동시에 기쁨을 익히는 부분이다. 생애 첫 9개월 동안 하루 최대 8시간 엄마와 함께 기쁨을 교감하는 장소이다. 이러한 기쁨의 관계는 안정된 정체성과 두뇌 성장의 기초가 된다. '조이 센터(Joy Center)'로도 알려진 이곳은 주로 도파민 분비가 이루어지는 곳이다.

(2)편도체(Amygdala), 편도핵이라고도 부르는 이곳은 오로지 좋은 것, 나쁜 것, 위험한 것, 세 가지만 감지한다. 그래서 24시간 쉬지 않고 이 기능만 하는 보초병이라고 할 수 있다. 이곳에선 주로 아드레날린 분비

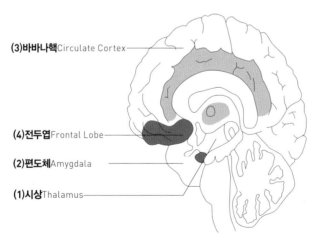

두뇌 성장 및 반응 구조

를 담당한다.

(3)바바나핵(Circulate Cortex)으로 알려진 이곳은 슬픔, 고통, 괴로움, 외로움 등 다양한 감정을 느끼고 교류하는 곳이다. 감정 센터인 이곳에서 두뇌는 기쁨을 축적하고 어머니에게서 안정을 배우기도 한다.

(4)전두엽(Frontal Lobe), 이곳은 정체성 센터라 할 수 있다. 무엇을 어떻게 할지에 대한 계획 수립, 동기부여, 목표 설정 등을 담당한다. 창의력(문제 해결, 전략적 사고, 상호 협력), 만족도(자기 만족도, 고통 평가), 목표 지향(목표 설정, 생명력과 불일치 행위), 개인적 기호(자신이 원하는 것 분별)를 관장하며 세로토닌 분비를 처리하는 장소라 할 수 있다.

열 받을 때 일어나는 머릿속 반응

그런데 문제는 이러한 두뇌의 기능이 잘 발달해도 긴급하거나 충격적인 상황에서는 대체로 생각하는 일이 소용없어진다는 것이다. 열을 받으면 갑자기 멈춰버린다. 운전 중에 차가 갑자기 서버렸다면, 정비사들은 속된 말로 '엔진이 뻑났다(?)'고 이야기한다. 차가 열 받으면서 확 서버리듯, 두뇌 기능도 열 받으면 생각이고 뭐고 소용없어진다.

열을 받으면 물리적으로 전두엽 4번 기능이 우선 작동되고, 이로써 해결이 되지 않는다면 바나나핵 3번 기능이 작동하기 시작한다. 이때부터는 전두엽의 통제를 받는 이성에 의한 장치는 잠시 스위치를 내린다.

이른바 '확 돌아버린다' '욱하고 받아버린다' '버럭 화를 낸다' '사람이 돌변해 미친 것 같다' 같은 말이 나오면 이제부터 시작이다. 좌뇌가 확 꺼진다. 이때부터는 이성적인 인간이 아니다. 신속하게 우뇌 기능에서 자율적으로 안정을 되찾으려 하지만 그마저도 실패하고 나면 결국 왜곡된 선택을 하게 된다. 욕하고 사람을 때린다든가, 자학을 한다든가, 폭식을 한다든가, 잠을 계속 잔다든가, 심지어는 자살을 하기도 한다. 이 모두가 안정을 찾기 위해 내리는 특단의 조치다.

결국 전두엽에서 처리하는 정보는 급박한 상황에서는 기능을 발휘하지 못한다. 우뇌가 더 빠르게 움직이고 좌뇌는 응답을 멈추는 셈이다. 애착을 담당하는 감성두뇌, 시상이 채워지지 않으면 우뇌의 빈 애착이 나타나고 이로써 나도 모르게 애착 고통(Pain in Attachment)을 느끼게 된다. 우리가 상대방에게 아우성치는 소리는 사실 이러한 애착 고통 때문에 내는 소리다. 더 사랑받고 싶고, 나를 좀더 사랑해달라고 외치는 소리다.

모두들 자신을 사랑해달라고 아우성친다. 사장도 외치고, 사원도 외치고, 교수도 외치고, 학생도 외치고, 대통령도 외치고, 유권자도 외친다. 아이도, 부모도 외친다. 너도 나도 외친다.

고통과 시련에 맞서는 새로운 학습 전략

배가 고프면 속이 허전하고 지속적으로 배가 고프다는 신호를 받는다. 애착 공복도 마찬가지다. 두뇌에서 애정으로 채워지기를 늘 기대하고 있으므로, 때와 장소를 불문하고 '사랑을 달라!'고 조른다. 게다가 '지금(Now) 이 자리에서(Here) 달라!'고 한다. '현재의 구제(Relief) 활동'을 요청한다. 그러나 고통 속에서는 부정적인 선택을 할 수도 있다. 당시엔 괜찮다며 넘어가도 결코 문제가 해결되는 것은 아니다. 탈선하는 아이들의 내면에는 부정적인 관심이라도 받기를 원하는 마음이 있다. 우리 주변에서도 너무 힘든 상황에 처한 사람이 정도가 심하지는 않아도 반사회적 행위를 하는 것을 쉽게 볼 수 있다. 게임을 멈추지 못한다든지, 폭음을 한다든지, 끝없이 먹으려 한다든지, 일에만 매달려 있다든지, 주위 사람을 못살게 군다든지 등. 만족스러울 만큼 사랑받지 못할 때 그것을 능동적으로 해결하기보다는 손쉬운 방법으로, 의존적인 방식으로 잠시나마 해소하면서 문제를 회피하는 것일 뿐이다.

애착을 채우는 본질적인 방법은 외부에 있지 않고 우리 내부에 있다. 예를 들어 시련이 닥쳤을 때 그것을 이겨낼 힘이 우리 내부에 없다면 그 힘이 부족한 만큼 고통이 느껴질 것이다. 하지만 그 시련의 고통을 이겨낼 수 있을 만큼의 힘이 있다면 그만큼의 '마진'이 남을 것이다.

하지만 마진은 타인과 비교할 수 있는 성질이 아니다. 100의 힘을 가진 이가 90의 힘을 가진 이보다 10을 더 가지고 있다고 말할 수 없다. 시련이 닥쳤을 때 그 사건을 얼마만큼 끌어안을 수 있느냐, 즉 그 일을

마진과 고통의 상관 구조

극복해낼 힘이 스스로에게 있느냐가 더 중요하다. 그래서 얼마나 마진이 남아 있을 때 시련이 닥치느냐가 그 시련을 이겨낼 수 있느냐 없느냐를 판가름하는 중요한 기준이 된다. 같은 상황이라도 마진이 있을 땐일의 전개 양상이 달라진다.

"부장님, 이것 좀 처리해주세요."

그에게 여유가 남아 있다면, "그럴까? 알겠어." 하고 답할 것이다. 하지만 그럴 여유가 조금도 없다면, "지금 생각이 있는 거야? 이거 하고있는 거 안 보여? 내가 지금 그거 하고 있게 생겼어?" 하며 화를 버럭낼 수 있다.

마진이 남으면 마음속에서 시시때때로 '밥 달라고' 조르는 욕구가 줄어 한결 자유로워진다. 애착이 부족할수록 시기와 질투, 자기과시, 특권의식, 과대포장, 전능감, 자만심, 완벽주의에 빠지기 쉽고, 지울 수 없는 상처를 입었다고 생각하거나, 스스로를 고립시키고 타자를 평가절하하기도 한다. 반면 여유가 있을 때는 누군가를 자신의 마음속 식탁에초대할 수 있다. 자기 밥을 나눠줄 수도 있다.

빚쟁이와 실랑이를 할 때도 머리끄덩이를 잡아당기면 당길수록 상대방은 반대쪽으로 물러나며 버틴다. 붙잡으려고 할수록 달아나려는 마음은 더 커진다. 같은 원리다. 쇄신하고 변화하기 위해서 의지를 불러일으킬 만한 방법도 찾아보고, 옳은 방향으로 나아가기 위한 지침을 찾아보며, 행동을 통제해보려고 해도 실패하기 십상이다. 지식과 교육을통해 변화를 일으킬 동력을 찾아보아도 의지와는 상관없이 습관대로움직이게 되고, 그래서 문제가 지속될 때가 많다.

이는 공부하기 싫은 사람들에게 희소식이다. 정보 습득을 위한 교육은 인식 전환에 별다른 효과를 얻지 못한다는 점 때문이다. 예를 들어 가정에서 소리 지르는 사람들은 가정교육을 제대로 받지 못해서가 아니다. 감정 조절과 분노 다스리기 책을 끝까지 읽지 않아서가 아니다. 마찬가지로 어린 시절 받았던 상처를 안다고 해서 바로 그 상처가 치유되는가? 전혀 아니다. 이유를 모르고, 정보가 부족해서 고치지 못하는 것이 아니다!

함께 걸으면 상처는 잊힌다

태어나면서부터 두뇌는 조직화된다. 애착에 길들여지고 행동의 결을 만든다. 유전적인 요인뿐만 아니라 경험적인 요인도 중요하다. 자라면서 상처를 많이 받았다 하더라도 괜찮다. 변화는 가능하다. 부분적으로 수정할 수도 있고, 변형할 수도 있다. 복원할 수도 있고, 회생할 수도 있다. 내면의 변화는 두뇌 반응 체계를 바꾸는 것이기도 하다. 과거의 경험은 그대로 머물러 있지 않는다. 사랑을 충분히 주고받고 상처를 토닥여주면 극복할 수 있다. 정상적인 신경 회로를 만들어줌으로써 두뇌 반응 체계를 바꾸고, 이로써 스트레스를 조절할 장치도 마련할 수 있다. 분노의 감정을 참을 수 없어서 마구 분출해버렸던 사람도 적절히 통제할 방법을 배울 수 있다.

사람이 변화하는 궁극적인 방법은 우리 모두가 이미 아주 잘 알고 있다. "서로 사랑하라."는 것이다. 정서적으로 완벽한 존재는 없듯, 우리

가운데 애착을 완전히 충족하며 사는 자들 또한 없다. 완전하지 못한 우리는 서로 이해해주고, 서로의 사랑을 '확언'해주어야 한다. 그것이 바로 변화를 위한 출발점이자 도착점이다. 이것은 나와 함께하는 동반자의 이야기이기도 해야 한다. 우리 모두는 부모에게, 배우자에게, 자녀에게, 동료에게, 선배에게, 친구에게 그 자체로 목적이 되는 사람들이기 때문이다. 그 사람들이 가고자 하는 길, 그 사람들이 가진 욕구나 감정을 '한 방향'으로 지지해주는 것은 그들의 애착을 채워주는 일이기도 하다. 애착은 경험이기 때문에 '동사'다. 내면에 깊이 고여 정지되어 있는 '명사'가 아니라 계속해서 흐르고 움직여야 하는 '동사'다. 그 사람의 애착을 채워주고 방향을 지지하고 함께 간다는 것은 그 사람의 욕구, 더 나아가 그가 지닌 생명력의 가장 신성한 원천을 채워준다는 의미다.

누군가 지금 열등감에 빠져 골병이 들어 있다면, 그를 도울 방법이 있다. 생각의 깊이가 부족하더라도 그가 원하는 것을 주체적으로 찾도록 끝까지 그를 지지해주는 것이다. 너무 오래 걸리지 않겠느냐고? 기다리는 데 너무 답답하지 않겠느냐고? 그렇다. 오래 걸리고 답답하기도 할 것이다. 하지만 도와주는 사람 눈에 뻔히 보이는 답이 있더라도 참아야 한다. 그가 스스로 답을 내는 과정이 더 중요하기 때문이다. 시행착오라는 대가를 치러도 좋다. 그에게는 이 경험도 무척 소중하다. 그가 느끼는 것, 그가 선택하는 것들이 '아, 안전하네!' 하고 스스로 느낄 수 있도록 그의 선택을 있는 그대로 지지하고 바라봐 줘야 한다. 그야말로 '제 멋대로 살도록' 말이다. 그러한 경험이 쌓이다 보면 그는 어

느덧 그만의 멋을 뽐내게 될 것이다. 그때쯤이면 거추장스러운 열등감
도 벗어버리고 군중 속으로 몸을 날릴 것이다. 그때는 진짜로 날개조차
필요 없다는 것을 온몸으로 느낄 테니 말이다.

추락하지 않아도 날개가 있다는 사실을 알려주기

> "가장자리로 오라."고 그가 말했다.
> "두렵다."고 그들이 답했다.
> "가장자리로 오라."고 그가 다시 말했다.
> 그는 그들의 등을 밀었고…… 그리하여 그들은 하늘을 날았다.
>
> – 기욤 아폴리네르(Guillaume Apollinaire)

인간은 철저히 '사회적인 동물'이기 때문에 주변 사람들과의 관계에
서 변화를 이끌어내지 못하면 결코 변할 수 없다. 욱하며 화를 낸다든
지, 확 돌아서 버린다든지 하는 문제는 사람과 사람의 관계에서 충족감
을 얻어야만 해결할 수 있다. 두뇌를 제어할 수 있는 것은 기쁨과 안정
을 주관하는 애착 수준을 높일 때만 가능하다. 다시 말해 내가 하늘을
날려면 내가 날개를 가지고 있어야 하는 것이 아니라, 충분한 애착 관
계를 통해 날개가 없어도 날 수 있다는 신뢰를 갖고 있어야 가능할 것
이다.

감정과 욕구를 둘러싼 다음 질문을 스스로에게 던지고 답해보자.

감정과 욕구 파악하기

- 감정을 드러내면 관계가 깨진다?

- 감정을 드러내면 이성을 잃는다?

- 내 마음이 상하는 것은 잘못된 것이다?

- 통제할 수 없는 욕구가 있다는 것은 문제가 있는 것이다?

- 마음속에 직면하고 싶지 않은 허무함 같은 감정이 있다?

- 일상적인 욕구가 채워지면 삶의 기초는 무너지지 않는다?

- 자신의 갈망이 왜 생겼는지 깨닫기 전에 미리 유혹을 뿌리쳐야 한다?

- 감정이 채우지 못하는 점은 생각이 보충한다?

- 감정과 생각은 서로 대립한다?

- 감정은 비합리적이다?

- 인간의 욕구가 문제다?

- 욕망은 가급적 거부해야 한다?

- 행복하기 위해서는 부정적인 것을 부인하고 항상 좋은 기분을 유지해야 한다?

- 내 마음속에 있는 것들을 바라보면 감당할 자신이 없어진다?

- 감추어진 고통을 끄집어내 느끼더라도 자신을 바로 알 수는 없다?

- 자신이 진짜 원하는 것을 찾기 위해서는 자신이 갈망하는 것들은 외면해야 한다?

- 자기 감정을 받아들이고 인정하는 것은 현실에 굴복한다는 뜻이다?

- 자기 감정을 받아들일수록 욕구는 순수하고 긍정적인 모습을 잃는다?

- 성숙한 사람들은 살면서 감정 조절을 아주 잘하는 사람들이다?

- 고통을 덜기 위해서는 갈등을 부정하고 만사형통하리라는 생각을 주입해야 한다?
- 내가 불안하거나 두려운 이유는 소망이나 능력이 부족한 탓이다?
- 나의 진짜 문제는 내가 문제가 없는데도 있다고 생각하기 때문이다?
- 내가 다룰 수 없는 문제가 있다는 건 내가 다룰 문제가 아니다?
- 이타적으로 행동하고 봉사하고 기도하면 내면의 개인적인 욕구는 사라진다?
- 나의 통제력은 사회나 관습, 문화에서 기인했다기보다 대체로 나 스스로가 키운 것이다?
- 항상 옳은 일만 해야 한다는 생각 뒤에 있는 부담감이나 죄책감을 지적하는 것은 잘못이다?

내가 괴로운 건,
결국 나 때문이다

딸아이의 별명은 '달라마라'다. '달라이라마'가 아니다. 어려서부터 끝도 없이 요구하는 "달라!" "마라!"에 지쳐 내가 붙인 별명이다. 자기가 앉은 자리에서 손만 뻗으면 냉장고 문을 열 수 있으면서도, 멀리 있는 나더러 '이거 달라' '저거 달라' 한다. 그녀의 거침없는 요구에 숨이 막혀 돌아버릴 지경이다.

"이거 달라, 저거 달라!"

"이거 하면 안 돼? 저거 하면 안 돼?"

"이거 주라, 저거 주라."

"나 이거 하고 싶어, 저거 하고 싶어!"

"이건 주지 마, 저것도 주지 마!"

정도가 심하다. 딸아이가 미운 건 결코 아닌데 솔직히 너무 힘들다. 특정 인지능력이 떨어진다거나 욕구 조절은 못하는 게 아닐까 하는 걱정까지 들었다.

딸아이가 초등학교 2학년 때 아내가 장기 출장을 가서 몇 달 동안 집을 비우게 되었다. 그동안 딸아이를 영어학원에 보내지 않고, 내가 집에서 가르쳐주기로 했다. 어느 날 딸아이의 일기를 읽었는데, 나는 그만 경악을 금치 못하고 그 자리에 털썩 주저앉아 버렸다. 일기장에는 온통 '힘들어 죽겠다' '미치겠다' '답답하다' '완전 짜증난다' '폭발하기 일보 직전이다' '돌아버리겠다' '아아아아아, 으헉헉' 등으로 가득했다. '아뿔싸, 내가 뭔가 잘못하고 있구나.' 하는 불안감이 밀려왔다. '엄마와 떨어져 있으니 아이가 불안해하는 건가?' '내 교육 방식에 무슨 문제가 있는 걸까?' 자책감이 몰려들고 암담했다.

부모라는 시작점

이 문제를 어떻게 보아야 할지, 어떻게 해결해야 할지 곰곰이 생각해 보았다. 그런데 생각할수록 딸아이의 욕구가 건강하다는 생각이 들었다. 내가 어렸을 때는 하지 못했던 감정 표현을 아이는 하고 있었으니까. 문제는 나였다. 내가 어렸을 때 받아본 적이 없는 것들을 딸아이가 요구할 때 내가 심각한 고통을 느끼고 있었던 것이다! 내가 하지 못했던 욕구나 감정 표현을 아이가 하면 속으로 내심 당황한다는 점도 알게 되었다.

부모가 자녀를 얻으면서부터 나타나는 '대리 감정'을 일컬어 '초감정(Meta-Emotion)'이라고 부른다. 아이를 낳고 양육하면서 아이를 통해 감정을 대신 느끼고 어릴 때 느꼈던 감정들이 되살아나는 것을 의미한다. 아이는 그저 자연스러운 본성에 따라, 욕구에 따라, 먹고 자고 놀고 뒹굴고 하고 싶은 그대로를 충실히 할 뿐인데, 내가 어릴 적 나의 부모님으로부터 전달받은 익숙한 행동과 경험을 아이에게 강요하고 있었던 것이다.

가족 이론 전문가들은 가족이 반복적인 상호 작용을 통해 얻는 패턴과 조직화된 전체로서의 가족에 주목한다. 부모와 맺는 관계 방식은 크면서는 또래 친구들과, 더 커서는 연인과, 결혼 후에는 가정에서 맺는 관계 방식에도 많은 영향을 미치고, 비슷한 양상을 보이기도 한다. 부모와 맺은 가족 관계가 공통 각본(Shared Scripts)의 구실을 하는 셈이다. 이는 기초 정서뿐 아니라 세상과 소통하는 방식에도 영향을 미친다. 있는 그대로 욕구를 말하지 못하는 나의 습성도 분명 가정 안에서 부모와 주고받았던 관계에 그 원인이 있다. 부모로부터 받은 것은 신체만이 아닌 것이다.

전문가들은 아이의 목표 뒤에는 부모가 있다고들 한다. 무엇을 즐기라고 해도 좀처럼 즐기지 못하거나, 생동하는 즐거움을 단숨에 허무로 돌려버린다거나, 기쁨 자체를 죄책감으로 연결시키는 데는 부모의 영향이 크다. 부모의 감수성은 아이가 신념, 동기, 유연성, 돌발 상황 대처법, 내적 역동성, 도덕관념, 소통, 소명, 세계관을 조직하는 데 영향을 준다. 부모로부터 충분히 사랑받지 못해 불만이 쌓이면 칭찬이나 인정을 받고 싶어 하거나 과도하게 주목받고 싶어 하기도 한다. 때로는 죄책감의 형태로, 또 때로는 원망이나 분노로 나타나기도 한다.

유대인 가족사진을 본 적 있는가? 사진 중심에는 부부가 있다. 아이들은 부부의 양 옆에 서 있다. 반면 대한민국 보통의 가족사진은 어떠한가? 부부는 양 끝에 서 있고, 아이들이 가운데 있다. 부부간의 사이가 멀다. 부부 사이가 점점 멀어지고 있는가? 그렇다면 배우자와 얼마나 많은 대화를 하는지를 보라. 부부간 대화가 점점 줄어들수록 행복의 초점을 외부로 돌리기 쉽다. 이 시대의 엄마들은 행복의 초점을 대부분 아이에게로 돌린다. 자신이 불행을 아이의 행복으로 채우고자 한다. 자신이 가지고 있는 마음의 빚을 아이가 갚아주길 원한다. '내 아이만큼은 이런 사람이 되었으면.' '꼭 저렇게 자랐으면.' '꼭 OO가 되어야 해.' '반드시 명문대에 가야 해.' 자신이 이루지 못한 욕망을 아이가 대신해 줬으면 하고 바라는 것이다. 석가모니는 "자신에게 헌신할 수 있는 어머니가 자식에게도 최고의 헌신을 다한다."고 했다. 엄마 스스로 행복한 모습을 보여줘야 아이도 행복하다. 그렇다고 해서 아이의 미래를 부모가 일일이 결정하는 것은 아니다. 아이의 미래를 부모가 좌지우지하지는 않더라도, 꿈과 야망, 미래에 대한 각본의 예시를 은연중에 제시하고 아이가 그것을 습득한다는 것이다.

사람들은 나한테 신경 쓰지 않는다!

내가 어릴 땐 주로 연탄을 땠다. 기름 난방을 하던 집도 있었지만 보통은 연탄을 땠다. 연탄으로 밥도 짓고 생선도 굽고 안방 구들장도 데웠다. 겨울이 되면 연탄을 들여놓는 게 일이었다. 그즈음 내가 살던 왕십리 집은 옆집과 거의 붙어 있어 사람 하나가 왔다 갔다 할 정도의 공간만 있었다. 아이들은 거기에서 노는 걸 참 좋아했다. 스파이더맨처럼 벽에 등을 지탱해 올라갔다 스르르 내려오기를 반복했다. 쓰다 버린 슬레이트 지붕, 철조망 조각들, 나무 장작더미들이 잔뜩 쌓여 있는 쓰레기 산을 넘나들며 숨바꼭질을 하고 다방구 놀이를 하는 게 일과였다.

겨울엔 털실로 짠 겨울 바지를 입고 다녔다. 그 시절에는 안전에 대한 인식도 적었던 터라 아이들이 뛰어다니든 말든, 춤을 추든 말든 현관 입구 한가운데다 연탄불로 화덕을 지폈다. 하루는 빨래를 삶으려 세숫대야에 물을 데우고 있었다. 나는 다방구 놀이를 하느라 친구들과 방정맞게 뛰어다녔다. 그러다 결국 세숫대야를 잘못 건드려서 뜨거운 물이 다리 위로 쏟아져버렸다. 처음엔 가까운 병원으로 실려 갔지만, 정도가 심하다는 이유로 큰 병원으로 옮겨졌다. 눈이 펑펑 오던 크리스마스이브, 나는 내 다리에 남은 흉악한 화상 자국과 창밖의 아름다운 풍경을 번갈아 바라보며 착잡한 기분을 느꼈다.

시간이 흘러 초등학생이 되었다. 여름만 되면 다리에 남은 흉터자국이 꽤나 신경 쓰였다. 특히 여자애들이 볼까 봐 마음이 쓰였다. 그래서 한여름에도 노란 스타킹을 신고 그 위에 반바지를 입었다. 당시 스타킹 패션은 남학생들에게도 통용되는 스타일이어서 그렇게 이상하진 않았을 테지만 문제는 더위였다. 땀이 차고 불편했지만 여자애들이 내 다리를 쳐다보는 것보단 낫겠다 싶었다. 이 스트레스를 극복하는 데 꽤 오랜 시간이 필요했다.

나는 지금 스타킹에 집착하던 그때의 나를 돌이켜보며 나에게 묻는다. '정말로 그 여자애들이 나만 쳐다보았겠니?' '걔네들이 정말 온종일 내 생각만 했겠어?' 거꾸로도 묻는다. '그럼 나는 그때 온종일 다른 애들 외모만 생각했나?' '그 사람의 상처나 약점만 붙들고 그걸 계속 따져보았나?' 아니다! 사람들은 그저 자기 생각하기 바쁘다! 누구나 마찬가지다. '남이 나를 쳐다볼까, 어떻게 생각할까?'는 오로지 나만 생각한다.

돌이켜보면 나는 여전히 남을 기쁘게 하기 위해서만 살았던 것 같다. 얼굴도 없는 군중을 만족시키기 위해서 말이다. 나와 전혀 상관없는 그들을 의식하며 마치 그들의 말없는 기대에 보답하고자 한 것이다.

내가 진짜 바라던 꿈

여드름 톡톡 터트리던 시절, 핑크 플로이드는 내 가슴을 송두리째 흔들어놓았다. 사촌누나에게 받은 앨범, 〈The Dark Side of The Moon〉(1973)이 그 시작이었다. "이거 내 남자친구가 준 건데, 너도 한번 들어봐. 뿅을 하고 들어야 제 맛이라나 어쩐다나." 맨 정신에 들었는데도 단번에 뿅 갔다. 〈The Wall〉(1979) 앨범도 찾아 들었다. 그 앨범의 뮤직비디오를 보고, 내 친구 녀석들은 뮤직비디오 주인공 밥 겔도프처럼 머리를 빡빡 밀었다. 심지어 학교도 때려치운 녀석도 있었다. 아니나 다를까 그 녀석은 부모님 손에 이끌려 정신과 상담까지 받았다.

88올림픽이 끝나고 해외여행을 자유롭게 다닐 수 있게 된 그 이듬해, 나는 불문학을 전공을 핑계 삼아 프랑스로 배낭여행을 갔다. 그리고 운좋게도, 핑크 플로이드의 〈The Wall〉 공연을 현장에서 보았다. 현란한 조명, 치밀하게 구성된 무대, 장대한 스케일까지. 자본과 권력 앞에 선 인간의 욕망, 육체적 갈망, 소외감, 인간성 상실, 물질적 풍요, 현대인의 고독한 내러티브……. 그들이 드러내고자 한 모든 것을 그 공연장에서 보았다. 불어의 'r' 발음을 멋들어지게 굴려가며 영화의 본고장 파리에서 뮤직비디오 찍는 법도 공부하고 음악도 만들어보고 싶다는 꿈이 생겼다.

하지만 여행을 하며 유학을 꿈꾼 지 얼마 지나지 않아 그 꿈을 접고 한국으로 돌아와버렸다. 누가 오라고 한 것도 아닌데 왜? 그 꿈이 진짜이긴 했던 걸까? 나는 한국으로 돌아가야 한다고 생각했다. '딴따라'의 길을 가느니 보통 사람들처럼 돈도 벌고 남들이 인정하는 직업도 가져야겠다고 생각했다. 파리에서 되돌아오기 위해 짐을 꾸리던 나는 내 삶을 결코 대신 살아주지 않는, 실체조차 없는 대중의 평가를 의식하며, 또 돌아가신 아버지께서 어떻게 보실지까지 고려하며 남의 시선으로, 남의 잣대로 내 꿈과 세상을 바라보고 있었던 셈이다.

지금 누구의 시선으로 세상을 보십니까?

자신이 추구하는 인생 설계나 행복의 모습에는 반드시 실체가 있다. 자기가 하고 싶은 일 대신 '올바른' 일만을 찾아 헤맨다거나, 그걸 이룸으로써 자신이 진정 원하는 것을 의도적으로 외면하는 데는 동기가 있다. 남들에게 보여주기 위해 일을 해야만 직성이 풀린다거나, 아무런 걱정 없이 편안함을 느끼는 것에 죄책감을 느끼는 데도 구체적인 이유가 있다.

"너 숙제 다 했어?" "씻었어?" "책가방 쌌어?" "책상 정리는?" "옷장 정리했니?" "이불 개웠어?" "방 청소는?" "공책 사고 남은 돈은?" "일기는 썼어?" "영어 단어 다 외웠니?" "시험공부 다 했어?" "잘 볼 자신

있어?" 수많은 질문을 받으며 자라는 동안, 우리는 우리가 해야 할 의무에 대해 주입받는다. 순수한 감정을 드러내고 '울면 바보'가 되듯, 하고 싶은 것을 다 하면 또 바보가 된다.

"많이 놀았어?" "아주 신나게 뛰어 놀았어?" "하고 싶은 일을 다 했어?" "네가 하고 싶은 일은 뭐니?" "원 없이 했니?" "아쉬움 없이 잘 놀았어?" "놀고 싶으면 더 놀아." 이런 말들은 정말 낯설다. 원하는 것을 정말 원 없이 해본 적이 없었던 나는 내가 진짜 바랐던 나만의 꿈을 끝까지 좇지 못했다. 헨리 데이비드 소로는 이렇게 말했다. "그 박자가 어떠하든 사람은 누구나 자기에게 들리는 북소리에 걸음을 맞춰야 한다." 하지만 나는 실체도 없는 대중의 기대에 맞춰 보통사람으로 살아가는 발걸음을 택했다.

자연이 뻐꾸기 둥지보다 훨씬 크다

학자들은 두 사람이 짝을 이루어 지내다 보면 점점 비슷한 속도로 행동한다거나 호흡이 점점 일치한다는 점을 언급하며 사회적 상호작용에 대해 말한다. 가계 유전자만이 동기화, 꿈, 비전, 목적의식을 결정하는 것은 아니다. '모든 발달은 경험의 산물'이라는 말도 이런 맥락에서 나온다.

또한 '내 인생은 그 순간 꼬이기 시작했다.'며 과거의 잘못을 탓하기에 앞서 자신 안에 있는 공감각, 예를 들어 열정이나 배려, 관용 같은 역동적인 능력들을 놓치지 말 것을 이야기한다. 제롬 케이건은 "비록 인간이 화, 질투, 이기심, 거만함, 폭력성, 공격성 등과 같은 경향을 지니고 있긴 하지만 친절, 동정, 협력, 사랑, 양육 등의 생물학적 경향이 더 크다는 점, 그래서 선행의 합이 악행의 합보다 크다."는 점을 강조한다.

《뻐꾸기 둥지 위로 날아간 새》를 쓴 켄키지도 말했다. "사과 속에 있는 씨앗은 셀 수 있으나 씨앗 속에 있는 사과는 셀 수 없다." 어느 누구나 무한한 가능성을 지니고 있다는 이야기일 것이다. 뻐꾸기 둥지가 자연의 전부라고 여기는 우를 범하지 말고, 더 큰 맥락 속에서, 더 많은 사람들 속에서 자신의 가능성을 펼쳐야 한다.

시간이 많이 흘렀지만 이루지 못한 내 꿈을 위해 몇 년 전 나는 소극장에 지인들을 모시고 '핑크 플로이드 헌정 라이브 콘서트'를 열었다. 핑크 플로이드가 1990년 당시 공연장에서 했던 것처럼 화려한 조명은 없었지만, 내 무대 조명은 극장 문화를 선도하는 유사 예술가이자 극장 주인인 내 친구가 맡아주었다. 콘솔박스 조명 단자가 그의 손의 움직임에 따라 오르락내리락했고, 덩달아 내 음정과 박자도 함께 오르락내리락거렸다.

3rd STEP

SW**I**TCH

Identifying
사실 검토하기

혼들리지 않고 자라는 나무가 있는가?
자랄수록 그 혼들림은 줄어든다.
하지만 더 많은 바람을 맞고 있다는 사실을 잊어서는 안 된다.

사실인가, 사실적인가?
Is it Fact? or Fake?

들어가기 전에 스스로 묻는 질문

지금 누군가를 미워하고 있다면 그 이유는 무엇인가?
자신에게 벌어진 일들을 사실 그대로 이야기할 수 있는가?
자신의 이야기를 사실대로 전하지 못한다면 그 이유는 무엇인가?
사실처럼 보이기 위해 취하는 전략이나 행동 같은 것이 있다면 무엇인가?
살다 보면 잊히지 않는 감정의 찌꺼기가 생기기 마련이다. 당신에게는 무엇이 있는가?
누군가 나를 판단하거나 오해함으로써 불이익을 당한 경험이 있었다면 무엇인가?
사실대로 솔직하게 이야기함으로써 당신이 얻게 된 교훈이 있었다면 무엇인가?
자신 스스로에게 혹은 누군가에게 사실 그대로 말하지 못한 이야기가 있다면 무엇인가?

사실인가? 판단인가?

다음 지문을 읽고 아래 설명이 사실인지 아닌지 구별해보자. 사실이면 T(True), 사실이 아니면 F(False), 잘 모르겠으면 ?로 표시해보자.

• 패턴 스위칭 3단계 프로세스 – Identifying 사실 검토하기 •

사실 OR 판단

어느 상인이 상점 안의 전깃불을 끈 순간, 한 남자가 나타나 돈을 요구했다. 주인이 금고를 열었다. 그 금고에 들어 있던 것이 꺼내졌고, 그 남자는 재빨리 사라졌다. 한 경관에게 즉시 통보했다.

1	주인이 자기 상점 불을 껐을 때 한 남자가 나타났다.	T	F	?
2	그 강도는 남자였다.	T	F	?
3	그 남자는 돈을 요구하지 않았다.	T	F	?
4	금고를 연 남자는 주인이다.	T	F	?
5	상점 주인이 금고에 들어 있던 것을 꺼내 달아났다.	T	F	?
6	그 남자가 금고를 열었다.	T	F	?
7	돈을 요구한 남자가 금고에 들어 있던 것을 가지고 달아났다.	T	F	?

8	금고에 돈은 있었으나 이야기에서는 그 액수를 밝히지 않았다.	T	F	?
9	그 강도는 주인의 돈을 요구했다.	T	F	?
10	이야기의 내용에 등장하는 사람은 오직 상점주인, 돈을 요구한 남자, 그리고 경관 세 사람뿐이다.	T	F	?
11	어떤 사람이 돈을 요구했고, 금고가 열렸으며, 그 안에 있던 것이 꺼내졌으며, 한 남자가 상점 밖으로 달아났다.	T	F	?

눈치챘을지 모르겠지만 질문의 정답은 모두 F다. 이제 답을 알았으니 다시 한 번 문장들을 살펴보자. 여전히 고개를 갸웃거리게 만드는 몇 개의 문제가 있을 것이다. 그리고 앞서 했던 판단에 선입견이 있었음을 깨닫게 될 것이다. '사실'이라 생각했던 것이 진짜 '사실'이 아니라, 내 판단에 의한 '사실적'인 것에 불과했음을 확인할 수 있을 것이다.

부연 설명을 하자면,

1) 주인이 자기 상점 불을 껐을 때 한 남자가 나타났다. 사실인가?

- 사실이 아니다. 한 상인이 상점 주인인지는 이 글로는 알 수 없다.

2) 그 강도는 남자였다.

- 대부분 강도라고 하면 남자라고 생각할 뿐이지 그 어디에도 남자라고 언급하지 않았다. 또한 그가 강도라고도 이야기하지 않았다.

3) 그 남자는 돈을 요구하지 않았다.

- 아니다. 남자가 돈을 요구했다.

4) 금고를 연 남자는 주인이다.

- 이 글만으로는 주인이 남자인지 여자인지 알 수 없다.

5) 상점 주인이 금고에 들어 있던 것을 꺼내 달아났다.

- 주인이 금고를 열었다고만 했지 누가 꺼냈는지는 알 수 없다. 또한 재빨리 '사라졌다'고 했지 '달아났다'고 하지 않았다.

6) 그 남자가 금고를 열었다.

- 주인이 열었다. 그 남자가 주인인지는 알 수 없다.

7) 돈을 요구한 남자가 금고에 들어 있던 것을 가지고 달아났다.

- 한 남자가 돈을 요구했으나 그 남자가 가지고 갔는지는 분명하지 않다. 금고에 들어 있던 것이 돈인지도 확실치 않고, '달아났다'고 하지도 않았다.

8) 금고에 돈은 있었으나 이야기에서는 그 액수를 밝히지 않았다.

- 금고에 들어 있던 것이 돈이라고 한 적이 없다.

9) 그 강도는 주인의 돈을 요구했다.

- 돈을 요구한 남자가 강도인지, 왜 돈을 요구했는지 불분명하다.

10) 이야기의 내용에 등장하는 사람은 오직 상점주인, 돈을 요구한 남자, 그리고 경관 세 사람뿐이다.

- 이야기 내용에는 경관, 한 남자, 그리고 한 상인과 주인, 이렇게 네 사람이 등장한다.

11) 어떤 사람이 돈을 요구했고, 금고가 열렸으며, 그 안에 있던 것이 꺼내졌으며, 한 남자가 상점 밖으로 달아났다.

- 이야기 속에서는 한 남자가 돈을 요구했고, 한 남자가 재빨리 사라졌을 뿐이다. '달아났다'고 하지 않았다.

낚시터에 아버지 둘, 아들 둘이 고기를 잡으러 갔다. 각자 한 마리씩 낚아 올렸는데 나중에 세어보니 세 마리뿐이었다. 왜일까? 사실은 할아버지, 아버지, 아들 이렇게 삼부자가 갔다는 것이고, 따라서 아버지가 둘, 아들이 둘도 된다는 이야기다.

오이는 야채일까, 과일일까? 과일이다. 그러면 양파는 잎일까? 뿌리일까? 둘 다 아니다. 양파는 꽃이다. 우리에게 이미 친숙한 지식으로는 토마토는 과일이 아니라 채소라는 사실, 라이터는 성냥보다 먼저 발명되었다는 사실 등이 있다.

역사 속 인물 중에서도 우리가 알고 있는 이미지와 제법 다른 인물들이 있다. 이 사람은 누구일까? 알코올 중독자에 2만 5천 개의 시가를 피웠다며 공공연하게 자랑하던 영국 지도자가 있었다. 심지어 가정부가 피우다 버린 시가를 정원사에게 거름으로 쓰라고 주었는데, 그 정원사도 시가 중독자가 되었다는 이야기의 주인공은? 영국 수상 윈스턴 처칠이다.

그럼, 어린 시절 소아마비 장애를 앓았고, 이혼 경험이 있고, 대학 시절엔 마약을 하기도 했으며, 회사에서 쫓겨난 경험도 있는 미국의 대통령은? 프랭클린 루즈벨트다.

그럼 이 사람은 또 누구인가? 비만에 당뇨를 심하게 앓았고 생전에 며느리는 동성연애를 즐겼으며 사망 원인이 성병이라고도 알려진 조선시대 임금은? 세종대왕이다.

마지막으로 이 사람은 누구일까? 채식주의자에 술, 담배도 끊고 한 여자와 결혼을 했다. 장래희망이 화가여서 평소 디즈니 캐릭터를 종종 즐겨 그렸다는 독일의 지도자는? 아돌프 히틀러다.

계속 이런 물음을 던지는 이유는 바로 '사실'이라는 주제 때문이다. 역사 속에도 의외의 사실이 존재하고 있으며 훌륭한 위인이라 평가받는 인물 중에서도 사생활을 포함한 모든 부분에서까지 흠이 없는 사람은 없다. 사람은 사실 거기서 거기(?)다. 어떤 연예인은 화장실도 안 갈 줄 알았는데, 사실 그곳에서 오만상을 찡그린다.

이처럼 우리 모두는 사실과는 조금 다른 사실, 즉 자기가 믿고 싶은 대로 믿고, 보고 싶은 것만 보는 성향인 편견을 가지고 있다. 우리가 소통에 실패하는 주된 이유도 이 편견 때문이다. 각자의 지각과 경험으로 만들어진 독특한 필터를 통해 실제 현상과는 다른 사실을 걸러내려 한다는 것이다. 그래서 우리가 '감정'이냐 '감정적'이냐를 따져본 다음에는 '사실'이냐 '사실적'이냐를 따져봐야 한다.

사실 검토하기

감정을 전하라고 하면 생각을 전하는 경우가 있듯, 마찬가지로 사실을 말해야 하는 순간에 판단을 내리는 경우가 있다. 다음 예시를 읽고 생각인지, 판단인지 구분해보자.

• 패턴 스위칭 3단계 프로세스 – Identifying 사실 검토하기 •
사실인가? 판단인가?

연습 I

1. 나만 무시받는 느낌이야.
2. 괜히 나만 왕따당하는 것 같아.
3. 저 자식은 매일 나만 괴롭혀.
4. 난 바본가 봐. 아무래도 이 분야에 소질이 없는 것 같아.
5. 매일 나에게만 이런 일이 일어나. 난 불운해.
6. 선생님은 항상 나한테만 뭐라고 그래.
7. 내가 하는 일이 그렇지 뭘.

연습 II

1. 아무래도 내 생각에 박 팀장이 날 미워하는 것 같아.
2. 저 인간은 왜 항상 비꼬는 투로 말하는 거야?
3. 어떻게 그런 것도 몰라. 머리가 좀 모자라는 것 아니야?
4. 내 생각에 그 양반은 늘 정신없이 지내는 것 같아.
5. 매번 그런 식으로 날 대하지 말아줘.
6. 난 김 부장이 널 무시한다는 생각이 들어.
7. 어떻게 나한테 그렇게 이야기할 수 있어! 머리가 돈 거 아니야!

위 예문은 모두 '사실'을 전하는 문장이 아니라 '판단'을 전하는 문장이다. 즉 연습 I은 모두 화자의 판단이 들어간 문장이다. 연습 II의 예문들도 사실을 기술하는 대신 자기 믿음을 이야기한다. 이미 자기 마음속에서 내린 결론을 이야기한 것이다.

산은 산이요, 물은 물 아닌가?

대화를 하다 상처를 받을 때는 상대가 자기 감정보다는 생각을 드러내면서부터다. 사실을 말한다면서 자신의 판단을 섞어서 말하기 때문이다. 이는 나 스스로 주고받는 대화에서도 마찬가지다.

누군가 다리를 책상에 올리면 '자유로워 보인다'에서부터 '건방지다'까지 다양한 반응이 사람들의 마음속에서 일어난다. 머리가 긴 남자를 볼 때도 '멋지다'에서부터 '겉멋만 잔뜩 들었군'까지 다양한 반응을 보인다. 사람들은 눈앞의 사물을 바라볼 때 자신의 욕구와 기대에 비춰본다. 그래서 '다리를 책상 위에 올린 상황'과 '긴 머리'라는 단순한 사실도 자기 자신의 관점으로 투영하여 보는 것이다.

캐나다 국경을 넘은 적이 있다. 비자 문제로 이야기가 자꾸 길어지자 이민국 관계자가 말했다. "다른 이야기는 하지 말고, '예, 아니오'로만 대답하시오." 사실만 가지고 이야기하겠다는 것이었다. 과도한 설명이 진위 여부 판단을 흐리게 하고, 실제 판정에도 영향을 미칠 수 있기 때문에 오해가 일어날 상황을 최소화하겠다는 말이었다.

법정에서도 종종 '예, 아니오'로만 대답하라고 하는 데에도 이유가 있다. 사실을 판별하기 위해서다. 예를 들어, 어제 하늘에서 검은 새를 보았다고 치자. 누가 나에게 "어제 본 새는 검은색입니까?" 하고 물으면 "네." "그럼 그 새가 멋집니까?" "아니오." "그 새는 귀한 새입니까?" "아니오." 이런 식으로 전달하라는 것이다. 어제 본 새는 누군가에겐 제법 멋지고 귀한 새일 수 있지만, 검은 새라는 사실은 변하지 않기 때문이다.

실험을 했다. "잘 모르는 한 사람을 알아가는 데 몇 번의 만남이 필요한가요? 최대 10번까지 가능합니다." 평균적으로 3~4회라고 답한다고 한다. 그 사람들에게 또 물었다. "그렇다면 본인을 다른 사람에게 알리려면 몇 번의 만남이 적당할까요?" 대부분 이전보다 많은 5회나 6회를 택했다. 또 실험을 했다. 머그컵 하나를 보여주며 "얼마면 사겠느냐?"는 질문에 사람들은 3,000~4,000원을 택했다. "이번엔 반대로 남들에게 팔려면 얼마에 팔겠느냐?"는 질문에 사람들은 5,000~6,000원을 택했다. 이 두 가지 실험은 사람들의 자기 중심적인 성향을 설명한다.

소통에 실패하는 또 다른 원인이 여기에 있다. 나와 너는 동등하지 않다는 것이다. 사람들은 나를 대하듯 상대방을 대하지 않는다. 본인을 더 생각하고 우대한다. 결혼한 지 오래된 부부들도 마찬가지다. 오랜 시간을 함께 보냈으니 신혼부부보다 서로를 알고 이해하는 폭이 더 크겠다 싶지만, 실제로는 그렇지 않다는 것을 여러 실험이 증명한다. 생각의 기초가 서로 다르기 때문이다. 공자와 맹자의 생각이 다르고, 플라톤과 아리스토텔레스의 생각이 다르다. 다 다르다. 서로 다른 생각을 하면서도 모두 각자 자신이 원하는 쪽으로 흘러가길 바란다. 찰스 스윈돌은 그래서 '우리가 판단하지 말아야 할 이유'로 다음 일곱 가지를 꼽았다.

> 첫째, 우리는 모든 사실을 다 알지 못한다.
>
> 둘째, 어떤 사람의 동기를 완전히 이해하지 못한다.
>
> 셋째, 완전히 객관적으로 사고할 수 없다.
>
> 넷째, 그 상황에 있지 않으면 정확하게 알 수 없다.
>
> 다섯째, 보지 못하는 부분이 있다.
>
> 여섯째, 편견이 있고, 시야가 흐려질 수 있다.
>
> 일곱째, 불완전하고 일관성이 없다.

우리는 현실 속에서 살아가지만, 그 현실이 모두 사실 속의 현실은 아니다. 사실과 판단을 구분하는 것은 그래서 중요하다. 무엇이 사실인지, 그리고 무엇이 판단인지를 알아야 내 입장에서의 사실을 정확히 판단할 수 있다. 루소는 "거짓에는 무한한 조합이 있지만 진실의 존재 방식은 단 하나뿐이다."라고 했다. 사실과 판단이 혼동되어 있으면 선명하게 판단을 하기 어렵기 때문이다. 그러므로 나의 판단이 나 혼자의 세계에서만 하는 쓸쓸한 독백이 되지 않게 하려면 사실과 판단을 엄밀히 구분해야 하지 않을까?

판단을 줄이고 사실을 전달하는
대화 훈련

첫째, '절대'를 지칭하는 부사를 사용하면 된다(표현의 일반화와 절대화). 일이 잘 안 풀릴 때 "왜 매번 난 이 모양이지?" "허구한 날 이런 식이더라." "언제나 늘 이 모양이야." "맞아요. 항상 되는 일이 없어요." "내가 뭐 매일 그렇지." 하고 말하면 사실이 아니라 판단이 된다. '늘' '언제나' '항상' '모두' '매번' '진짜로' '전부' '다'와 같은 부사를 써도 마찬가지다.

　둘째, 형용사로 꽃단장을 하면 된다(표현의 주관화와 객관화). 집을 나서려는데 배우자가 신발을 천천히 신는 상황에서 "신발 신는데 뭐가 그렇게 오래 걸려? 게을러 터져가지고." 하며 생각을 이야기할 수도 있다. 같은 상황에서 "계속해서 기다리려니까 지겹다." 하며 제 기분을 이야기할 수도 있다. 누가 머리를 짧게 자르고 와서 "내 머리 어때?" 하고 물어보면 "좀 이상한데? 너무 짧지 않아?" 하며 자기 판단을 이야기하는 사람이 있을 수 있고, "글쎄, 네가 그렇게 짧은 머리를 한 건 처음 봐서 그런지 어색하다." 하면서 자기 감정을 이야기하는 사람이 있을 수 있다. 그렇다면 우리에게 있어서 '게을러터지는' 기준은 무엇이며, '좀 이상한' 기준은 또 어떻게 다른가? 모두가 미세하게나마 다 다를 것이다. 따라서 '이상하다' '나약하다' '게으르다' '용감하다' '똑똑하다' '멍청하다' 등의 형용사를 주로 쓰면 판단이 된다. 매우 주관적인 판단이 이루어진다.

셋째, 명사로 압축해 표현하면 된다(표현의 개방화와 폐쇄화). 김 부장이 오늘 내 인사를 무시했다. 마음속으로 '왕재수, 사이코' 하고 생각할 수 있다. 반면 아이들은 이런 상황에서 특정한 필터나 렌즈로 여과해서 보지 않는다. 예를 들어 "야! 저기 거지가 있네!" "저기 바바리맨이 나타났다!" 하는 대신 "그 아저씨 가까이에 가면 고약한 냄새가 나요."라든가 "그 아저씨 목에 때가 많이 끼어 있어요!"처럼 보이는 사실, 피부로와 닿는 느낌에 충실해서 그 내용을 전달한다.

그렇다면 우리 또한 아이들처럼 판단을 줄이고 사실을 전하는 대화로 바꿔보면 어떨까? "나는 왜 이렇게 매번 같은 실수를 하지?"라는 질문에서 사실을 넘어선 표현은 무엇인가? '매번'이다. 굳이 과장하지 않더라도 이 부분도 사실대로 고쳐 말할 수 있다. "이제까지 같은 문제를 세 번 틀렸네." 이렇게 말하는 데는 의도가 있다. 소통의 중심에 있는 나 자신에게 정확한 사실을 인지시켜주는 것이 본인에게 훨씬 더 유리하기 때문이다.

판단을 줄이고 사실을 전달하기

다음 예시를 보기 삼아 판단을 줄이고 사실을 전하는 연습을 해보자.

판단을 사실로 전환하기

(예시) 아무래도 내 생각에 박 팀장이 날 미워하는 것 같아.

(전환) 박 팀장은 이야기할 때 나에게 통 말할 기회를 주지 않아서 내가 답답해.

연습 I

1. 저 인간은 왜 매번 날 대할 때마다 비꼬는 식으로 말하는지 몰라.

    →
    ----

2. 어떻게 그런 것도 몰라. 머리가 좀 모자라는 것 아니야?

    →
    ----

3. 내 생각에 그 양반은 늘 정신없이 지내는 것 같아.

    →
    ----

4. 매번 그런 식으로 날 대하지 말아줘.

    →
    ----

5. 난 김 부장이 매번 날 무시한다는 생각이 들어.

    →
    ----

6. 어떻게 나한테 그렇게 말할 수 있어! 너무한 것 아니야?

    →

연습 II

• 최근에 억울하고 화가 난 일을 사실을 중심으로 이야기해보자.

사실 위에서 바라보는 자기 정리

나는 내가 강의를 제법 잘하는 줄 알았다. 한 번 강의한 기업에서 꼭 다시 요청했으니까. 그래서 그렇게 생각했다. 그러던 어느 날, 어느 단체에서 강의를 마쳤는데 그 조직의 리더분이 나를 따로 보자고 말씀하셨다. 감사의 말을 전하려나 보다 하고 흥겨운 마음으로 기다리고 있었다.

그분께서 앉자마자 하시는 말씀. "프로그램 내내 어색해서 혼이 났어요!" 마음이 철렁했다. "아니, 이렇게 단 둘이 이야기할 때는 자연스럽게 말하면서, 왜 여러 명 앞에서 이야기할 때는 목소리 톤이 올라가는 거예요? 강의 내내 어색해서 혼났어요!" 하는 것이다. 그분은 저명한 콩쿠르에서 대상까지 받은 커뮤니케이션 전문가였다.

나는 속으로 변명했다. '인원이 적으면 도, 레, 미 정도로 발성해도, 사람이 많으면 당연히 파, 솔, 라 톤으로 올라가는 거 아닌가? 목소리 톤이 올라가는 건 당연한 거 같은데.' 처음 듣는 지적이었던 터라 쉽게 수긍이 가지는 않았다. 그러나 마음에 걸렸다.

'왜 그렇게 들렸을까?'

어렴풋하게 어떤 생각이 떠올랐다. 사실 나는 대중 앞에서 긴장하는 일은 드물었다. 대신 첫 만남을 무척 어색해했다. '목소리가 높아진 다면 그런 이유 아닐까?' 한동안은 그럴 거라 생각했다. 하지만 곱씹어 보니 내가 어색해한 진짜 이유는 따로 있었다. 좀더 잘하고 싶다는 마음, 그것도 남들보다 훨씬 더 잘하고 싶은 마음 때문이었다. 요새 재미나게 강의하는 사람들이 얼마나 많은지! 나 역시 사람들을 어떻게든 웃겨서라도 재미있게 말하려다 보니 몸에 자꾸 힘이 들어가고 목소리 톤도 올라갔던 것이다. 그게 진짜 실체였다.

자기 정리 전에 사실부터 챙겨야 하는 이유

내 목소리 톤이 올라간 진짜 이유를 나는 다른 '사실' 때문이라고 생각했다. 한두 사람에게 말할 때보다야 여러 사람에게 말할 때 목소리도 커지고 톤이 올라가는 게 당연할 수도 있지만, 내 목소리를 높인 주요 원인은 남들보다 잘하고 싶고, 그래서 더 잘 보이고 싶은 욕구였다.

내 욕구가 잘못되었다는 게 아니다. 내가 그것을 부인하고 있던 점이 문제였다. 내가 믿고 싶은 나를 고수하고, 내가 믿고 싶은 것만이 사실이라며 두둔한 점이다. 감정과 욕구를 마치 사실인 냥 포장하는 이유는 무엇보다도 그렇게 해야 내가 안전하기 때문이다. 그동안 믿어왔던 방식은 우선 편하다. 살아오는 과정에서 숱한 우여곡절을 겪으며 걸러지고 기술적으로도 편안해진 방식이기 때문이다. 이로써 두려움도, 마주해야 할 사실도 잠시나마 피할 수 있다.

편견은 그래서 사물이나 사건을 동일한 프레임으로 찍어내고, 일방적인 렌즈로 필터링해서 사실을 왜곡하게 한다. 가장 안전한 장면, 한결같은 결과를 자신에게 보여주는 최적화된 방식이다. 남들이 이러저러한 이야기를 들려줘도 결론은 한결같다. 시대가 바뀌고 조류가 바뀌어도 자기가 사는 세계는 동일하다. 좀처럼 고치려 들지 않는다.

편견이 관여하는 이상 내게 전달된 외부 현상은 '무엇이 사실인가?'보다 '나에게 어떻게 걸러지는가?'가 더 중요해진다. 그래서 자신의 진면모를 알아차리고 조망하기 위해서는 외부 현상을 사실대로 전달하는 대화 훈련도 필요하지만, 이제부터는 내가 생각하던 내 모습이 진짜였는지 묻는 진정성에 관한 질문을 던져야 한다.

내 안에 사실대로 말하지 못하게 하는
스파이가 있다면

사실을 있는 대로 말하지 못하는 데는 보이지 않는 원인이 있다. 마치 주인공 주변에서 진실을 눈치채지 못하게 만드는 스파이라도 있는 듯하다. 예를 들어, 경찰로 위장한 범인을 사복 입은 형사가 끌고 가고 있다고 하자. 배경을 전혀 모르는 사람 눈에는 마치 경찰이 범인에게 끌려가는 인질극처럼 보일 것이다.

진실과는 완전히 다른 겉모습에 눈속임당하는 것처럼, 우리도 진실한 내면을 드러내지 못할 때가 있다. 딸아이에게는 두 명의 단짝이 있다. 그중에 한 명은 소녀시대 티파니를, 다른 한 명은 제시카를 좋아한다고 한다. 그런데 티파니를 좋아하는 친구가 제시카를 좋아하는 친구에게 "나도 제시카가 좋다."며 거짓말을 했다. 우리 딸아이가 그 친구와 둘이 있을 때 왜 거짓말을 했느냐고 물었더니 제시카를 좋아하는 친구가 기분이 상할까봐 그렇게 말했다고 한다. 그 아이의 말은 진실일까? 아이가 만약 친구와 불편해지는 게 싫어서 이같이 둘러댄 것이라면 '다른 친구의 기분을 상하게 하지 않겠다'는 보기 좋은 명분 뒤에 자신의 진짜 마음은 숨긴 셈이 된다. 그렇다면 그 거짓말은 도대체 누굴 위한 것인가? 친구를 위한 것인가? 실은 자기 자신을 위한 것 아닌가?

　이처럼 사람들은 종종 희생이라는 이름과 헌신이라는 명분을 내세워 자신의 진짜 욕구를 왜곡할 때가 있다. 자신의 이기적인 모습이 드러날까 무섭기도 하고, 시기에 차고 부족하고 외로운 자신의 실체를 감추고 싶어서 좋은 사람 놀이에 집착하기도 한다. 하지만 누구보다도 답은 본인이 안다. 다른 사람들에게 보여주는 내가 아닌, 진짜 내가 누구인지 알려면 스스로에게 물어야 하지 않을까? 자신에게 다가가 '그렇게 행동한 이유는 무엇이니?' '그럴 때 기분은 어떠니?' '네가 진정으로 바라는 것은 무엇이니?' 하고 말이다.

　직원들이 안 좋은 일이 일어날 거라는 중요한 정보를 알고는 있으나 정작 최고경영자에게는 보고하지 않아서, 당장에는 CEO가 문제를 모르고 있다가 결과적으로 치명타를 얻게 되는 현상을 'CEO 신드롬'이라고 부른다. 하지만 손해 보는 것은 결국 직원들이다. 나중에 되돌아보면 잠깐의 눈속임을 했던 거짓말 자체 때문에 힘들다기보다는 거짓으로 살아가는 사실 자체가 더 힘들 것이다. 혹시 당신에게도 지금 이 순간 스스로 숨기고 있는 것은 없는지, 어떤 명분 뒤에 감춰놓은 욕구는 없는지 물어보자. 자신에게 하고 있는 지금의 거짓말이 나중에 더 큰 문제로 다가올지 모를 일이니 말이다.

마음속 스파이를 내쫓는 방법

영화에 등장하는 스파이들에게는 공통점이 몇 가지 있다.

먼저, 스파이들은 불안하다. '불안함'이 스파이들의 핵심 감정이다. 안 그런 척, 유연한 척 하지만 늘 분주하다. 화면에 등장하지 않을 뿐. 그들은 무언가를 은밀하게 꾸미는 중이다.

둘째, 늘 딴 생각을 한다. 자신에게 일어날지 모르는 수많은 상황을 머릿속에서 가정해보고 그 상황에서 어떻게 대처할지를 생각해둔다. 그래서 웬만해서는 속내를 들키지 않는다. 오히려 진짜가 더 가짜 같다. 오랫동안 내면에 들러붙어 추호의 의심조차 못하게 만드는 것이다. 스파이들이 노리는 전략은 주인공을 이런 식으로 몰고 가서 결정적인 순간에 확실한 치명타를 날리는 것이다. 노련한 스파이들은 주로 이런 식으로 주인공을 다룬다.

셋째, 스파이들은 진실이 드러나면 사라진다. 그것이 스파이들의 마지막 행동 노선이다. 겉보기에는 소리 소문 없이 사라지는 듯 보이지만 실제로는 목숨을 다해 도망칠 것이다. 극단적인 경우 막다른 골목에서 자살을 기도하기도 한다. 정체가 탄로 나는 것이 죽기보다 더 싫기 때문이다.

속마음에 들러붙어 있는 스파이를 내보내는 방법은 그것이다. 진짜 사실, 즉 진실을 밝히면 사라진다. 그제야 숨어 있던 정체를 드러낸다. 내가 슬프다고 고백하면 슬픔이 사라지듯, 사실을 드러내면서부터 상황이 달라진다. 진실을 드러내야 스파이가 죽는다. 그래야 내가 산다.

스파이 검거를 위한 긴급수배령

이 수배령을 전역에 공표하니 모두 숙지하기 바람.

내 것을 내 것이라고 말하십시오. 매우 큰 소리로 말하십시오. '사실'대로 이야기해야 합니다. 그래야 제자리를 찾습니다. 감정의 장애물을 없애려면 당신이 주인이라고 공표해야 합니다. 내 감정의 주인은 다른 사람이 아닙니다. 부모님도, 고용주도, 그 누구도 아닙니다. 내 감정의 주인은 내 것이라며 큰소리로 소유권을 요구하십시오. 떳떳하게 주장하십시오.

주인된 자로서 소유권을 되찾기 바랍니다. 그 권위를 내 손 안에 다시 불러오십시오. 주인인 자신의 이름을 불러주고 주인된 자가 느끼고 기대하는 것을 다시 사실 위에서 그대로 불러주십시오.

평소 자신이 열등하다고 생각한다면, 정말 그런 고민이 있다면, 지금이야말로 당신의 감정을 사실에 기반을 두고 표현해야 합니다. '나의 무엇이 부끄럽다'며 감정을 사실대로 표현해야 열등감이 사라집니다.

열등감은 '느끼는' 것이 아니라 '생각하는' 것입니다. 학력이 부족해서 남보다 열등하다고 느끼십니까? 이때 당신은 열등감을 '느낀' 것이 아니라 그렇다고 '생각하는' 것입니다. 키가 남보다 작거나 수입이 적다면 이렇게 시작해보십시오. '나는 키가 작아서 나보다 키 큰 사람이 몹시 부러워.' '수입이 적어서 남들 보기에 창피해.' 하는 식으로요. 쑥스럽겠지만 그렇게 시작해보시기 바랍니다. 진짜 감정을 찾고 자신의 욕구와 기대를 찾고 감정의 소유권을 되찾아 옵시다.

욱하고 화가 치밀어 오른다거나 마음속에 묻어둔 사실을 떨쳐내기 힘들

때에도 사실에 기반을 두고 나의 감정과 욕구를 이름 지어줘야 합니다. 무기를 쥐고 흔드는 대신 나와 가장 가까운 내 마음부터 찾아줍시다. 스파이들은 여러분에게 '옳은 것'보다 '강한 것'을 선택하도록 부추깁니다.

'강한 것'은 오히려 '쉬운 것'입니다. 대부분의 사람이 쉬운 것을 택하기를 좋아합니다. 감정을 진실하게 말하느니 성내기 쉽고, 쓰디쓴 감정의 끝 맛을 보느니 꿀꺽 삼켜버리는 것이 훨씬 편합니다. 마음에 안 든다고 불평하기도 쉽습니다. 그러나 그렇게 쉬운 길을 택해서는 진짜 '사실'을 만나기 어렵습니다.

인간은 시간이 지날수록 망각하도록 설계되어 있지만, 사실과 닿아 있는 여러분의 느낌을 만나주지 못한다면 그것은 숨어 있을 따름입니다. 시간이 한참 지나서 내면 깊숙한 곳에서 무언가 끓어오르는 기분을 느낀 적이 있습니까? 언젠가 당신이 묻어둔 감정이 어떤 계기로 인해 수면 위로 떠오른 것입니다.

여러분이 무엇을 원하는지 모른다거나, 무엇을 하고자 하는지 잘 알지 못한다면 스스로 만들어둔 가상의 공간이 있는지, 숨어 있는 감정이 무엇인지 끝까지 물어보십시오. 당신 마음속에 있는 스파이를 찾을 수 있을 겁니다. 자유를 얻을 수 있을 겁니다.

그 두려움이 사실인지부터 살펴라

신입사원 시절, 일요일 밤이 되면 칠흑 같은 두려움이 어김없이 몰려왔다. 그때는 일요일 오후만 되어도 세상 빛이 몽땅 꺼져버리는 듯한 느낌이 들었다. 하지만 다음 날, 사무실 책상에 앉으면 간밤의 우려가 '사실'보다 훨씬 더 컸음을 깨닫곤 했다.

막상 갈 데까지 가보면 그 두려움이 생각만큼 깊지 않았다는 '사실'을 발견하게 된다. 문제는 갈 데까지 가는 데 걸리는 시간이다.

'수입이 줄어들면 어쩌지?' '다음 달 이자는 어떻게 하지?' '애들 학비는…….' '이번에 일자리를 놓치면…….' '퇴직하게 되면…….' '이번 사업에 실패하면 어쩌지?' '노후에는…….'

가상의 현실이 내면의 감정과 맞물리는 순간, 그 두려움은 감정이라기보다는 일종의 신념에 가까워진다. 실제 느끼는 두려움보다 현실이 닥치기 전까지 만들어낸 상상 속의 두려움이 훨씬 더 넓고 깊다.

그러면 그럴수록 현실에 점점 다가가기 힘들어진다. 마주하기도 몹시 괴롭다. 그때부터 있는 그대로의 사실을 왜곡하고 자기가 꾸며낸 세계가 진짜라고 믿어버린다. 그것을 지키기 위한 방어막을 쌓고 보초들도 세운다. 철저한 안전을 위해 방어와 경계를 하는 것이다.

티베트 격언 중에 "해결될 문제라면 걱정할 필요가 없고 해결되지 않을 문제라면 걱정해도 소용없다."라는 말이 있다. 어느 금주 모임에서는 "바꿀 수 없는 것은 받아들이는 평안을, 바꿀 수 있는 것은 바꿀 수 있는 용기를, 그리고 그 차이를 알 수 있는 지혜를 달라."는 기도문을 읽는다. 퀴리 부인도 "두려워해야 하는 것은 아무것도 없다. 다만 이해해야 할 뿐이다."라고 했다.

아무리 큰 저택에 살더라도 눈을 감으면 그 집이 보이지 않는다. 아무리 큰 방을 혼자 쓰더라도 눈 감고 자는 공간은 내 몸 크기만큼이다. 집이 없어 텐트를 치고 자더라도 내 자리는 딱 그만큼이다. 아무리 휘황찬란한 벽지가 온 집안을 휘감고 있어도, 아무리 반짝이는 샹들리에가 천장에 매달려 있어도 잘 때만큼은 눈에 보이지 않는다. 그 순간에는 내 몸이 차지하고 있는 공간, 딱 그만큼만이 내 소유일 뿐이다.

중요한 건 사실을 바라보는 마음의 눈이다. 마음의 눈이 어두우면 그어떤 고급 주택에서도 즐겁지 않다. 하지만 마음에 조명을 켜면 현실이 암담해도 헤쳐나갈 힘이 생긴다. 이때 전제조건이 있다. 사실을 정확히 비춰야 한다는 것이다. 어두움 속에서도 두 눈을 뜨고 직시해야 출구를 더 빠르고 정확하게 찾아나갈 수 있는 것처럼, 어두움과 직면하는 순간 당신에게 펼쳐진 미래가 훨씬 더 밝다는 사실을 잊어서는 안 된다. 그래야 '극복'이라는 비상구를 찾을 수 있다.

하지만 자신이 믿고 있는 사실이 거짓된 판단으로 철저히 위장되어 있다면, 그때는 어떻게 빠져나올 수 있을까? 결론부터 말하면 지름길은 없다. 끝까지 가보는 수밖에. 땅 밑으로 8~9미터까지 파보아도 거기서 멈추면 10미터 지점에 묻혀 있는 보물을 만져보지도 못하고 나올 수밖에 없는 것처럼, 두려움의 실체를 찾아 바닥 끝까지 가보는 수밖에 없다. 파면 팔수록 극심해지는 내적 저항이 일어난다는 점을 감수하고서라도 말이다.

해병대 출신들의 자랑을 들어본 적이 있는가? 해병대의 자랑은 바다 위에서의 활동이 아니라, 하늘에서의 활동이다. 항공모함에 전투기를 가득 싣고 적의 견고한 진들을 선제 포격함으로써 뒤따라 들어올 보병들의 진입을 돕는다. 마찬가지 원리다. 견고한 진을 허물기 위해 공수부대를 투입하는 전략이 필요하다. 위장된 감정과 욕구를 사실 위에서 내려다보고 직면하는 전면전 말이다. 그래서 그동안 두려움의 깊이와 한계를 제대로 드러내지 못하게 한 내면의 적들과 최초의 전투를 벌여야 하는 것이다.

이로써 얻는 효과는 '두려움'이라는 저항군을 '사실'이라는 특별석에 모신, 그 공로를 치하하는 것과 같다. 말기 암환자들도 자신의 두려움을 정기적으로 나누면 혼자서만 끙끙 앓는 그룹보다 완치율이 세 배가량 높아진다는 한 임상 연구 결과처럼, 두려움을 사실에 기반을 두고 드러낼 때, 마음속에 감춰둔 거짓 신념은 비로소 약해진다. 처음엔 몹시 피하고 싶지만 사실과 마주할 때 비로소 두려움이 물러나는 것이다.

이것이 현실을 직시하는 기초가 된다. 감상에 치우친 판단으로 강화된 두려움을 약화시키는 명령은 '사실 위에 바로 세우는 것!'이다. 이것이야말로 내적 저항을 뚫고 속사람의 영역을 회복하는 최적의 전투 전략이다.

사실을 그대로 전하지 못하는 이유

한 여성이 고민을 털어놓았다. 허전한 마음에 기분 전환 삼아 쇼핑을 시작했는데, 점차 감당할 수 없는 지경에 이르렀다고 했다. 매일 쇼핑을 하지 않으면 일상생활이 불안해질 정도로 심각했다. 그녀에게 어떤 해결책이 있을까? 무슨 돈으로 쇼핑을 하는지 그녀에게 물었다. 그녀가 누리는 소비생활의 원천은 부모님이 마련해준 빌딩에서 나오는 임대 수익이었다. 해답은 명료했다. 돈줄을 끊는 것이다. 그녀에게 가던 임대료를 차단하는 것이다. 그녀는 결국 문제의 원인이 되는 수입을 받지 않기로 한 후, 더 근본적으로 문제를 해결하기 위해 처음으로 돌아가기로 했다.

만약 자신의 삶이 무너져 있다면, 그래서 다시 삶을 세우고 싶다면 시작점으로 돌아가야 한다. 그 근원지에서 자기 감정과 욕구의 실체를 사실 위에 올려놓고 그 진정성을 재조명해야 한다. 괴롭겠지만 현재 상황을 돌아보며 자신이 진정으로 원했던 것을 묻고 찾아나가야 한다. 무엇이 자신에게 필요치 않은 선택이었는지 차근차근 골라내야 한다.

그렇다면 자신이 진정 원하는 것에서 멀어지게 되는 배경은 무엇일까? 급기야 나중엔 진짜 자신이 원하는 것을 부인하고 회피하기까지 하는 원인은 무엇일까?

공감받지 못한 뇌가 벌이는 진실게임

어렸을 때 이런 이야기를 들어본 적이 있는가?

"옆집 누구는 말이야…….."

"걔네 아빠는 글쎄……."

살면서 있는 그대로를 지지받아온 사람과 지속적으로 비판받아온 사람은 태도부터 다르다. 개들도 구타를 당할수록 방어하기 위해 미리부터 짖는다. 인간도 마찬가지다. 누군가와 비교당하면 이를 피하고 싶어진다. 누구나 그렇다. 사실을 제대로 전하기 어려운 이유는 그 밑바닥에 비교에 대한 두려움과 그로 인한 수치심의 경험이 자리하고 있기 때문이다. 지금 이 자리, 그 사실에서 벗어나고 싶다. 왜? 숨 쉬기 힘들어서다. 편하게 숨 쉬고 싶은데 그렇지 못해서다. 그래서 안전한 곳을 찾아 나서려고 한다. 이것은 본능적인 욕구다. 생존을 위한 매우 자연스러운 선택이다.

비교는 크게 세 가지로 구분한다. 첫째, 나와 남을 비교하는 것, 둘째, 과거와 현재를 비교하는 것, 셋째, 꿈과 현실을 비교하는 것이다. 사람들은 대부분 비교하면 그 자리에서 벗어나고 싶어 한다. 비교 그 자체가 수치스럽기 때문이다. 상처가 많은 사람일수록 이성과 첫눈에 반하기를 꿈꾼다고 한다. 마음의 상처가 워낙 크기 때문에 단번에 상황이 바뀌기를 꿈꾼다는 것이다. 처했던 상황이 수치스러울수록 과거를 다 없애버리고 싶은 탈바꿈의 심리가 생긴다는 말이다.

그렇다면 '사실로 비판받은 뇌'는 어떤 경험을 하는 걸까? 예를 들어 아빠와 아이가 텔레비전을 보고 있다고 하자. 그런데 TV 리모컨을 계속해서 아빠가 혼자 쥐고 있다. 아이가 다른 것을 보자고 해도 아빠는 자기가 보고 싶은 채널만 본다. 그러다 보고 싶은 게 없어지자, 그제야 아이에게 리모컨을 넘긴다. 아이는 아빠가 자신에게 보여준 감정적 태도와 행동을 남김없이 흡수한다. 자신의 감정과 욕구를 교류하고 싶지만 아직 어리기에 적절하게 전달하지 못한다.

아이가 커가면서 자기 의사를 제법 표현할 수 있게 되었다. 아이가 "나 저거 보고 싶어!" 하고 아빠에게 말했다. 하지만 아빠는 늘 그래왔듯 아이의 요구는 무시한다. "아빠, 나빠! 정말 나빠!" 하고 대꾸라도 하면 "너! 지금 그게 아빠한테 할 소리야?" 하며 아이의 감정을 단번에 외면하고 질책한다. 자기가 허락한 수준만큼만 아이의 감정을 받아준다.

어렵게 자신의 마음을 드러냈지만 자신에게 되돌아오는 반응으로 인해 점차 자신의 색깔을 잃게 된다. 평소에 아이의 감정을 물어봐 주지 않기 때문에 자신이 어떤 감정을 가지고 있는지 스스로조차 알기 어려워진다. 어떻게 자신을 드러내야 하는지, 자신이 어떤 감정을 가져야 하고 가져서는 안 되는지를 고민한다. 감정 소유권을 아빠에게 빼앗긴 셈이다. 마치 아빠 혼자서 리모컨을 쥐고 TV 채널을 마음대로 돌리듯 아이의 감성 편성을 아빠 마음대로 짜깁기해 버리는 것이다.

이런 경험을 하며 자라면 점점 자기 내면에서 우러나오는 것들은 생략된다. 자기를 중심으로 펼쳐지는 순수한 내면의 소리를 외면하게 된다. 급기야 아무 말 없이 있다가도 갑자기 돌변하기도 한다. 무조건 꾹꾹 참고 있다가 마지막에 폭발한다. 한강에서 뺨 맞고 용산에서 화풀이하기도 한다. 상대방과의 관계에서 지켜야 할 경계선을 뛰어넘어 공격적으로 변하기도 하고, 맹목적으로 종교에 집착하거나 착한 사람 놀이에 빠지기도 한다. 자기가 진정으로 원하는 욕구는 가린 채 사회적 의무만을 내세우기도 한다. 내면의 진짜 진실이야말로 자신이 추구해서는 안 될 것으로 여기고, 극단적인 희생을 해야만 한다고 믿는다. 진실이 드러나기를 꺼리는 스파이들과 동일한 각본대로 살아가는 셈이다.

사랑과 사람 사이의 경계선 게임

다음 중 자신에게 해당되는 항목에 체크해보자.

• 패턴 스위칭 3단계 프로세스 – Identifying 사실 검토하기 •

경계선 찾기

□ 상대방의 기분을 거스르지 않기 위해서 나의 생각과는 다른 표현을 한 적이 있다.

□ 피곤하지만 누군가에게 부탁도 하지 못하고 해야 할 일에 혼자 얽매어 있다.

□ 지나치게 다른 사람의 필요를 의식하고 마음에도 없는 동의를 한다.

□ 두렵고 괴로운 데도 그렇지 않다고 거짓말을 한 적이 있다.

□ 잘못된 관계인 줄 알면서도 끊지 못하는 관계가 있다.

□ 사람들이 하는 말에 쉽게 상처받는다.

□ 내가 하는 말로 인해 다른 사람의 기분을 종종 상하게 한다.

□ 내 생각대로 사람들이 행동했으면 좋겠고 내 생각이 옳다고 여겨 사람들을 고치려 한다.

□ 내 경험이나 지식, 또는 인맥이나 물건을 자랑하고 싶다.

□ 혼자 있는 것이 두렵거나 많은 사람과 관계 맺는 것에 어려움이 있다.

경계선에 관한 간단한 질문들이다. 당신은 이 중에 몇 가지를 체크했는가? 이것들은 모두 우리의 두려움에서 비롯된다. 그리고 그것은 사람 때문에 생겨난다. 사람을 통해 얻을 수 있는 사랑과, 그 사랑을 얻지 못할까 봐 생기는 두려움에서 비롯된다. 그리고 그 두려움은 바로 다음과 같이 나타난다.

• 도덕적으로 불순하고 결함이 있다고 여기는 두려움

• 스스로 자격이 부족하다고 여기는 두려움

• 타고난 재능이 없다고 여기는 두려움

• 쓸모없고 무능해질 것이라는 두려움

• 자신의 것을 빼앗기거나 고통에 빠질 것이라는 두려움

- 누군가의 도움을 받지 못할 것이라는 두려움

- 누군가 자신을 해칠 것이라는 두려움

- 사람들에게 거절당할 것이라는 두려움

- 자신은 보살핌을 받지 못할 것이라는 두려움

- 자신은 용서받지 못할 것이라는 두려움

이 같은 두려움의 원인과 발생 과정에 사람이 있다는 점은 부정할 수 없는 사실이다. 나와 중요한 사람들로부터 받는 사랑이야말로 결코 외면할 수 없는 본질이다. '좋은 울타리가 좋은 이웃을 만든다(Good fence makes good neighbor)'는 말이 있듯, 부모로부터 제공받은 안전한 울타리와 경계선이 곧 건강한 사랑을 만든다. 그리고 그 경계와 울타리는 내가 성장하면서 얼마나 감정과 욕구를 있는 그대로의 '사실'로 받아들여졌느냐와도 관련이 있다. 내게 열린 하늘, 즉 부모로부터 나의 감정 그대로를 존중받고 내 모습 자체를 인정받아가며, 그야말로 내가 지금 있는 이곳이야말로 안전한 세상이라는 점을 맛보았다면 그와 비슷한 맛을 우려낼 수 있을 것이다. 이 같은 대우를 받아보지 못하고서는 같은 요리를 한다 해도 짐짓 흉내에 그치게 된다. 당신은 어떠한가? 어떤 맛을 우려내고 있는가?

사실과 만나는 경계선 돌보기

사실에 기반을 두고 행복을 느끼는 사람들에게서는 빛이 난다. 광채가 난다. 그렇다면 반대의 경우는? 우리는 그들을 광인(狂人)이라 부른다. 거짓 위에 둥지를 틀고 사는 사람들 말이다. '경계선'에는 이 같은 의미가 담겨 있다. 선 하나를 두고 완전히 다른 세상이 펼쳐진다. '사실'을 넘어서면 그것은 곧바로 '거짓'이 되고 심하면 '사기'가 된다.

경계선이 불분명한 사람들의 세 가지 특징

경계선이 불분명한 사람들에게서 나타나는 특징이 있다.

첫째, 그들은 자신의 욕구를 모른다. "뭐 하고 싶어? 뭘 먹을까?" 하고 물으면 "그냥 다 좋아." 혹은 "네가 좋은 게 나도 좋아." "좋은 게 좋은 거지 뭐." 하는 식으로 자신의 의견을 말하지 못한다. 그건 자신을 위해서라기보다는 남들이 뭐라고 할까 봐, 사람들의 평가와 시선이 두려워서다. 자신의 취향이나 감정을 드러내는 게 부담스럽기 때문이다. 자기가 원하는 것이 뭔지 정말 잘 모르는 경우는 상대방이 원하는 일과 자신이 원하는 일이 하나 되는 진정한 기쁨을 경험하지 못해서다.

둘째, 자신의 책임을 모른다. 그래서 일이 잘못되면 남 탓을 한다. "다 그 인간 때문이야." "나는 진작 그렇게 될 줄 알았다니까." 남을 원망하고 상황에 대해 불평한다. 일이 잘 돌아갈 때는 절대 그렇게 하지 않을 거면서 말이다.

셋째, 자신의 한계를 모른다. 자기 한계 이상으로 에너지를 쓰다 보니 금세 지친다. 내가 좋아하는 것보다는 다른 사람들의 구미에 맞추고 자신의 체력과 능력보다도 더 많은 일을 해서 사람들에게 칭찬받고 인정받으려다 보니 정작 어디까지가 자신의 한계인지 모른다. 또한 진짜로 원해서 한 일이 아닌 것들이니 그 일을 그르쳤을 때 다른 사람을 원망하고 탓한다. 일은 일대로 하고도 뒤돌아서서 엉뚱한 이야기를 하기도 한다. "아, 내가 왜 이걸 한다고 했을까!" "완전 짜증나! 도대체 왜 나만 혼자 이걸 하고 있는 거야!" "힘들어서 죽는 줄 알았어!" "이건 나한테 너무 불공평해!" 앞에서는 아무렇지도 않은 척해놓고, 뒤돌아서서 전혀 다른 이야기를 하는 것이다. 함께 일하던 동료는 급작스러운 태도 변화에 당황하게 된다.

다음은 당신에게도 벌어질 법한 일이다. 다음 주 월요일까지 밀린 보고서를 반드시 제출해야 한다. 그런데 팀장이 프리미엄 콘도 숙박권을 수고한 직원에게 주겠다며 당신에게 건네준다. 유효기간을 확인해보니 이번 주말까지다. 이 문제의 발단은 누구에게 있는가?

"어쩜 김 팀장은 나한테 이런 티켓을 줄 수가 있어? 보고서 제출하라고 할 때는 언제고!" 문제의 원인은 누구인가? 팀장인가? 아니면 당신인가? 그렇다면 문제를 해결하는 방법은 주말 전까지 보고서를 작성하는 것인가? 그래서 콘도를 기간 내에 이용하는 것인가? 문제를 해결해야 할 사람은 누구인가? 팀장인가? 아니면 당신인가? 이 문제로 고심해야 할 사람은 누구이며 이로 인해 피해를 받는 사람은 누구인가? 생각해보라.

또 다른 대화다. 이번엔 애인과의 대화다.

"자기 지금 어디야?"

"어? 나 지금 명동인데."

"뭐? 왜 거기에 있어? 오늘 나랑 만나기로 했잖아."

"아참 그랬었지! 미안해. 깜빡했어."

"어쩜, 나한테 어떻게 그럴 수 있어!"

이 상황에서 상대방의 책임은 어디까지인가? 나의 황당함이나 억울한 심정은 또 어디까지 나의 책임인가? 그렇게 통화 중에 우연히 전화가 툭 끊겨서 "아무리 그래도 그렇지, 내가 약속 좀 깜빡했다고, 어떻게 전화를 툭 끊어버릴 수가 있지?" 하는 원망이 애인에게 생겼다면, 이것은 내 책임인가?

그날 이후, 둘은 다시 만날 약속을 잡았다. 날짜만 잡고 다시 전화하자는 시늉만 하고 끊는다. 그날이 되었지만 아직 전화가 없다. 궁금하다. 그렇다고 먼저 전화하기는 어쩐지 꺼려진다. 시간이 다가오자 슬슬 원망이 생긴다. '걔, 왜 나한테 전화가 없지?' '자기가 문자라도 먼저 보내야 하는 거 아닌가?' '혹시, 내가 무슨 실수라도 한 게 있었나?' '아니, 그래도 그렇지, 어떻게 나한테 먼저 연락을 안 할 수가 있어?' 더욱

초조해진다. 기다리다 못해 나의 친구이자 애인의 친구인 이에게 전화를 걸었다. "잘 지내지? 근데 요새 내 애인이랑 만나본 적 있니?" 그 친구만 괜히 이 둘의 줄다리기에 끼었다.

관계를 둘러싼 일상적인 고민들은 사실 그 문제 자체에 있다기보다는 그 문제가 누구의 것인지, 누가 해결해야 하는지, 누가 어디까지 근심해야 하는지의 경계를 명확히 긋기 어려워서 생기는 고민들인 경우가 많다.

경계선을 바로 세운다는 의미는 자신의 욕구와 책임, 한계를 명확히 인식한다는 것과 같다. 뿐만 아니라, 상대방의 감정과 욕구를 사실 위에서 올바로 파악한다는 것을 의미한다. 그래서 문제를 둘러싼 각자의 감정과 욕구를 찾아서 제 짝을 맞춰주는 작업과도 같다 '나의 것'은 나에게로, '그의 것'은 그에게로, 즉 나와 너의 감정과 욕구를 사실 그대로 소유주에게 돌려주는 일이다. 개개인에게 진정성의 권위를 세워주는 일이다.

경계선이 바로 서면 억지를 쓰는 것인지, 혹은 정당하게 기대해도 되는 일인지 아닌지가 분명해진다. 욕구와 욕망의 기준이 바로잡히고 자존심과 자만심, 회피와 관용, 용서와 포기, 희망과 망상의 경계도 구분할 수 있다. 내가 누구를 기쁘게 하는지 그 실체를 선명히 알 수 있다. 내가 정말로 원해서 선택한 것인지도 알 수 있다. 그래서 내가 지금 하는 일이 다른 사람을 위해서인지, 아니면 그 사람의 시선을 위해서인지, 또는 평가 때문인지, 그래서 정말로 내가 그 사람 때문에 그러는지, 아니면 정말로 그를 사랑해서인지도 알 수 있다.

마녀는 그 누구보다도 자신이 행복해지고 싶다. 그래서 마녀가 물었다.

"거울아, 거울아, 이 세상에서 누가 제일 예쁘니?"

"백설공주요. 백설공주가 세상에서 제일 예뻐요." 그래서 마녀가 한 행동은? 우선 거울을 깨트렸다. 그러고는 백설공주의 암살을 기도했다. 감정적인 행위를 한 것이다.

그렇다면 마녀 자신이 자신의 감정을 분노나 살인과 같은 행위로 연결시키지 않으면서 행복해지는 비결은 무엇일까? 방법은 하나다. 다시 자기 '감정'과 '욕구'를 '사실'이라는 삼박자에 담아내는 것이다. 여기서부터 새로 출발하는 것이다.

백설공주가 제일 예쁘다고 거울이 답했을 때, 마녀의 감정은 어땠는가? 슬프고 속상했다. 그렇다. 마녀는 너무 속이 상했다. 그렇다면 마녀는 어떤 욕구를 가지고 있었는가? 세상에서 제일 예뻐 보이고 싶었다. 그렇지만 사실은 어땠는가? 백설공주가 자기보다 더 예쁘다는 사실을 알게 되었다. 그렇다면 마녀가 되어 '감정'과 '욕구'와 '사실'을 한 문장으로 이야기해보자. "나는 세상에서 제일 예뻐 보이길 원하는데, 백설공주 때문에 내가 지금 이 모양 이 꼴이다!"라고 말해야 하는가? 아니다. 마녀가 행복해지는 비결은 그게 아니다. 마녀가 놓쳐서는 안 될 진실은, 이야기의 주인공이 백설공주가 아니라 바로 마녀 자신이라는 점이다. 내가 나의 감정과 욕구를 이야기 중심에 두고 문제를 풀어야 한다. 내가 말하는 것(I message)이 아니라 나를 말하는 것(I statement)이어야 한다. 이런 식으로 말이다.

"나는 이러려고 했는데(X), 내가 이게 안 돼서(Y), 내 기분이 이렇다(Z)."

다시 말해, "나는 세상에서 제일 예쁜 사람이었으면 싶은데(욕구), 현실은 그렇지 못해서(사실), 내가 지금 너무 속상하다(감정)."

마녀가 행복해지는 비결은 이렇게 자신을 사실이라는 무대 위에 올려놓고 시작하는 것이다. 소통에 실패하는 이유는 사실을 전하지 못해서 생기는 이유와 동일하다. 우리가 질병으로 고생하는 이유 역시 마찬가지로 호흡의 문제라고 전문가들은 지적한다. 커뮤니케이션의 최다 연구 주제는 '소통 불안'인데, 이로써 나타나는 현상은 '자기 과시' 또는 '자기 비하' 둘 중에 하나라는 것이다. 자기를 과시하며 우쭐대는 사람이나 자기를 비하하며 위축된 사람이나 둘 다 마찬가지로 호흡이 가쁘다. 숨 쉬기 힘들다.

우리가 비교당하면서 보이는 반응도, 그 자리에서 공감을 얻지 못해 숨 쉴 공간을 찾아가는 것도 다 같은 이유 때문이다. 인간은 자기 자신을 이야기함으로써 사실을 재구성하고 자기 삶을 창조해낼 능력이 있는 존재다. 사실에 근거한 자신과의 참된 경계선을 세워가며 진실을 이야기할 때 무릇 순수한 힘을 만난다. 그렇다면 이제 다시, 당신 자신의 이야기를 할 차례다. 무엇보다도 사실이라는 진정성의 발판을 굳게 딛고서 말이다.

사실로 돌보는 자기 정리

자신이 좋아하는 것을 잘 알고 있는 사람이 있는 반면, 자기가 좋아하는 것이 무엇인지 모르는 사람도 있다. 당신은 어떠한가? 내가 진정으로 좋아하는 것은 무엇인지, 그래서 지금 그것을 하고 있는지, 내가 잘하는 것은 무엇인지, 또 그것을 행하고 있는지도 검토해보자.

• 패턴 스위칭 3단계 프로세스 − Identifying 사실 검토하기 •

좋아하는 것과 잘하는 것

• 내가 좋아하는 것을 알고 있으며 그것을 하고 있다.

1.
2.
3.

• 내가 좋아하는 것을 알고 있으나 그것을 하지 못하고 있다.

1.
2.
3.

• 내가 잘하는 것을 알고 있으며 그것을 하고 있다.

1.
2.
3.

• 내가 잘하는 것을 알고 있으며 그것을 하지 못하고 있다.

1.
2.
3.

4th STEP

SWIT**T**CH

Tracing
패턴 살펴보기

담장이 무너질 때는 지지하는 게 급선무다.
이유 찾기는 나중 문제.
그러려면 힘이 필요하다.
Under + Stand.
만약 자신을 지지할 힘이 없다면
그것을 인정하는 것에서부터 시작하라.
그래야 힘이 생긴다.

이해인가, 견해인가?

Is it Understanding? or Standing?

들어가기 전에 스스로 묻는 질문

자신이 얼마나 중요한 사람인지 이야기해보라.

당신 삶에 보람을 주는 것은 무엇인가?

성공에 대한 자기만의 정의가 있는가?

자기 자신을 이해한다는 것은 무슨 의미일까?

자신의 변화를 돕기 위해 특별히 비춰보는 기준이 있다면 무엇인가?

지금 자신을 쇄신하고자 한다면 어떤 부분을 다뤄야 하는가?

새로운 인생설계를 위해 내가 지금 선언할 수 있는 것이 있다면 무엇인가?

자신은 어떻게 변화하고 싶은가? 자기 성장 플랜이나 로드맵이 있다면 어떤 것인가?

생각 바꾸기,
그 전에 해야 할 생각

골프 코치에게서 스윙 자세를 교정받아본 적이 있는가?

"무릎에 힘을 꽉 주세요."

"손목을 안쪽으로 돌려 꺾지 마세요."

"고개를 옆으로 돌리지 마세요."

"공 끝에 시선을 고정하세요."

하지만 간혹 가다가 이렇게 묻는 코치 선생님도 있다.

"지금 어디를 보고 계시나요?"

"지금 어디에 힘을 주고 계시죠?"

"어디에 초점을 맞추고 계십니까?"

그 선생님은 "이렇게 해라." "저렇게 해라." 하고 명령하는 대신, 그저 물어보기만 한다. 나 스스로 대답을 찾고 그것을 교정하도록 도와준다. 멘토링과 코칭의 차이가 바로 이것이다. 문제의 정답을 자세히 알려주는 것이 멘토링이라면, 상대방 스스로가 답을 찾고, 이야기하도록 돕는 것이 코칭이다. 변화를 자발적으로 이끌어내기 위해서는 질문에서부터 차이를 두어야 한다. 스스로 변하기 위해 자기 자신과 대화를 할 때도 마찬가지다. 나를 다그치고 나에게 명령하는 대신 제대로 된 물음부터 던져야 한다.

당신에게 성공이란 무엇입니까?

당신에게 성공의 이유나 목적을 묻는 질문을 던진다면, 그것에 대해 바로 답할 수 있는가?

"왜 지금 여기에서 이 일을 하고 있나요?"

"왜 그 일을 하려고 하지요?"

"앞으로 어떤 사람이 되려고 하나요?"

"무엇을 성공이라고 생각하세요?"

"왜 성공하려고 하세요?"

여러 명이 모인 가운데 이런 질문을 던지면 그 자리에서 바로 명쾌하게 답할 수 있는 사람은 많지 않다.

"성공이요? 저에게 성공이란……. 음……."

질문을 받는 사람들은 "그러는 너는? 너야말로 답을 가지고 묻는 거냐?" 하고 되묻고 싶을 것이다. 나 역시 답하기 쉽지 않다. 나만의 성공의 의미를 말하려면 나에 대한 깊이 있는 자기 성찰이 필수적이기 때문이다. 자기를 돌아보는 시간 없이 자신의 가치와 삶의 목적, 성공하려는 이유, 미래에 대한 방향을 충실하게 설명하는 건 불가능하다. 그러니 저런 질문을 받았을 때 난처하고 당황해 하는 것은 당연하다.

그렇다면 또 묻자.

"어제 저녁으로 무엇을 먹었는가?"

여러분 중에 누군가는 "치킨에 맥주"를 먹었다. 내가 이것을 알아낸 방법은? 물어봤기 때문이다. 치킨에 맥주를 먹었다고 대답한 그 사람에게 내가 먼저 물어봐 줘서 알아낸 것이다. 마찬가지로 나에게도 물어봐 주면 된다. "나에게 있어서 성공이란 무엇인가?" 그렇게 시작하면 된다. '내가 지금 이 회사에서 무엇을 하려고 하는가?' '내가 왜 이 일을 해보려고 하는가?' 등의 물음에 지금 쉽게 답하지 못한다면, 이제라도 나에게 물어보자. 새로운 것을 얻고 싶을 때 이런 질문은 더더욱 필요하다.

새로운 행동 설계하기

그럼에도 제 아무리 자문하고 생각을 고쳐먹어도 사람마다 바뀌지 않는 고질적인 패턴이 있다. 책을 아무리 읽어도 바뀌지 않는다. 답답하다. 허벅지를 찔러가며 다짐도 해보고 결심도 해보지만 생각처럼 잘되지 않는다. 지식이 부족해서가 아니다. 그 이유는 행동을 전향하는 동기가 될 공감각적 체험이 부족하기 때문이다. 다음과 같이 생각하면 할수록 더더욱 고치기 어렵다.

첫째, 생각을 잘 바꾸면 행동이 바뀐다?

아니다. 고질적인 패턴들은 생각을 아무리 바꿔도 행동은 제자리다. 몸이 바뀌지 않으면 다시 원래 자리로 돌아온다. 생각만 가지고 꿈을 이룰 수 있는가? 몸은 전혀 움직이지 않고 정신 하나로 남극에 깃발을 꽂을 수 있는가? 그럴 수 없다.

우리는 어떻게 다음 행동을 선택하는가? 신념이나 지식에 근거해 다음 행동을 결정한다고 여기기 쉽지만, 그렇지 않다. 다음 행동은 몸에서부터 시작된다. 예를 들어 지금 당신이 무척 졸린 상태라면, 몽롱할 테니 행동도 느릴 테고, 따라서 급작스런 일이 일어나도 마음처럼 곧바로 몸을 움직일 수 없을 테다. 몸의 컨디션을 말하려는 것이 아니다. 생각 이전에 몸에 밀착된 정보에 주목하라는 것이다. 우리 몸에 새겨진 정보에 따라 그 다음 행동이 결정된다.

가끔가다 일이 잘못될 때 우리는 아랫사람이 실수를 하면 "지금 도대체 생각이 있는 거야, 없는 거야?" 하며 꾸짖곤 한다. 하지만 '일을 망쳐야지.' 하고 미리부터 생각하는 사람이 어디 있겠는가? 오히려 일이 생각대로 되지 않을 때 스스로 내리는 해석이 문제가 될 때가 많다. 일이 잘 안 풀리는 이유가 단지 자신의 생각에만 달려 있다고 생각할 때 그러하다. 이것은 마치 자신의 심장을 향해 "심장아 멈춰!" 하고 큰 소리로 외치는 꼴이다. 그런 사람은 생각만으로 자신을 재조정해보려는 오류를 반복한다. 하지만 문제는 해결되지 않을 것이다. 이럴 때는 '생각대로 몸이 잘 안 움직이네.' 하면서 자신의 생각부터 달래줘야 한다. 생각만으로 모든 것을 바꾸려고 하는 그 생각을 돌볼 필요가 있다.

둘째, 생각이 무엇보다도 중요하다?

꼭 그렇지만은 않다. 행동 변화의 시작점은 생각이 아니다. '춥다'는 단어를 말하면 무엇이 떠오르는가? 나는 끔찍했던 군대 시절이 제일 먼저 생각난다. 동계 훈련 중 세수를 하려고 개울에 나갔다가 슬리퍼가 바닥에 붙어버려 결국 맨발로 나온 기억이 떠오른다. 또 '쓸쓸함'은 어떠한가. '쓸쓸함' 하면 나는 어린 시절 방과 후 교실 풍경이 떠오른다. 주번이어서 혼자 교실에 남아 선생님께서 주신 자료를 들고 다음 날 아침 자습 문제를 칠판에 적고 있을 때, 텅 빈 교실 한가운데 흐르던 그 분필 소리에 쓸쓸함을 느꼈기 때문이다. 이 모두가 몸에서부터 온 기억이며 온몸과 유착되어 '한 묶음'으로 일어나는 기억이다.

아버지가 술 마시고 늦게 들어와서 날 사정없이 때렸다면, 단순한 하나의 사건에 대한 기억으로 머무르지 않는다. 역한 술 냄새, 야단치는 소리, 살림살이들이 바닥에 나동그라지는 소리, 쾅 하고 방문이 세게 닫히는 소리, 괴성과 욕설, 신음소리가 하나로 묶인다. 어른이 되어서 내 남편이 이와 비슷한 술 냄새를 풍긴다거나 비슷한 고성이 들릴 때 그때의 기억은 청각, 미각, 시각, 후각, 촉각의 한 묶음으로 되살아나 몸에서부터 기억이 재생된다. 자신이 구사하는 행위는 내가 몸으로 경험한 만큼 나오는 것이다.

셋째, 행동을 바꾸려면 말을 바꿔야 한다?

정말 웃길 때는 입으로만 웃는 게 아니라 배로 웃는다. 입으로만 웃을 때와는 완전히 다르다. 생각도 마찬가지다. 온몸이 하나 되어 생각을 바꿀 때와 말로만 생각을 바꾸는 것의 효과는 완전히 다르다. 감각적인 변화 없이 말만 바꾸는 것으로는 효과가 제한적이다.

예를 들어, '춥다'는 개념이 형성되기 위해서는 푸르스름한 새벽 공기, 눈길 위에서 발걸음을 뗄 때마다 사각사각 밟히는 감각, 얼음 밑에서 졸졸졸 흐르는 계곡물 소리 등이 필요하다. 이 감각들이 몸(두뇌)의 시상하부와 자율중추신경에 전해져 해마와 편도체에 기억으로 묶인

후, 언어 회로에 전달되어야 '춥다'는 하나의 표현이 완성되는 것이다. 이처럼 감각적인 변화가 수반되어야 말이 완전해진다.

우리가 사용하는 언어는 자신이 경험한 세계를 통해 빚어진 공감각 덩어리다. 따라서 언어의 체화 과정에는 예비 과정이 있음을 인정해야 한다. 예를 들어 커피의 경우, 코끝과 혀끝을 자극하고 입 안에서 충분히 음미된 후, 깊숙한 목구멍을 지나 식도를 타고 위장으로 들어간 커피와, 잡지에서 눈으로만 본 커피는 다르다. 같은 말이라 해도 차원이 다르다. 내가 쓰는 '용서'라는 단어와 다른 사람이 쓰는 '용서'의 의미도 서로 다르다. 각자 경험의 깊이와 뿌리가 다르기 때문이다. '나는 할 수 있다!'라고 외치는 것도 마찬가지일 것이다. 각자의 심리적 현실을 밀착해서 세밀하게 풀어내지 못하고, 구체적인 행동지침을 제안하지도 못한다면 그 구호는 그야말로 생각에만 그치기 마련이다. 그 한계가 명확하다.

패턴 스위칭 일러두기

우리는 이제 새로운 행동을 하기 위해 완전히 새로운 게임을 해야 한다. 그에 앞서 전제해둘 게 하나 있다. 앞서 말한 것처럼 새로운 경험은 온몸으로 체화해야 자기 쇄신이 가능하다는 것이다. 지식과 정보에만 의존하지 않고 삶의 흔적과 습성이 얽힌 자기 내면의 실체로 심도 있게 다가가야 한다. 특히 자신을 붙잡고 있는 고질적인 패턴이 있다면 더더욱 그렇게 해야 한다. 크고 거친 녀석을 상대하려면 내면의 깊은 바다로 들어가야 한다.

지금부터 우리는 패턴의 전환이라는 푯대를 향해 존재의 깊은 곳으로 다가갈 것이다. 앞서 사실에 기반을 두고 자신의 감정과 욕구를 살폈다면, 이제는 그 원인을 살펴 감정과 사고, 행동 이면에 뿌리박힌 패턴의 고리를 풀어보고자 한다.

이 여정에서 당신을 진술하는, 나 자신을 말하기(I statement)는 역시나 중요하다. 계속해서 몸에 새겨져 있는 감정과 욕구를 언어화함으로써 몸과 마음을 바꿀 새로운 채비를 할 수 있다. 이로써 자신의 그릇을 새롭게 빚고, 새 사랑을 다시 써 내려갈 수 있을 테니 말이다.

스스로에게 묻는 자기 이해

삶의 우선순위, 자기 가치, 자기 정체성을 확인하는 다음 질문에 답하면서 자신과 만나보자.

• 패턴 스위칭 4단계 프로세스 – Tracing 패턴 살펴보기 •
자기 이해 기초 진단

1. 당신은 존재 이유, 즉 삶의 뚜렷한 이유를 가지고 있는가?
   □ A. 네   □ B. 아니오   □ C. 잘 모름

2. 당신이 추구하는 성공은 당신이 꿈꾸는 비전과 관련이 있는가?
   □ A. 네   □ B. 아니오   □ C. 잘 모름

3. 당신이 성공한다면 그 요인은 무엇이라고 생각하는가? (한 가지만 적으시오.)

   ----

4. 당신이 만약 실패한다면 그 원인은 무엇이라고 생각하는가? (한 가지만 적으시오.)

---

5. 지금은 변질되었으나 되돌아가고 싶은 당신의 모습이 있는가?
　　□ A. 네　　　　　□ B. 아니오　　　　　□ C. 잘 모름

6. 가장 두려워하는 것은 무엇인가? (한 가지만 적으시오.)

---

7. 그러한 두려움에서 벗어나기 위해 특별히 취하는 방법이 있는가?
　　□ A. 네　　　　　□ B. 아니오　　　　　□ C. 잘 모름

8. 있다면 어떤 방법인가? (한 가지만 적으시오.)

---

9. 당신은 당신이 무엇을 할 때, 그리고 무엇에 대해 가장 열정적인지 알고 있는가?
　　□ A. 네　　　　　□ B. 아니오　　　　　□ C. 잘 모름

10. 당신의 꿈을 이루기 위해 갖추어야 할 것 중, 지금 필요한 것은 무엇인가? (한 가지만 적으시오.)

---

11. 당신이 처한 현실과 꿈 사이의 격차에 실망하거나 분노하는가?

    □ A. 네   □ B. 아니오   □ C. 잘 모름

12. 당신은 새로운 비전을 찾기 위해 노력한 적이 있는가?

    □ A. 네   □ B. 아니오   □ C. 잘 모름

13. 당신은 지금 그 꿈을 갖기 원하는가?

    □ A. 네   □ B. 아니오   □ C. 잘 모름

14. 당신을 가장 잘 나타내는 형용사 세 가지를 적으시오. (예: 사려 깊은, 친절한, 당당한 등.)

    A.

    B.

    C.

15. 당신 안에서 당신을 끊임없이 붙잡는 것이나 당신의 계획이나 목표를 방해하는 것을 세 가지만 적으시오. (예: 자신감 부족, 원망, 분노, 열등감 등.)

    A.

    B.

    C.

자기 이해의 범위

아침에 지각한 직원에게 물었다.

"오늘 왜 늦었어?"

"버스를 놓쳤어요."

"버스를 놓쳤다고?"

"네. 광역버스가 30분 간격으로 오는데 그만…….."

"이유가 매번 비슷하네. 지난번에는 택시가 안 잡혀서 그랬다고 했고."

"죄송합니다."

"도대체 이해할 수가 없네. 자꾸 지각하는 것 말이야."

그가 지각하는 이유를 이해할 수가 없다. 같은 문제를 되풀이하는 그가 이해되지 않는다. 그렇다면 나 자신에게 반복적으로 드러나는 행위에 대해서는 이해할 수 있는가? 예를 들어 아침에 일찍 일어나야지 하면서도 매번 늦잠을 잔다거나, 오늘은 퇴근하고 일찍 들어가서 영어책이라도 봐야지 해놓고 저녁을 같이 먹자는 청을 거절하지 못한다거나 하는 것들 말이다. 이렇게 일상적인 습관 말고도 자기 내면에서 되풀이되는 고질적인 패턴들에 대해서는 어떠한가? 스스로 이해할 수 있는가?

자기 이해를 향한 새로운 돌파구

우선 '나 자신을 이해한다는 것'에 대한 '생각'부터 짚어보자. 만약 누군가를 동정하려면 서로의 높낮이가 달라야 한다. 한 사람은 높은 위치에, 다른 한 사람은 낮은 위치에 있어야 한다. 동냥을 하는 사람이 나를 내려다보고 있다면 도움을 주는 사람은 자기 돈을 빼앗기는 느낌을 받을 것이다. 동정을 하려면 형편과 처지에 높낮이가 있어야 한다.

반면 공감이란, 말 그대로 동등한 위치에서 공유하는 것이다. 높낮이의 차이 없이 나와 상대방이 같은 수준에서 감정을 공유한다면 서로 공감한다고 한다. 그러나 서로가 공감한다 하더라도 그와 나는 같아질 수 없다. 나는 나대로 살아가고, 상대방은 상대방대로 살아간다. 나와 상대방 사이에 경계선이 엄연히 존재하는 셈이다. 보따리를 짊어진 할머니를 도와 내가 그 짐을 대신 짊어지고 할머니 댁까지 모셔다 드렸다 해도 내가 그 집에서 할머니 대신 할머니 인생을 살 수는 없는 노릇이다. 따라서 누군가가 나에게 "네 마음이 몹시 아프겠다, 속상하지?" 해도 상대방이 나와 똑같이 아픈 것은 아니다.

자기 이해도 마찬가지다. 우리는 스스로를 이해한다고 말할 때가 있지만, 제대로 이해하지 못했을 수 있다.

이번에는 지각한 부하 직원과 공감 대화를 시도해보자.

"오늘 왜 늦었어?"

"버스를 놓쳤어요."

"그래? 버스를 놓쳤다고? 저런, 기분이 어땠나(공감1)?"

"광역버스가 30분 간격으로 오는데, 그걸 놓쳐서 죽을 맛이었습니다.

그 다음 차도 제시간에 오지 않아서 기다리는 내내 마음이 조급했어요. 부장님께 또 한소리 들을 것 같아서 걱정도 됐고요."

"그래? 마음이 조급하고 힘들었군 그래(공감2). 지난번에는 택시가 안 잡혀서 늦었다면서. 이번에도 그랬나?"

"네, 택시를 잡아보려고도 했는데, 출근시간이라 그런지 잘 안 잡혀서 정말 미치는 줄 알았습니다."

"그랬겠군. 힘들었겠네(공감3)."

"네, 죄송합니다."

"앞으로는 어떻게 하는 게 좋겠나? 자꾸 지각하니까 말이야."

"아무리 늦어도 일곱 시에는 집에서 꼭 나오려고 합니다. 좀 이르더라도 미리 나와서 일찌감치 기다리는 편이 훨씬 나을 것 같습니다."

대화는 부하직원이 스스로 행동을 설계하면서 마무리되었지만, 직원이 상사로부터 이해받은 것이 있는가? 전혀 없다. 상사로부터 공감은 받았을지언정 이해받은 것은 없다. 그가 늦은 이유나 절박한 심정에 대해서는 공감해줄 수 있지만, 반복되는 그 행위에 동의하는 것은 아니다. 아이가 아침에 일어나기 귀찮아서 학교 가기 싫은 심정을 받아줄 수는 있지만, 그렇다고 부모가 학교에 가지 않겠다는 아이의 마음을 이해하는 것은 아니다. '지금 괴로우시죠?' '얼마나 힘드십니까?' '이해합니다.'라고 상대가 이야기한다 해도 이때의 이해는 이해가 아니다. 이해라는 표현을 빌린 '공감'일 따름이다.

자신을 이해하는 문제도 마찬가지다. 자기 공감을 넘어서야 한다. 즉 이해한다는 뜻은 공감 너머 새로운 가능성의 세계로 나아가는 것과 같다. 과거의 감정에 젖어 그 자리에 머무르는 대신, 이 과정을 발판 삼아 자신을 스스로 재구성하는 새로운 행동 준비 과정이 곧 자기 이해의 과정이다. 따라서 '잘하는 것, 못하는 것' '좋아하는 것, 좋아하지 않는 것' '하고 싶은 것, 하기 싫은 것' '해야 할 것, 하지 말아야 할 것' 같은 단순한 이분법적 목록에 답하는 것만으로는 자신을 깊이 있게 이해했다고 말하기 어렵다. 자신을 충실히 돌보고 더 성장시키려면 기존의 상투적인 질문이나 습관적인 질문에 답하는 것으로는 부족하다. 고치려고 해도 고쳐지지 않는 고질적인 '나'를 붙잡고, 넘어진 나를 일으켜 세우고, 꿈을 다시 꿀 때는 더더욱 그렇다.

새로운 물음이 필요하다. 새로운 돌봄도 필요하다. 그렇게 하기 위해서는 차별화된 질문을 던져야 하고, 자기 스스로를 재구성할 완전히 새로운 접근법을 마련해야 한다. 그래야 내가 바라는 미래, 내가 꿈꾸는 성공, 변화하고자 하는 성장 모델을 그릴 수 있다. 목이 마르다면 우물을 파기 시작해야 한다.

다시 일어서고 싶다면

내 삼십 대를 바쳤던 회사가 문 닫을 위기에 처했다. 좀처럼 예상치 못한 상황이었다. '이 회사에 내 열정을 바친 게 얼만데……. 또다시 이만큼 이루려면 얼마나 더 많이 애써야 하나.' 무척 허탈했다. 위기감이 몰려왔다.

생계를 유지하기 위해 새로운 직장을 구해야만 했다. 하지만 마흔에 이직하는 게 어디 쉬운 일인가. 가까스로 일자리 하나를 얻게 되었을 때, 마치 갱도에서 천신만고 끝에 살아나온 기분이었다. 안도의 한숨을 내쉰 것도 잠시, 얼마 못 가서 6개월 만에 권고사직을 당했다. 한숨 돌리고 허리 펼 시간도 없이 또다시 찾아온 형벌이었다. 예전 기분과는 또 달랐다. 맥이 쭉 빠져버렸다.

나이 마흔에 마주한 '실직'이라는 세계는 말로는 다 표현하지 못할 고통의 세계였다. 일자리를 잃은 상실감보다도 어디서도 일하지 못하는 나 자신을 받아들이지 못하는 괴로움이 더 컸다. 스스로 자책했고, 점점 외로워졌다. 지위나 계급이 박탈되면 남자들은 존재감을 잃고 만다. 명함을 빼앗기면 시장에서의 존재감도 사라진다. 사람들 머릿속에서 쉽게 잊힌다. 일터에서의 성공 하나만을 위해 달려온 직장인들에게 이것은 사형선고나 마찬가지다.

다시 서기 위해 나는 의지할 곳을 찾았다. 누군가의 도움이 절실했다. 새로운 힘이 필요했다. 하지만 그것이 근본 처방이 될 수는 없었다. 아무리 다른 사람에게 공감을 얻더라도, 서는 주체는 나 자신이 되어야 하기 때문이다.

스스로의 연약함과 마주하라

실패를 마주하기란 참으로 괴로운 일이다. 또한 실패와 직면해서 자신이 처한 상황을 털어놓는 용기를 내기는 더더욱 힘들다. 커다란 시련이 몰아닥쳤을 때 분노하거나 원망하는 대신 자신의 미세한 감정 하나하나를 놓치지 않고 드러내기란 참으로 어렵다.

그러니 제일 먼저 이러한 나를 이해해줘야 한다. 실패를 직면하고, 자신의 감정을 드러내는 것이 어렵다는 걸 내가 이해해줘야 한다. 그리고 괴롭지만 그 경계를 넘어서야 다시 설 수 있다고 다독여주고 달래줘야 한다. 그래야 나 자신에게 손을 내밀 수 있다. 그래야 새로운 세계가 열린다.

실패를 딛고 자신을 일으켜 세우려면 감정적 고통에 공감하는 차원을 넘어서서, 인간이라면 누구나 실패 앞에서 힘들 수밖에 없다는 연약한 성질부터 이해해야 한다. 감정과 욕구의 수면 아래에서 존재 가까이에 있는 연약한 지점에 다가갈 때 더 깊고 강력한 자기 이해의 세계에 들어설 수 있다.

생활양식
Life

행위 행동
Behavior

인지 생각 사고
Thoughts

감정 감각 감성
Emotion

욕구 기대 본능
Desire

정신 영감 영혼
Spirits

자기 이해의 영역

문제의 시작점으로 돌아가기

패턴의 원래 의미는 '주물의 원형'이다. 페트병 하나를 제작하기 위해 그 틀을 찍어냈다면 이를 '패턴'이라고 부른다. 그 패턴으로 만든 페트병이 찌그러지면 우리는 페트병이 '변형'되었다고 말한다. 한마디로 '오리지널 디자인(Original Design)'이 깨진 것이다. 내 경우만 하더라도 언젠가부터 궂은일을 도맡으며 주도적으로 앞장서던 어릴 적 모습은 사라지고, 주변을 의식하고 사람들에게 계산적으로 다가서게 된 못마땅한 정체를 갖게 되었다. 스스로를 신뢰하며 사람들과 열정적으로 어울리며 새로운 세계를 알아갈 때마다 그 경이로움에 감탄하고, 실패를 염려하는 대신 열린 가능성을 믿었던 그 원초적인 힘을 잃어가는 것이 무척이나 아쉽다.

우리가 선택하려는 행동의 배경에는 연관된 생각이 있다. 그리고 그 생각은 감정이나 욕구와도 맞물려 있다. 자신의 원래 모습에서 벗어나 다른 모습을 지니게 되었다면, 거기에는 반드시 원인과 맥락이 있다. 예를 들어 튀긴 음식이나 고열량 음식을 밤낮 가리지 않고 먹어서 몸무게가 급격히 20킬로그램가량 늘었다고 치자. 살이 찐 원인은 무엇일까? 열량이 많은 음식 때문에? 배가 고프다는 생각 때문에 과식을 해서? 만약 수험생이라면 체력을 비축하기 위해서 그랬을 수도 있다. 먹는다는 행위로 입시 스트레스를 잠시나마 잊으려고 했을 수도 있다. 성적이 떨어질 때마다 괴로운 현실을 잊으려다 보니 폭식하는 습관이 생겼을 수도 있다.

그런데 만약 그가 성인이 되어 또다시 같은 습관이 생겼다면 그 원인으로 무엇을 지목할 수 있을까? 이별한 지 얼마 안 되는 시점에 그랬다면 애인과 헤어져서 더는 다이어트를 할 이유가 없다고 여겼기 때문일까? 혹시 내면의 공허함을 달래기 위해 폭식을 한 것은 아니었을까? 어릴 적 입시 준비에서 오는 스트레스 때문에 폭식을 했던 경험이 자기도 모르게 튀어나온 건 아니었을까? 괴로울 때마다 늘 술을 마시거나 담배를 손에서 놓지 않는 경우가 그러하듯 말이다.

위의 사례처럼 사람이 하는 행동에는 반복되는 패턴이 있다. 즉 감정과 생각, 행동을 잇는 연결고리가 있다는 말이다. 한 사람이 어떤 생각과 행동을 드러내는 과정은 성장하고 발달하는 과정 중에 자신에게 맞춰지고 걸러진 자기 생존과 학습의 총체적인 결과물이다. 따라서 자기 자신을 이해하기 위해서는 자신의 오리지널 디자인 및 현재의 실체를 파악하고, 자신이 그렇게 바뀐 맥락과 근본적인 이유를 짚어봐야 할 것이다. 그렇다면 이제 당신이 이야기할 차례다. 지금은 사라졌지만 예전 당신의 모습은 어떠했는가? 당신 안에 있었던 원래의 모습, 그 오리지널 디자인을 다시금 불러올 수 있겠는가?

커다란 풍선도 바람을 넣는 곳은 작다. 자신을 바꾸고 변화시키는 접점도 마찬가지로 지극히 작은 지점에서 출발한다. 나를 새롭게 일깨우는 꼭짓점에 놓인 패턴과의 만남은, 그래서 자기 이해를 돕고 나를 되찾아 나 자신을 새롭게 성장시키는 접촉점이 된다. 자신의 패턴을 찾으려는 노력은 그래서 주도적인 행위이다.

패턴의 발견, 고치고 살리고 기뻐하자

기초 패턴을 진단하는 데 앞서 자신에게 반복적으로 드러나는 것들은 무엇인지, 그 원인이 무엇인지 스스로 추적해보자. 감정-생각-행동으로 이어지는 연결고리를 살펴보고, 이를 통해 드러나는 주요 행동 양식과 감정적 특징을 검토해보자.

· 패턴 스위칭 4단계 프로세스 – Tracing 패턴 살펴보기 ·

자기 패턴의 발견

연습 | 다른 사람이 나에 대해 어떻게 생각할지가 자주 신경 쓰인다.

• 구체적으로 언제 신경 쓰이는가? 사실을 중심으로, 사건의 발단을 포함하여 서술해보라.

- 그럴 때 자신의 감정 상태는 어떠한가? (나의 감정 이해)

- 당시에 지닌 기대나 욕구는 무엇이었는가? (나의 욕구 이해)

- 당시 내가 지닌 문제는 무엇이었는가? (나의 사실 이해)

연습 II 사람들이 내 생각처럼 움직이지 않으면 불안해서 이를 바로잡고자 한다면,

- 구체적으로 언제 신경 쓰이는가? 사실을 중심으로, 사건의 발단을 포함하여 서술해보라.

- 그럴 때 자신의 감정 상태는 어떠한가? (나의 감정 이해)

• 당시에 지닌 기대나 욕구는 무엇이었는가? (나의 욕구 이해)

• 당시 내가 지닌 문제는 무엇이었는가? (나의 사실 이해)

연습 III 미래에 일이 잘못될 것 같아 걱정이 되고 신경 쓰인다면.

• 구체적으로 언제 신경 쓰이는가? 사실을 중심으로, 사건의 발단을 포함하여 서술해보라.

• 그럴 때 자신의 감정 상태는 어떠한가? (나의 감정 이해)

• 당시에 지닌 기대나 욕구는 무엇이었는가? (나의 욕구 이해)

• 당시 내가 지닌 문제는 무엇이었는가? (나의 사실 이해)

연습 IV 책임과 의무를 다하지 못하고 자기만을 위해 사는 것 같아 불안하다면,

• 구체적으로 언제 신경 쓰이는가? 사실을 중심으로, 사건의 발단을 포함하여 서술해보라.

• 그럴 때 자신의 감정 상태는 어떠한가? (나의 감정 이해)

• 당시에 지닌 기대나 욕구는 무엇이었는가? (나의 욕구 이해)

• 당시 내가 지닌 문제는 무엇이었는가? (나의 사실 이해)

자기 패턴 들여다보기

타고난 힘을 어떻게 쓰느냐에 따라 인생이 크게 바뀐다. 근육질의 남성이 헬스클럽에서 힘을 쓰면 훌륭한 트레이너가 될 수 있지만, 길에서 힘을 쓰면 폭력배가 된다. 말을 잘하는 사람이 그 능력을 필요한 곳에 활용하면 달변가가 되지만, 사람을 속이는 데 쓰면 사기꾼이 된다. 자신의 타고난 성질을 잘 활용하려면, 우선 자신의 특성을 스스로 잘 알고 있어야 한다.

이제 기초 패턴 진단(TPC, Typical Pattern Checkup)을 통해 자신의 패턴을 알아보자. 그 패턴들은 자신의 오리지널 디자인을 바라보게 할 중요한 단서가 될 것이다. 자신의 모습에서 치명적인 단점을 발견했다면, 그것을 강점으로 전환할 주요한 발판도 마련하게 될 것이다. 자신의 잃어버린 본질을 되찾고 새롭게 도약할 기회를 가져보자.

기초 패턴 진단

다음 기초 패턴 진단의 질문을 읽고 본인에게 가장 많이 해당되는 항목부터 4, 3, 2, 1 순서로 169쪽 작성지에 기록하자. 예를 들어 1번 질문에 D→A→B→C 순서로 동의한다면 1번 D칸에는 4, A칸에는 3, B칸에는 2, C칸에는 1을 적어 넣으면 된다. 이렇게 21번까지 다 마치면 A, B, C, D 각각의 점수를 합산한다. A, B, C, D 합계의 총합은 210점이다.

1. 새로운 일을 시작할 때 나는
   - ㅁ A. 경쟁상대나 일에 대한 기대치에 따라 집중도가 달라진다.
   - ㅁ B. 일을 성공시킬 수 있는 방법을 먼저 생각한다.
   - ㅁ C. 새로운 도전이 두렵다.
   - ㅁ D. 일을 시작하기 전 성공과 실패 가능성을 따져보지만, 실패할지 모른다는 생각에 두려움이 자주 든다.

2. 낯선 사람을 만났을 때 나는
   - ㅁ A. 사람을 보는 나만의 평가 기준이 따로 있다.
   - ㅁ B. 그 사람보다 내가 우월해 보이는 점을 찾는다.
   - ㅁ C. 굳이 새로운 친분관계를 만들고 싶지 않다.
   - ㅁ D. 남이 먼저 다가오기를 기다리는 편이다.

3. 나에게 중요한 것은
   - ㅁ A. 나의 정확한 판단과 방법
   - ㅁ B. 성공과 그에 따른 결과
   - ㅁ C. 나의 지명도와 자격
   - ㅁ D. 혼자 있는 시간과 장소

4. 내가 두려워하는 것은

    □ A. 나의 의사가 반영되지 않는 것

    □ B. 다른 사람들의 실수로 일을 그르치게 되는 것

    □ C. 앞으로 다가올 시간과 수행해야 할 일

    □ D. 나의 부족한 면이 남에게 드러나는 것

5. 다른 사람들로부터 비판을 받을 때

    □ A. 그 내용이 옳아도 받아들이기 힘들다.

    □ B. 실은 나를 비난하기 위해서 하는 말처럼 들린다.

    □ C. 다른 사람과 관계를 맺기에 내가 가치가 없다고 느낀다.

    □ D. 그 사람에게 거부당했다고 느낀다.

6. 스트레스 받을 때 나는

    □ A. 완고해진다.

    □ B. 공격적으로 변한다.

    □ C. 의욕이 사라지고 숨고 싶다.

    □ D. 일상적인 관계와 생활에서 탈출하고 싶다.

7. 뜻하지 않게 다른 사람의 칭찬이나 호의를 받았을 때

    □ A. 숨은 동기를 찾는다.

    □ B. 내 능력과 노력에 대한 당연한 평가이다.

    □ C. 빈말이라고 생각한다.

    □ D. 나를 잘 모르기 때문에 하는 말이다.

8. 사람들이 많이 모인 곳에서 나는

    □ A. 상호 의존적인 관계는 굳이 만들고 싶지 않다.

    □ B. 나의 경험과 지식에 대해 사람들이 알았으면 한다.

    □ C. 그렇게 괜히 불편한 곳에는 가고 싶지 않다.

    □ D. 실수하거나 아무 행동도 하지 않는다.

9. 어떤 문제를 두고 내가 말을 아끼고 있다면 그 이유는

    □ A. 지금은 잠자코 있지만 남들은 내가 얼마나 알고 있는지 알아야 한다.

    □ B. 내가 조언하고 의견을 내면 일의 방향이 바뀌기 때문이다.

    □ C. 내 이야기가 통하지 않을 것을 잘 알기 때문이다.

    □ D. 말을 적게 하는 것이 나를 지킬 수 있는 방법이기 때문이다.

10. 다른 사람들이 나에 대해 자세하게 알게 된다면

    □ A. 나는 나일뿐 다른 사람들의 판단은 개의치 않는다.

    □ B. 좋아하지 않더라도 적어도 나에게 감탄은 할 것이다.

    □ C. 나에게 실망하고 멀어질 것이다.

    □ D. 인정해주지 않을까 봐 두렵다.

11. 조직의 권위자나 리더에 대해 나는 주로

    □ A. 자격을 의심하고 믿지 않는 경향이 있다.

    □ B. 내가 어떻게 행동해야 할지 말해주는 사람은 필요 없다.

    □ C. 나에게 심하게 대해도 어쩔 수 없다.

    □ D. 명확한 이유 없이 두렵다.

12. 과거 어려웠던 나의 형편이나 상황에 대해서 나는

    □ A. 그 상황에서의 나의 판단이 옳았다고 생각한다.

    □ B. 앞으로도 그러한 경험이 나를 더 단단하게 해줄 거라고 생각한다.

    □ C. 아마 언젠가는 나를 창피하게 만들 것이다.

    □ D. 나의 앞길에 걸림돌이 될 것이다.

13. 스스로 불행하다고 느낄 때 나는

    □ A. 위안이 될 만한 이유를 생각해본다.

    □ B. 현 상황에서 벗어나기 위한 일들을 계획한다.

    □ C. 상황을 잊거나 즐길 만한 것들에 몰두한다.

    □ D. 다른 사람들을 살펴보지만 여전히 나는 패배자라는 생각이 든다.

14. 다른 사람들과 함께한 일의 결과가 좋지 않을 때 나는
   - □ A. 실패의 원인을 따져서 책임을 추궁해야 한다.
   - □ B. 내 계획대로 진행되지 않았기 때문에 화가 난다.
   - □ C. 당분간은 새로운 일을 시작하기 힘들 것 같다.
   - □ D. 실패의 원인이 내가 아닌지 걱정된다.

15. 부당한 대우를 받을 때 나는
   - □ A. 왜 일어났는지 꼭 알아야 한다.
   - □ B. 화가 나서 즉각 반발한다.
   - □ C. 상황과 직면하는 대신 아무 일도 일어나지 않은 것처럼 행동한다.
   - □ D. 과거의 실수나 나의 약점 때문이라고 생각한다.

16. 내 의견을 반대하거나 수용이 되지 않을 때
   - □ A. 그 일의 결과가 좋지 않을 테니 그 일을 그만둘 것이다.
   - □ B. 나를 먼저 공격했기 때문에 그들과 일하기를 거절할 수 있다.
   - □ C. 내 자격이 부족해서 거부당한 것 같다.
   - □ D. 내가 반대하면 관계가 깨질 것 같아 상대의 의견을 수용한다.

17. 무리를 해서라도 이 일을 꼭 끝내고자 한다면 그 이유는
   - □ A. 나의 판단과 방법이 옳기 때문에 실패하는 모습을 남에게 보여주고 싶지 않다.
   - □ B. 내 목표를 이루는 순간 지금까지와는 다른 길을 살아갈 것이다.
   - □ C. 나의 과거의 실패와 실수를 회복하기 위해 대가를 치러야 한다.
   - □ D. 사람들에게 인정을 받으려면 나는 항상 무엇엔가 집중적으로 노력을 쏟아부어야 한다.

18. 조직 안에서 드러나는 나의 부정적인 모습은 주로
   - □ A. 상대방의 자격을 부인하는 방법으로 나의 입장을 세우려 한다.
   - □ B. 다른 사람들의 단점을 지적한다.
   - □ C. 나는 자주 내가 할 수 있는 일들을 다른 사람들이 하도록 내버려둔다.
   - □ D. 다른 사람들이 나에 대해 어떻게 말할지에 대한 두려움이 있다.

19. 평소 그렇게 좋아하지 않던 다른 사람의 성공을 들었을 때 나는

  □ A. 인정하고 축하하기 어렵다.

  □ B. 정당하지 않은 방법이 동원되었으리라 추측한다.

  □ C. 슬프고 마치 나의 실패처럼 느껴진다.

  □ D. 내가 그렇게 될 수 있을 것 같지 않다.

20. 실패했을 때 나는

  □ A. 그 원인이 납득될 때까지 그 일을 되짚어가며 면밀히 분석한다.

  □ B. 실패를 만회하고자 조속한 시일 내에 또 다른 일을 도모한다.

  □ C. 남들은 이해하지 못하는 원인이 있으므로 각별한 이해가 필요하다.

  □ D. 나의 평판이 나빠지거나 낙오될까 봐 두렵다.

21. 다른 사람들이 나를 좋아하지 않는다면

  □ A. 타인의 개입을 원하지 않기 때문에 개의치 않는다.

  □ B. 내가 얼마나 바른 지식과 경험을 가지고 있는지 모르기 때문이다.

  □ C. 그럴 줄 알았다. 역시 혼자 지내는 편이 더 낫다.

  □ D. 나의 자격이나 노력이 부족하기 때문이라고 생각한다.

기초 패턴 진단 작성지

구분	A	B	C	D
1				
2				
3				
4				
5				
6				
7				
8				
9				
10				
11				
12				
13				
14				
15				
16				
17				
18				
19				
20				
21				
합계	P1 패턴	P2 패턴	F1 패턴	F2 패턴

진단 점수가 가장 높게 나온 영역이 자신의 패턴에 가장 가깝다고 할 수 있다. 본인의 진단 결과를 다이어그램으로 그려보자. (참조: 기초 패턴 진단 결과 샘플)

기초 패턴 진단 결과

P1 패턴	P2 패턴	F1 패턴	F2 패턴

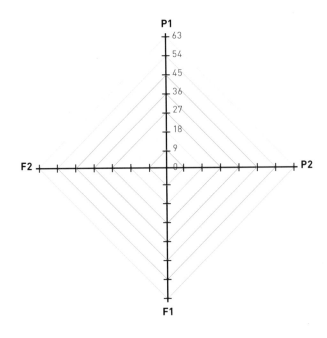

참조: 기초 패턴 진단 결과 샘플

P1 패턴	P2 패턴	F1 패턴	F2 패턴
51	46	49	64

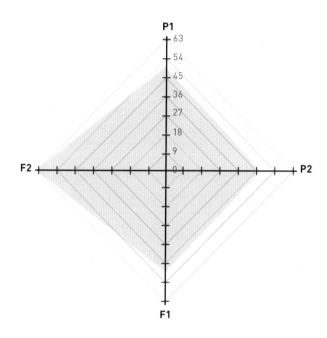

패턴 이해하기

누구나 문제 상황에 직면했을 때 자신을 보호하기 위한 방어기제를 작동시킨다. 그러한 모습들을 보고 당연히 그 사람 본질이라고 말하지 않는다. 그러나 특정 상황에 처하면 자신이 원하지 않는 방식대로 자기도 모르게 행동하게 될 때가 있다. 앞서 기초 패턴을 진단한 이유는 자신도 잘 모르는 자신의 패턴을 발견하여 숨어 있는 역량을 더 잘 이해하고, 이로써 문제 해결을 효과적으로 하기 위함이다.

하지만 자신의 단점을 인정하기는 쉽지 않다. 인간이라면 누구나 불완전하다는 점을 알고 있어도 자신의 단점과 직면하기는 어렵다. 그러므로 무엇보다 "나 자신은 불완전한 존재다."라는 점을 이해해줘야 한다. 스스로에게 두려운 질문을 던지려면 용감해져야 한다. 자신의 연약한 점을 바라보는 용기를 내야 한다. "나만 그런 게 아니야." "나도 번번이 넘어지고 실패할 수 있어." "나도 힘들면 소리치고 고함지를 수 있지." "그게 고민이야." 하고 자신의 불완전함을 인정할 때, 역설적으로 우리는 완전한 인간이 될 수 있다.

사람 관계에서 일어나는 분쟁은 상대방이 나쁘다거나 틀렸다고 가정하는 마음 때문에 일어난다. 또 상대방의 불완전성이 변하지 않는 그의 성격이나 특성이라고 간주하고 화해할 가능성을 차단해버리기도 한다. 의견이 다를 때 파괴적으로 행동하거나 그에게 심한 말을 해버리기도 하고, 문제를 회피하고 연락을 끊어버리기도 한다. 그럴 때 상대방은 물론 본인도 마음의 상처를 입게 되고, 돌이킬 수 없이 관계가 깨지기도 한다. 그렇다면 자신의 불완전함을 인정하면서 서로가 만나면 어떤 효과가 있을까? 너나없이 모두가 불완전한 존재임을 인정할 때 눈높이가 비슷해지고 동등한 존재로서 갈등과 부조화까지도 해결할 가능성을 열 수 있게 되지 않을까?

이제부터 어떤 문제에 직면했을 때 자신에게 드러나는 패턴들을 유형별로 살펴보자. 패턴의 네 가지 유형 중 한 가지 패턴에 비교적 높은 점수를 얻은 사람도 있을 테고, 네 가지 패턴에 고루 비슷한 점수를 얻은 사람도 있을 것이다. 이 패턴에 대한 구분과 설명이 당신의 모든 것을 말해주지는 않을 것이다. 자신과 사뭇 다른 패턴으로 분류될 수도 있다. 하지만 중요한 것은 자기 정리의 기회다. 이 작업을 통해 스스로를 되돌아보는 것이 가장 중요하다. 패턴의 분류로 드러나는 자신의 실체를 이해하고 그것이 주는 시사점을 수용해 더 큰 가능성을 향해 본인을 확장시켜 나아가는 것이다. 그럼 이제 자신이 가장 높게 얻은 패턴을 중심으로 패턴의 성향을 살펴보며 자신의 모습을 파악해보자.

P 패턴과 F 패턴

패턴은 크게 P(Pride) 패턴과 F(Fail) 패턴, 두 가지로 나뉜다. 먼저 P 패턴의 사람들은 얽히고 꼬인 상황에서 과도하게 자기를 내세우고 공격적인 성향을 드러낸다. 자신을 부풀려 말하고, 화를 내기도 한다. 반면 F 패턴의 사람들은 힘든 일이 닥치면 두려움으로 인해 얼어붙는다. 수동적으로 대응하고, 문제를 외면해버리기도 한다. 이처럼 P 패턴과 F 패턴은 전혀 다른 양상을 보이지만 같은 원인에서 비롯된다. 두 가지 패턴 모두 스스로를 보호하기 위한 대응책이기 때문이다.

P 패턴	F 패턴
공격성Aggression	**수동성**Passivity
상대방을 지배하고 장악하려는 성향	자신의 가치를 평가절하하고, 문제를 회피하려는 성향

P 패턴과 F 패턴

P 패턴과 F 패턴은 각각 두 가지로 나눌 수 있다. P 패턴의 경우, 자신을 지나치게 믿고 다른 사람의 의견을 수용하기를 꺼리며 타인을 비난하고 부정하는 P1 패턴과, 자신과 다른 타인의 방식을 무시하고 상황을 자기 뜻대로 바꾸기 위해서라면 호전적인 성향도 감추지 않는 P2 패턴으로 나뉜다. F 패턴은 상황을 감정적으로 왜곡해버리고 자기 연민에 빠져 누군가에게 자신의 처지를 호소함으로써 상황을 외면하는 F1 패턴과, 실패하거나 거절당할까 봐 두려운 마음과 열등감에 사로잡혀 문제를 회피하는 F2 패턴으로 나뉜다.

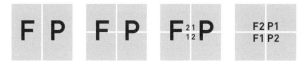

패턴의 구분

P1 패턴

- **패턴의 정체성** P1 패턴 유형을 가진 사람들은 실패에 극심한 거부감을 보인다. 스스로를 과도하게 증명하려고 하며, 자신이 이루지 못한 목표와 성과에 대해 반감을 드러내고, 결과에 대해 부정적인 평가를 내리는 다른 이들을 비판하기도 한다. 이들은 자기 에고를 지키지 못할 두려움에서 벗어나기 위해 교만한 태도를 보인다. 상황이 변해도 자신을 입장을 고수해 독선적으로 비치기도 한다.

- **패턴의 양상** 일을 진행할 때 매우 치밀하게 계산하므로 그 신중함이 지나쳐 타이밍을 놓치는 경우가 있다. 이는 자신의 경험과 지식을 검증하기 위해 결정을 미루기 때문이며, 하나라도 실패할 경우 자신의 명예를 떨어뜨릴 수 있다고 생각하기 때문이다.

- **패턴의 진행 속성** 자신의 생각에 지나치게 확신을 가지고 있기 때문에 더 합리적인 방법이 있어도 잘 수용하지 못한다. 자신의 생각과 판단이 왜곡되었다 하더라도 깨닫지 못하는 경우도 많다. 자신이 세운 계획에서 일이 어긋나면 스스로를 비판하는 것도 마다하지 않는다.

- **패턴의 영향력** 이 유형의 사람들은 속으로 끊임없이 판단을 내리며, 상황이 좋지 않을 경우 자신의 경험과 지식을 옹호하는 데 급급하고

P1-A 적대감Hostility	서로의 원칙이나 생각의 차이, 저항이나 충돌이 일어날 때 감정적으로 대처하는 유형.
	특징: 적의를 품는, 적개심을 지닌, 저항하는, 싸우려고 하는
P1-B 분노Anger	일이 뜻대로 되지 않거나 자신이 피해를 받았다고 생각하면 분노하는 유형.
	특징: 화를 참지 못하는, 발끈하는, 노여워하는, 치밀어 오르는
P1-C 완고함Stubbornness	자신의 뜻이 아니면 합리적인 제안도 가로막고 비판하는 유형.
	특징: 남의 충고에 귀를 기울이지 않는, 뜻을 굽히지 않는, 고집이 센, 가르침을 무시하는

P1 패턴의 세분화

자기주장이 관철되지 않을 경우 분노를 밖으로 표출한다.

- **패턴의 관계 형태** 자신의 경험과 생각은 곧 자신이라고 생각하기 때문에 의견이 받아들여지지 않는 상황에서 예민하고 까다로워진다. 남의 조언을 비난으로 받아들이며 좀처럼 가르침을 받지 않으려고 한다. 이 때문에 소통이 원활하지 못하고 참을성이 부족하다.

- **소통 패턴** 이루고자 하는 일에 기대를 많이 하고 완벽을 추구하기 때문에, 상대방에게 까다로운 조건을 제시하고도 완벽하게 해내지 못할 경우 심하게 비판하기도 한다. 머릿속으로 미리 이상적인 상황을 확고하게 그려두고 그것을 달성하려 하므로 유연하지 못하다. 정보 공유를 잘 하지 않고 독선적으로 의사소통을 한다는 평을 듣는다.

- **소통 진행 속성** P1 패턴을 가진 사람은 자신의 욕구를 중심으로 가치를 접목시키려고 하며, 상황이 좋지 않을 경우 자신의 경험에 따라 부정적인 의견을 내놓는다.

- **소통 지배 체계** 엄격한 자기 기준이 있으므로 다른 사람이 제시하는

더 합리적인 방법이 있어도 잘 수용하지 못하며, 자신의 생각과 해석이 왜곡되었다 할지라도 쉽게 인정하지 못한다. 자신의 욕구를 해치는 타인의 의견에 적대적인 반응을 보인다. 자신의 의견이 받아들여지지 않을 경우 예민하고 까다로워지며, 남의 조언을 비난으로 받아들여 가르침을 받으려 하지 않는다.

• **주로 하는 말** "네까짓 게 뭘 안다고 그래?" "내가 말이야, 왕년에……." "쟤는 좀 혼이 나야 해." "그건 좀 이상하다." "그게 아니지." "다 날 싫어하는 것 같아." "난 아무렇지도 않아."

비난형

적대감	분노		완고함
□ 자아 비판적	□ 계산적	□ 비타협적	□ 부정적
□ 의구심	□ 자기 중심적	□ 비사교적	□ 까다로움
□ 비교	□ 완벽주의	□ 방법론적	□ 회의주의
□ 예민함	□ 과업 중심적	□ 불통	□ 경쟁적

적의를 품는 · 적개심을 지닌 · 반항하는 · 싸우려고 하는 · 성을 내는 · 발끈하는 · 노여워하는 · 화가 치밀어 오르는 · 참지 못하는 · 남의 충고에 귀 기울이지 않는 · 좀처럼 굽히지 않는 · 가르침 받으려 하지 않는 · 보고 들어도 공감하지 못하는 · 상대방의 형편을 이해하지 못하는 · 상황에 고무되지 못하는 · 적극적으로 칭찬하지 못하는 · 창의성을 살리는 말로 북돋우지 못하는 · 남의 충고에 귀 기울이지 않는 · 자신의 의견을 좀처럼 굽히지 않는 · 가르침을 받으려 하지 않는

P1 패턴의 키워드

P2 패턴

- **패턴의 정체성** P2 패턴 유형을 가진 사람들은 상황을 자기 뜻대로 바꾸고 싶어 하고, 자신이 통제당할지 모른다는 두려움 때문에 늘 긴장하고 있지만, 오히려 그것을 전략적으로 이용하기도 한다. 자신을 드러낼 명분과 뚜렷한 결과물을 원하므로 목표가 명확하지 않은 사람들을 불신하고 권위적인 지배자의 모습으로 비춰지기도 한다.

- **패턴의 양상** 이 패턴을 지닌 사람을 이끌어가는 요인은 '전능적인 힘'이기 때문에, 권위를 얻기 위해 애쓴다. 목적을 이루지 못할 수도 있다는 두려움이 호전적인 성향으로 드러난다.

- **패턴의 진행 속성** 목표 달성과 성공에 대한 집착이 지나쳐 업적을 위해서라면 기회주의적이고 교활해지기까지 한다. 또한 자신의 목표를 방해하는 요인들을 제거해야 한다고 생각하고, 방해한다고 생각되는 사람에게는 보복도 서슴지 않는다. 자신의 방식이 아닌 것을 불신하고 비난하거나 폄하한다.

- **패턴의 영향력** 자신의 목적과 가치 충족이 우선이기 때문에 타인의 목적에는 무심하게 비춰질 수 있다. 더 나아가 다른 사람들을 움직이고 지배하려는 성향을 보이기도 한다.

- **패턴의 관계 형태** 타인을 배려하지 못하고, 타인에게 무관심하기 때문에 상대방이 무시한다고 느낄 수 있다. 자존감이 높아, 지나치면 타인에 대한 우월감으로 흐르기도 한다.

- **소통 패턴** 목적이 분명하며 무엇인가를 이루기 위해 필요한 전략을 세우는 것을 좋아한다. 상황을 주도하려는 욕망이 있으므로 끊임없

P2-A 불신Distrust	타인을 신뢰하지 못하는 유형. 특징: 신뢰하지 않는, 믿지 않는, 의심하는, 의혹을 품는, 혐의를 두는, 수상히 여기는, 결과를 불확실하게 여기는, 뚜렷하지 않은
P2-B 무시Ignorance	타인에게 무관심하고 이해하려고 하지 않는 유형. 특징: 성을 내는, 화를 내는, 발끈하는, 노여워하는, 참지 못하는, 화가 치밀어 오르는
P2-C 우월감Superiority	자신의 지위나 서열, 가치가 남들보다 훨씬 높고 크다고 여기는 유형. 특징: 지배적인, 남을 강하게 의식하는, 자의식이 강한, 스스로에 대한 평가가 좋은

P2 패턴의 세분화

이 긴장한다. 이 패턴을 지닌 사람들은 거시적이고 목적 지향적이기 때문에 자신을 드러낼 이야깃거리와 명분을 내세운다. 스스로의 욕망을 실현할 결과를 얻으려는 마음에서 주변 사람들에게 지시하므로 권위적인 느낌을 준다.

- **소통 진행 속성** 목표 달성에 지나치게 집중하면 사람들과 협력하기보다는 본인이 단독으로 일을 진행하려고 한다. 다른 이들의 감정이나 권리를 무시하고 자신의 목표를 방해하는 요인들을 제거하려고 한다. 자신과 다른 의견을 비난하거나 폄하하기도 한다.

- **소통 지배 체계** 이 유형의 사람들의 핵심 키워드는 지배력이다. 권위를 세우기 위해 목적 지향적, 과업 중심적으로 행동하며 주장을 강하게 펼친다. 상황과 문제를 타파하는 데 있어서 호전적인 의사방식을 구사한다. 자신의 욕망에 대해 지나치게 집착하며 타인에게 무관심하다.

- **주로 하는 말** "한 번만 더 해봐라. 내가 가만두지 않을 테다.""뭘 할 거면 나 정도는 돼야지.""어디서 감히!""관둬, 집어치워!""내가 알아서 할 테니까 넌 신경 꺼."

지배형

불신	무시		우월감
□ 권위적	□ 성과 지향적	□ 목적 지향적	□ 공격적
□ 경솔함	□ 자기 중심적	□ 비사교적	□ 조급함
□ 기회주의	□ 거만함	□ 적대적	□ 권력 지향적
□ 지배적	□ 독선적	□ 과업 중심적	□ 비현실적

믿지 않는·의심하는·의혹을 품는·혐의를 두는·추측하는·결과를 불확실하게 여기는·모르는 체하는·경시하는·간과하는·소홀히 하는·방치하는·남을 강하게 의식하는·자신이 가장 중요하다고 여기는·자신에 대한 평가가 좋은·듣기보다 말하려 하는·미리 답을 두고 대하는·아예 듣지 않거나 눈을 마주 보지 않는·들으면서도 의혹을 품는·듣고도 모르는 체하는·상대의 감정을 신경 쓰지 않는·과정보다는 결과로 판단하려고 하는·자신이 남들보다 더 중요하다고 생각하는·자신의 경험을 높이 평가하는

P2 패턴의 키워드

F1 패턴

- **패턴의 정체성** F1 패턴의 사람들은 자기 스스로를 실제보다 지나치게 연민하고, 이를 누군가로부터 동정받음으로써 해소하고자 한다. 이는 실제로 일어나는 일과는 별개로 스스로가 훨씬 피해를 받고 있다

고 생각하기 때문이다. 이렇게 현실을 왜곡하기 때문에 상황을 주도적으로 해결하기보다는 회피하는 편이다. 중요한 결정을 할 때도 현실을 직시하지 않고 즉각적인 감각과 순간의 감정에 따라 결정한다. 감정의 굴곡이 크므로 불안하고 산만하다.

- **패턴의 양상** 일을 하다 문제에 봉착했을 때 해결의 실마리를 찾기보다는 불행이 자신에게만 일어난다는 생각에 사로잡혀 후회만 하고 실제로 행동하지 않는다. 문제를 해결하려 하지 않고 다른 사람의 동정에 호소하는 등 무기력한 모습을 보인다.

- **패턴의 진행 속성** 일의 결과보다는 사람 사이의 관계를 중심에 놓고 행동하지만, 다른 사람의 감정과 현실을 자신의 기준에 맞춰 생각하여 오해를 사기도 하고 상처를 주기도 한다. 또한 타인에게 이해를 얻기 위해 필요 이상으로 자신의 처지를 털어놓기도 한다. 감정적으로 말을 하다 실수를 하거나 거짓말을 하게 되어 신의를 잃는 경우도 있다.

- **패턴의 영향력** 이 유형의 사람들은 세부적인 계획을 잘 세우지 못하고, 시간 약속도 잘 지키지 못한다. 우발적이고 즉흥적으로 행동할 때가 많으므로 일관성이 없고, 체계적인 틀 안에서 치밀하게 수행해야 하는 일을 어려워한다. 쉽게 결심하지만 그것을 또 쉽게 망각하기 때문에 일을 제대로 마무리 짓지 못한다.

- **패턴의 관계 형태** 이 유형의 사람들은 다른 사람을 잘 믿고 의지하지만, 기대만큼의 반응을 얻지 못할 경우 크게 실망하고 자기 연민에 빠진다. 또한 그러한 상황을 다른 사람에게 털어놓으며 험담을 하기

F1-A 무기력Hopelessness	문제를 해결할 수 없을 거라고 생각하는 유형.
	특징: 가망 없다고 여기는, 절망하는, 자포자기하는, 희망을 잃은, 우울한
F1-B 자기 연민Self-pity	자신의 불운이나 슬픔을 과도하게 생각하는 유형.
	특징: 동정받으려고 하는, 지난 일을 후회하는, 자격을 부정하는, 존재를 부인하는
F1-C 죄책감 Condemnation	자신이 한 행위의 대가로 응당한 벌이나 고통을 받아야 한다고 여기는 유형.
	특징: 스스로를 비난하는, 스스로 악덕하다고 여기는, 스스로에게 과실이 있다고 여기는

F1 패턴의 세분화

도 한다.

- **소통 패턴** 감정적 반응이야말로 이 유형의 가장 큰 특징이다. 사실에 근거하여 어떤 사안을 판단하기보다는 감정적이면서 즉흥적으로 반응한다. 일관되지 못하고 소통할 때 산만하다. 체계적이고 일관성 있게 말을 하기보다는 즉흥적으로 감정을 발설하기 쉽다.

- **소통 진행 속성** 사람들과의 관계에 무게 중심을 두고는 있지만 다른 사람들에게 감정 이입을 하기보다는 자신의 감정에 충실하기 때문에 타인을 세심히 챙기지 못한다. 또한 대체로 타인에게 자신의 입장에 대한 이해를 구하려다 보니 필요 이상의 말을 하기도 한다. 또한 타인을 배려하기보다는 타인의 감정을 자신이 판단하고 표현해버려 실수를 하거나 거짓말을 하게 될 때도 있어 위선적인 모습으로 비칠 수 있다.

- **소통 지배 체계** 업무상의 어려움이나 갈등이 있을 경우, 문제 해결의

실마리를 분석과 관찰에 의지하기보다는 감정적인 동기에 의해서만 움직인다. 이 유형의 사람들은 상대방을 잘 믿고 의지도 잘하지만, 기대만큼 동의를 얻지 못할 경우 실망하기도 하고, 또 그런 점을 다른 누군가에게 토로하며 험담을 하기도 한다.

- **주로 하는 말** "난 잘 몰라요. 나 같은 게 뭘 알겠어.""내가 하는 일이 다 그렇지 뭐.""인생 뭐 있어. 다 그렇지.""내 주제를 알아야지." "왜 나만 가지고 그래요."

산만형

무기력		자기 연민		죄책감
□ 즉흥적	□ 관계 중심적	□ 위선적		□ 비현실적
□ 충동적	□ 변덕스러움	□ 불안정성		□ 감정적
□ 산만함	□ 무계획성	□ 쾌락적		□ 부주의성
□ 잊어버림	□ 불규칙적	□ 피상적		□ 방만함

가망 없다고 여기는·절망적인·자포자기하는·희망을 잃은·우울한·동정으로 보상받으려 하는·지난 일을 후회하는·자격을 부정하는·존재를 부인하는·비난을 면치 못하는·잘못된·과실의·허물의·듣기보다는 주로 말하려 하는·관심 밖의 일에 집중하지 않는·남의 이야기 그대로를 받아들이지 못하는·상대의 감정 표현을 자신의 입장에서 해석하는·이야기의 핵심과 사건을 집중해서 듣지 않는·상대의 감정 표현을 달리 나타내는·자신의 감정을 강하게 드러내는·남의 입장을 고려하지 않는·듣는다 하더라도 산만한·이야기 도중 남을 함부로 평가하는

F1 패턴의 키워드

F2 패턴

- **패턴의 정체성** 다른 사람들에게 영향을 받기 쉽기 때문에 다른 사람들의 감정에 민감하다. 관계가 악화되었을 때는 숨기도 하지만 도리어 완고해지기도 한다. 이 유형의 사람들은 압박과 갈등, 긴장과 분리 등을 두려워하고 수동적인 성향으로 문제 상황을 회피해버리는 특성을 보인다. 그런 성향으로 인해 책임을 져야 하는 역할을 맡지 않으려 하고, 특정 권위자들을 두려워하기도 한다. 그 권위자는 실체가 있다기보다는 상상해서 만들어낸 가상의 권위자인 경우가 많다. 자신의 역할과 가치를 중요하지 않게 여기기도 한다.

- **패턴의 양상** 안정을 추구하는 이유는 실패나 거절에 대한 고집스러운 두려움 때문이다. 과거의 단편적인 경험이 미래에도 이어질 것이라는 내면의 주장에 사로잡힌다.

- **패턴의 진행 속성** 이 유형의 또 하나의 성향은 안정에 대한 집착이다. 변화를 거부하는 완고함의 다른 표현인 우유부단함으로 갈등을 회피하고, 변화나 새로운 시작에 대한 동기 부여가 부족해 현재 상태에 정체되기 쉽다.

- **패턴의 영향력** 관계가 나빠질 것에 대한 두려움 때문에 들어주기 힘든 부탁도 거절하지 못한다. 이 때문에 우유부단하게 비칠 수 있다. 새로운 계획과 결정에 개입하기를 싫어한다.

- **패턴의 관계 형태** 자신감이 결여되어 있으므로 자기를 방어하려 하고 열등감에 사로잡혀 스스로의 가치를 폄하하고 스스로가 부족하다고 생각한다. 그 부작용으로 다른 사람들에게 인정을 받기 위해서 무슨

F2-A 실패에 대한 두려움 Failure	과거에 성과를 이루지 못한 경험에 비추어보아 앞으로도 그럴 것이라고 여기는 유형.
	특징: 쇠약한, 감퇴한, 낙제한, 잘못된, 부족한, 불충분한, 결핍된
F2-B 거절에 대한 두려움 Rejection	과거에 용서받지 못했던 경험으로 인해 지금도 스스로가 거부당하고 있고, 앞으로도 그럴 것이라고 여기는 유형.
	특징: 거부된, 부인된, 불합격된, 받아들여지지 않은
F2-C 열등감Inferiority	자신의 지위나 서열, 가치가 남들보다 못하다고 여기는 유형.
	특징: 하위의, 상대적으로 무능한, 상대적으로 무가치한, 스스로를 부정하는

F2 패턴의 세분화

일이든 늘 열심히 해야 한다는 강박관념에 지나치게 사로잡히기도
한다.

• **소통 패턴** 상대방의 의견에 영향을 받기 쉽고, 다른 사람들의 감정
에 민감하다. 관계가 악화되거나 책임이 부과되는 상황에서는 자신
의 감정을 숨기고 도리어 완고해지기도 한다. 상대방과의 관계를 훼
손할 것이라 생각하는 말은 되도록 피하고, 갈등을 피하려고 하므로
수동적이다.

• **소통 진행 속성** 문제 상황을 직면하지 않고 갈등 상황을 회피하고, 신
속하게 결정하지 못한다. 이 유형의 사람들은 안정에 집착하므로 변
화나 새로운 도전을 하지 않으려 한다. 이 때문에 정체되기 쉽다.

• **소통 지배 체계** 상대방의 감정에 관심을 두고 있고, 주로 상대방의 말
을 듣는 편이지만 마음속에서는 상황을 경계하고 있다. 어떤 일에
확신하지 못하며 방어적인 태도를 취한다. 업무를 추진할 때도 자신
감 결여로 인해 다른 사람들에게 의사 결정권을 넘겨버리는 수동적

인 태도를 취한다.

- **주로 하는 말** "난 이미 그렇게 일이 되어버릴 줄 알았어." "지난번에 말하지 않았던 이유는 바로 그 때문이에요." "내가 그때 그것만 했어도 지금쯤은……." "그것만 해결되면 그때부터는……." "더는 저한테 뭐라고 하지 마세요."

회피형

실패에 대한 두려움	거절에 대한 두려움		열등감
□ 수동적	□ 조직 중심적	□ 불확신	□ 안정에 집착
□ 완고함	□ 자기 방어적	□ 갈등 회피	□ 소심함
□ 우유부단함	□ 목표 부재	□ 추진력 결여	□ 두려움
□ 안일함	□ 관계 중심적	□ 도피성	□ 방관적

쇠약한 · 감퇴한 · 낙제한 · 잘못된 · 부족한 · 불충분한 · 결핍된 · 거부된 · 부인된 · 불합격된 · 방치하는 · 받아들여지지 않은 · 하위의 · 상대적으로 무능한 · 상대적으로 무가치한 · 스스로를 부정하는 · 상대의 일에 깊이 관여하기를 싫어하는 · 관심을 두지만 경계하는 · 남의 이야기를 남의 이야기로만 두는 · 자신의 감정 표현에 방어적이며 적극적이지 않은 · 상대의 감정 표현을 애써 해석하지 않으려 하는 · 이야기의 핵심과 사건을 멀리하고자 하는 · 자신의 감정 표현을 되도록 피하려 하는

F2 패턴의 키워드

F2-A 실패에 대한 두려움	이번에 실패했으니 앞으로도 계속 그럴 거라며 실의에 젖는 유형. 특징: '앞으로는 아무것도 할 수 없을 것 같아.'
F2-B 거절에 대한 두려움	과거의 일로 인해 앞으로도 계속 거절당할지 모른다며 미리 포기하는 유형. 특징: '나는 받아들여지지 않을 거야.' '해봤자 안 될 텐데 뭐…….'
F2-C 열등감	자신의 가치가 남보다 못하다고 여기는 유형. 특징: '내가 뭘…….' '나 같은 게 뭘…….'

P1-A 적대감	원칙이나 생각에서 차이가 나면 감정부터 어그러지는 유형. 특징: 반항하고 싸우려 한다. 적의를 품는다.
P1-B 분노	뜻대로 안 되거나 피해를 입었다는 생각이 들면 격해지는 유형. 특징: 화를 참지 못하고 발끈한다. 화가 지밀어 오른다.
P1-C 완고함	자신의 의도와 다르면 말을 막아버리고, 무조건 비판하는 유형. 특징: 뜻을 굽히지 않고 남의 말을 수용하지 않는다. 완강하고 고집이 세다.

F2 | P1

F1 | P2

F1-A 무기력	뭘 하기에 아직 때가 되지 않았거나 부족한 점이 있다고 여기는 유형. 특징: '아직 그럴 형편이 아니야.' '내가 준비가 안 되어 있는데.'
F1-B 자기 연민	불운한 일이 생기면 자책하고 불행해하는 유형. 특징: '매번 나한테만 이런 일이 생기지.' '나처럼 불행한 사람은 없을 거야.'
F1-C 죄책감	일이 잘못되면 자기 때문이니 스스로 죄의 대가를 치러야 한다고 여기는 유형. 특징: '나는 천벌을 받아도 싸.' '나는 이러다 혼날 거야.'

P2-A 불신	남을 믿으려 하지 않고 의심하는 유형. 특징: 의혹을 제기한다. 수상히 여긴다.
P2-B 무시	남의 말을 잘 듣지 않고 이해하려고 노력하지 않는 유형. 특징: 다른 사람에게는 관심이 없다. 자신만 옳다고 생각한다.
P2-C 우월감	자신이 그 누구보다 중요하고 뛰어나다고 생각하는 유형. 특징: 남을 지배하려는 습성이 있다. 자신에게는 관대하다.

12가지 패턴

SWITCH

Confronting
문제 직면하기

두렵기에 먼저 공격해버리거나 방어한다.
하지만 자신이 두려워한다는 사실을 인정하면 할수록
점차 그럴 필요가 없어진다.

인정인가, 인식인가?
Is it Accepted? or Recognized?

들어가기 전에 스스로 묻는 질문

당신은 무엇을 통해 새로운 생각을 얻는가?

고민이 있을 때 주로 언제, 그리고 어디에서 사색하는가?

스스로의 연약함에 대해 다른 사람에게 있는 그대로 이야기할 수 있는가?

그렇지 않다면 그 이유는 무엇인가?

최근 경험한 자신의 약점에 대해 이야기한다면?

나의 약점을 가장 잘 받아주는 사람은 누구인가?

당신이 누군가의 약점을 잘 받아준다면 그 상대방은 누구인가?

약점을 극복하기 위해 주로 택하는 방법이 있다면 무엇인가?

아픈 게 당연하다

아내와 만난 지 이십 년이 되어가고 둘 다 마흔을 훌쩍 넘기면서 영구적인 피임을 해야겠다고 생각했다. 정관수술이 꽤나 아프다던데, 걱정되는 마음에 통증 없이 수술한다는 비뇨기과를 찾아 예약을 했다. 병원에 도착해보니 그 건물에 수십 개의 성형외과가 있었다. 엘리베이터를 기다리며 안내판에 적힌 성형외과 개수를 세어보았다. 무려 50군데가 넘었다.

'요샌 정말로 성형을 많이 하나 보다.'

'그런데 그 비싼 성형수술 비용을 내기 위해 그동안 얼마나 많은 고통과 번뇌의 값을 치렀을까?'

'외모가 마음에 안 들면 성형으로라도 고치면 되지만, 마음이 아프면 뭐로 고치나.'

비뇨기과에 들어서면서도 생각이 꼬리를 물었다. 수술동의서에 서명을 한 뒤 옷을 갈아입고 수술대에 누웠다. 처음엔 윗도리는 입어도 된다고 했는데 수술대 위에 올라서려니 피가 묻을지 모르니까 벗는 게 좋겠단다. '피?!' 순간 놀랐다. '피가 흐를 정도란 말이야? 10~20분이면 끝난다고 했는데. 안 아플 거라고 했는데.' 하지만 첫 주삿바늘이 들어오고 나서야 '그 모든 게 다 거짓말이었어! 내가 한참 잘못 생각하고 있었네!' 하는 후회가 밀려들었다. 의사 선생님께서는 "아프면 참지 말고 이야기하세요." 하고 말씀하셨지만, 도대체 얼마만큼 아파야 아프다고 말해도 되는 건지 감이 오지 않았다. 아무튼 심하게 아픈 것만은 분명했다. 그렇게 누워 있는데, 그 짧은 시간 동안 별별 생각이 다 들었다.

'번뇌의 값으로 여자들만 그 큰 수술비용을 치르는 건 아니겠지. 남자들도 술집에 드나들며 그 비용을 치르지 않던가!'

'청소년들은 안 그러겠는가? 갈 데도 없고 어딜 가도 재미없으니 스마트폰만 만지작대고, 컴퓨터 앞에서 떠나질 못하는 거 아닌가?'

'그렇다면 애들만 뭐라고 탓할 문제는 아니겠구나. 어른들이 전부 그렇게 만들어놓은 건데.'

이런 시시콜콜한 생각들이 머릿속을 막 스치고 있는데, 갑자기 억센 고통이 밀려왔다. 신경줄 하나를 끊은 모양이었다.

'아 그렇구나! 바뀐다는 것은 아픈 것이구나! 뭔가를 바꿀 때 아픈 건 당연한 거구나!'

정관이라는 가냘픈 신경 한 가닥을 끊는 시술도 이렇게 아픈데, 그동안 내게 익숙한 습관들, 인지구조, 규칙적으로 움직이던 자율운동신경을 바꾼다는 건 대단한 일이라는 생각이 문득 들었다. 나이를 먹으면 먹을수록 그동안 해오던 습관을 바꾸는 일은 더더욱 힘들다. 익숙하지 않아서가 아니라, 바꾸는 것 자체가 실제로 매우 고통스러우니 말이다.

자수하면 풀려난다

양손에 사과를 쥐고 있다고 하자. 그런데 다른 과일을 또 집고 싶다. 당연히 새것을 손에 쥐려면 손에 쥐고 있는 사과를 놓아야 한다. 그런데 사과를 버려야 할까? 그렇지 않다. 우선 내가 사과를 쥐고 있다는 것을 인정해야 한다. 내 앞에 누군가 있다면 "잠시 내 사과 좀 들고 있어 줄래?" 하고 부탁할 수도 있다. 상대방이 반대로 "그 사과 말이야, 내가 잠시 들어줄까?" 하고 먼저 제안할 수도 있다. 이때 교류가 시작된다. 스스로에게도 마찬가지다. 무언가 새로운 것을 얻고 싶다고 할 때 벌어지는 문제의 상당 부분은 지금 내가 아무것도 쥐고 있지 않다며 현재를 부인할 때 생긴다. 다음 상황으로 전개할 수 있는 자기 교류의 통로가 꽉 막힌다. 이것을 '상호 호혜의 원리'라고 부른다. 자신의 틀을 인정하면 새로운 영역으로 깨고 나올 수 있는 힘이 생긴다. 너 나 할 것 없이 누구에게나 해당되는 방법이다. 따라서 새로운 변화, 과거로부터 자유로워지는 길은 내가 쥔 것을 인정하는 일에서부터 시작된다.

"나는 완벽주의자야." "나는 이기적이야." "나는 위선적이야." "나는 도덕적이야." "나는 폐쇄적이야." "나는 권위적이야." "나는 비판적이야."

"나는 충동적이야."

이렇게 자신을 인정하면 그동안 채워지지 않던 갈망, 즉 두려움을 메우려던 자위행위를 이해하게 된다.

- 나에게 도덕적으로 불순하고 결함이 있을지 모른다는 두려움, 그래서 도덕적으로 정결하고 완벽하고자 하는 욕구
- 스스로 자격이 부족하다고 여기는 두려움, 그래서 자격을 얻고자 하는 욕구
- 타고난 재능이 없다고 여기는 두려움, 그래서 재능을 얻고자 하는 욕구
- 쓸모없고 무능해질 것이라는 두려움, 그래서 유능해지고자 하는 욕구
- 자신의 것을 빼앗겨 고통에 빠질지 모른다는 두려움, 그래서 평안을 누리려는 욕구
- 누군가의 도움을 받지 못할 것이라는 두려움, 그래서 지지받고자 하는 욕구
- 누군가 자신을 해칠지 모른다는 두려움, 그래서 안전을 지키려는 욕구
- 사람에게서 거절당할지 모른다는 두려움, 그래서 인정받고자 하는 욕구
- 자신은 보살핌을 받지 못할 것이라는 두려움, 그래서 돌봄을 받고자 하는 욕구
- 자신은 용서받지 못할 것이라는 두려움, 그래서 용서받고자 하는 욕구

세상 그 어디에도 완벽한 자는 없다. 완벽주의는 완벽해지려는 자신을 인정하지 못함으로써, 완벽주의를 완벽하게 부인하지 못함으로써

생긴다. 두려움과 욕망의 중간 지대에서 불안함을 느끼며 완벽함을 욕심낼수록 완벽함과는 거리가 멀어진다. 최선의 세계에는 완벽이란 없으니까. 따라서 자신의 불완전함과 두려움을 인정하면 그때 용서받는다. 자수하면 풀려난다.

· 패턴 스위칭 5단계 프로세스 – Confronting 문제 직면하기 ·
인정하고 수용하기

1. 나에게 불완전한 것을 인정할 수 없는 욕구가 있음을 받아들이기
2. 사랑받고 인정받고자 하는 욕구만큼이나 이를 무시하고 싶은 욕구가 있음을 받아들이기
3. 나에게 혼자서는 도저히 충족하지 못하는 욕구가 있음을 받아들이기
4. 자신이 전적으로 선했으면 하는 욕구 또는 악한 것을 원하는 욕구가 있음을 받아들이기
5. 나에게 자신의 결점을 타인에 전가하거나 부인하려는 욕구가 있음을 받아들이기
6. 나에게 이상적인 자아가 실제 자아를 방해하려는 욕구가 있음을 받아들이기
7. 나에게 내가 실제로 느끼는 것을 외면하려는 욕구가 있음을 받아들이기
8. 좋은 일을 해서 과거에 잘못했던 일을 덮으려는 욕구가 있음을 받아들이기
9. 언제나 설레거나 기쁠 수만은 없음을 받아들이기
10. 나에게 행복이 오기 전까지는 권태와 슬픔의 시간도 필요함을 받아들이기

비교당하면 누구나 아프다

우리 아버지의 좌우명은 '정신일도 하사불성(精神一到 何事不成)'이었다. '정신을 한 곳에 모으면 이루지 못할 일이 없다'는 의미다. 아버지는 의지가 강하셨고, 그런 만큼 실수를 용납하지 않으셨다. 초등학교에 다닐 무렵, 나는 동네 친구 진호와 함께 〈로보트 태권브이〉를 보러 갔다가 돌아오는 길에 맛살구를 한 통씩 사 먹었다. 그런데 실수로 뚜껑을 잘못 열어 알갱이들이 잔뜩 땅에 쏟아졌다. 몇 알도 채 남지 않았다. 진호는 나에게 자기 걸 나눠 먹자고 하지도 않고 맛살구를 혼자서만 오독오독 씹어 먹었다. 집으로 돌아와서 나는 그날 있었던 일을 아버지께 보고했다. 맛살구 한 통을 다 쏟아버려 제대로 먹지 못했다고 울컥하며 이야기하는데, 아버지께서는 나를 오히려 나무라셨다. 진호처럼 약지 못했다는 이유 때문이었다. 서러웠다. 정확히 설명할 수는 없었지만, 내가 서러웠던 이유는 맛살구를 쏟아서도 아니고, 진호가 자기 걸 나눠 주지 않아서도 아니었다. 친구만큼 약삭빠르지 못했다며 나와 친구를 비교한 아버지의 평가 때문이었다.

그렇다. 아프다. 비교당하면 누구나 아프다. 굴라스(Gulas)와 맥킨지

(Mckenzie)의 실험을 봐도 알 수 있다. 남성들에게 경제적으로 성공한 자와 젊고 신체적 매력도 출중한 자들이 등장하는 광고를 보여줬더니 남자들의 자존감이 그 즉시 현격하게 떨어졌다. 놀라운 점은 전문모델 군이 아닌 자신과 유사한 연령대의 모델이 등장할 때 자존감이 더 저하되었다는 점이다. 자신과 비슷한 연령대가 자신에게는 없는 점을 지니고 있다는 데서 더 강한 무력감, 신체적 불만족, 심리적 불안감 등을 느낀 것이다. 비교당하는 것은 우리 주변에서 흔히 일어나는 현실적인 아픔이다. 진짜 아프다. 남녀노소 할 것 없이 모두 다 아프다.

나의 연약함에 대해 내가 아닌 누군가에게 지적을 받으면 더 아프게 느껴진다. 자신에게만 화살을 겨누면 남과 비교할 일도, 아프게 할 일도 없을 텐데, 사람들은 다른 사람을 또 다른 사람과 자꾸 비교한다. 남들에 대해 이러쿵저러쿵하는 시간에 각자 자신이 원하는 것을 이야기하면 훨씬 더불어 살기가 쉬워질 텐데 말이다.

슈퍼맨은 자신의 약점을 알고 있었기에 우주도 지배할 수 있었다. 그에 반해 악당은 자신의 능력을 과신하는 만큼이나 슈퍼맨의 강력한 능력을 외면했기 때문에 결국 지배당하고 말았다. 자신의 능력을 믿는 대신 상대의 강력함에 지배당할 때, 나의 연약함보다는 상대의 연약함에 연연할 때 자기 존재감과 정체성을 잃어버리고 만다. 우주를 지배할 기회를 빼앗긴다. 따라서 자신의 연약함을 스스로 인정할 때 궁극의 강점이 만들어질 수 있다. 타인에게 비교당하기 전에 내가 먼저 나를 인정할 때, 그래서 '내가 먼저 비교에서 자유로워지는 순간', 그때 훨씬 덜 아프다.

실수할 권리를 받아들이기

몇 해 전, 컴퓨터 바이러스를 치료하기 위해 기존 파일과 자료들을 하드디스크에 한꺼번에 몰아두었다. 그런데 어처구니없게도 그 하드디스크가 통째로 바이러스에 걸려버렸다. 복원할 수 있겠지 하고 수리업체에 맡겨보았지만 단 하나의 자료도 건질 수 없었다. 아이들의 어릴 적 동영상, 신혼 초에 찍었던 사진 등을 모두 날려버린 것이다. 예전 같으면 다른 데도 파일을 저장해두었을 텐데, 이번엔 그렇지 않았다. '백업을 철저히 할걸.' 하는 후회가 뒤늦게 밀려왔다. 십 년 넘게 간직해온 지난날의 추억을 이제 더는 볼 수 없다는 게 너무나 가슴 아팠다. 모든 게 내 실수였다.

이 사실을 가족에게 어떻게 이야기할까 고민하다가 조심스럽게 이야기를 꺼냈다. 아이가 이렇게 말했다. "아빠, 괜찮아. 그럴 수도 있지. 추억은 우리 기억 속에 남아 있잖아." 아무리 내가 나 자신에게 '괜찮다'고 말해도 마음이 진정되지 않았지만 아이가 "그럴 수도 있지."라고 해준 말 한 마디가 진심으로 위로가 되었다. 자료가 되살아난 것도 아닌데 마음이 가볍고 홀가분해졌다.

실수를 허용하는 메커니즘 = 성공 개방 메커니즘

나는 과거에 실수를 특히 두려워해야 하는 직종에서 일했다. 금융투자업은 순간의 실수로도 큰 손해가 나게 할 수 있으므로 매사에 완벽하게 준비를 해야 했다. 그래야 앞으로 나아갈 수 있었다. 그래서인지 이후에 회사가 흔들리고, 크게 실패했을 때 내가 실패할 수 있다는 사실을 받아들이기 어려웠다.

하지만 어렸을 때를 생각해보면 늘 실수의 연속이었다. 젓가락으로 콩을 처음 집을 때 수없이 콩을 놓쳤고, 자전거를 배울 때도 무수히 넘어졌다. 비행기 조종사들은 비행기를 몰 때 몸체가 좌로 기울면 조종간을 우로 틀어 균형을 맞춘다. 그렇게 좌우로 비틀거리다 자기 경로를 찾는 것이다. '실수했다'는 부정적인 정보를 받아들이고 수정해가면서 인간도, 비행기도 제자리를 찾아가는 것이다.

이처럼 나에게는 크든 작든 '실수할 권리'가 있음에도 나는 이 점을 받아들이지 못했다. 시행착오를 자연스럽게 수정해나가는 대신, '실수'를 '실패'로 규정해버림으로써 다시는 일어설 수 없도록 나를 주저앉혔던 셈이다.

회복(Re-Covery)의 의미는 자신의 타고난 능력, 즉 '오리지널 디자인'을 되찾는다는 의미와 같다. 처음부터 완벽하길 바라는 것은 시작하기도 전에 이미 결함을 안고 가겠다는 말이다. 왜냐하면 인간은 실수하고 안 좋은 일을 겪어도 그것을 통해 자신의 위치를 파악하고 타고난 능력을 발현할 수 있도록 되어 있기 때문이다. 따라서 실패라는 역동성을 부정하면 부정할수록 오히려 힘이 더 든다. 실수를 수용하고, 자신의 연

약함을 인정하는 일은 나 자신의 오리지널 디자인을 되찾는 과정의 시
작이다.

스스로 바라보는 자기 행동 패턴

"하는 일마다 '된다, 안 된다.' 시비를 걸어오는 거추장스러운 사람이 있었다. 가는 길마다 어김없이 나타나 발목을 잡고 속을 뒤집어놓는 잡놈이 있었다. 이놈이 없으면 한번 해볼 만한데 싶어 답답하다. 가슴만 치고 있을 뿐이다. 어느 날 그 웬수란 놈이 벙거지를 쓰고 홀로 걸어가는데 이 기회에 저놈을 처치해버려야겠다고 생각했다. 잘됐다 싶어 벙거지를 벗기고 후려치려는 순간, 이게 누구란 말인가? 이 잡놈이 바로 내가 아닌가?"

- 존 맥스웰의 《리더십 불변의 법칙》에서

나에게도 '잡놈'이 하나 있었다. 그것은 '나 자신을 의심하는 녀석'이었다. 내 본연의 모습을 드러내는 것을 방해하고, 나를 무기력한 패턴의 폐단으로 몰아가는 매우 고질적이며 습관적인 행동 패턴(Action Pattern) 중 하나였다. 하지만 그 녀석은 결코 내게 인상을 쓴다거나 절대로 윽박지르지 않았다. 오히려 다정한 모습으로 다가와 제법 이성적인 제안을 한다.

'이봐, 더 신중하게 생각해보지 그래?'

'네가 지금 나서면 실수할지도 모르고, 네 모습이 우습게 보일지도 모른다고.'

'그러다가는 자칫 경솔해 보일 수 있지 않을까? 다른 사람 이목도 생각해야지.'

'이왕이면 지금 나서지 말고 더 고려해보지 그래?'

새로운 선택을 한다거나 무엇을 향해 앞으로 나아가려고만 하면 그놈은 나에게 이 같은 제안을 건넨다. 귀에다 대고 은밀히 속삭이는데 이유가 아주 그럴싸하다. 솔직히 실수 좋아하는 사람이 어디 있겠는가. 그래서 나는 이렇게 반응한다.

'그렇지? 좀더 신중하게 생각하는 게 맞지?'

'그래. 괜히 나섰다가 실수할 수도 있고, 그렇게 되면 내 꼴이 우스워질 거야.'

'그냥 말지 뭐.'

그러다 보니 뭘 하려고만 하면 주저하고 있는 모습, 뒤로 물러나 관망하는 모습, 앞으로 내디뎌야 할 때 나서지 못하고 망설이는 모습을 자주 보이게 된다. 이것이 반복되면 될수록 나는 그것에 곱게 길들여졌고, 그 틀을 깨고 나가려 해도 더는 움직일 수 없게 되었다. 그러면서 마치 그렇게 하는 것이 편하다는 착각마저 품게 되었다. '자기 의심(Self-doubt)'은 다음과 같은 순환 고리를 타고 나를 조정하고 있었다.

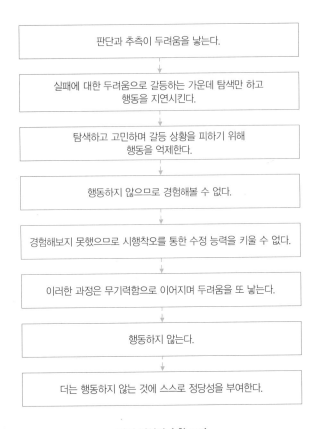

판단과 추측이 두려움을 낳는다.

실패에 대한 두려움으로 갈등하는 가운데 탐색만 하고
행동을 지연시킨다.

탐색하고 고민하며 갈등 상황을 피하기 위해
행동을 억제한다.

행동하지 않으므로 경험해볼 수 없다.

경험해보지 못했으므로 시행착오를 통한 수정 능력을 키울 수 없다.

이러한 과정은 무기력함으로 이어지며 두려움을 또 낳는다.

행동하지 않는다.

더는 행동하지 않는 것에 스스로 정당성을 부여한다.

자기 의심의 순환 고리

24가지 행동 패턴

이제 다음 24가지 행동 패턴 가운데 자신에게 반복적으로 드러나는 행동 패턴이 무엇인지 스스로 점검해보자. 우선 자신과 가장 가까운 행동 패턴 세 가지를 찾아보자.

내가 나로 살지 못하게 하는 24가지 행동 패턴

AP-1. 나 안다 다 안다 – 가르침을 거부함(Unteachable)
다른 이들의 생각이나 지적에 대해 수용을 거부하는 태도.
특징 다른 사람이 지적하면 자존심 상해한다.

AP-2. 나 복수 한 복수 – 결과 보복주의(Comeback Competition)
참고 기다리고 있다가 자신에게 유리한 상황이 되면 공격성을 드러내는
태도.
특징 '너 한번 두고 보자.' '내가 그대로 똑같이 갚아줄게.' '두고 보자.'

AP-3. 나 이미 간파한 – 결과 증명주의(Probation)
상황을 재고 판단을 유보하고 있다가 결과가 나오면 자기가 이미 예견한
일이라며 으스대는 태도.
특징 '내가 이럴 줄 알았다니까.' '내가 이렇게 된다고 했잖아.' '그러게 내
말대로 했어야지.'

AP-4. 나의 선 넘지 마 – 경계 선언(Blocking)
자신이 정해 놓은 영역에 타인이 들어오는 것을 거부하는 태도.
특징 '나 빼고 해.' '난 괜찮아.' '난 지금 만족해.'

AP-5. 나 해본 다 해본 – 경험주의(Credential Appealing)
자신의 과거 경험이나 업적으로 현재 자신의 가치나 위치를 조정하려는
태도.
특징 '내가 왕년에 이랬는데.' '내가 어떤 사람인 줄 알아?' '나 그 사람 잘
알아.'

AP-6. 나 말해 다 말해 – 넌 들어라, 난 말한다(Eager to say, Slow to listen)
상대방에게 말할 틈을 주지 않고 상대의 상황이나 형편을 무시하면서 자
기 이야기만 일방적으로 하는 태도.
특징 '글쎄, 내 이야기를 들어봐.' '들어보라니까 그러네.'

AP-7. 나 편해 너 말해 – 당신이 말해요, 난 들을게요(You Say, I listen)

다른 사람이 하자는 대로 하는 수동적인 태도.

특징 '내가 뭘 알겠어요.' '내 방식으로 하다 일을 망치면 안 되니까.' '당신이 하는 대로 할래요.'

AP-8. 나 간다 쭉 간다 – 독주(Sole Running)

남의 의견이나 가치를 무시하고 홀로 결정하고 행동하는 태도.

특징 '나는 내 길을 가련다.' '나를 따르라.' '싫으면 넌 빠져.'

AP-9. 나 몰라 골 아파 – 부인(Denial)

상황을 잘 받아들이지 않고 모르는 척하는 태도.

특징 '그런 건 난 잘 모르겠고 아무튼.' '글쎄 무슨 말인지 잘 모르겠지만.'

AP-10. 나 부족 다 부족 – 불충분(Inadequacy)

무엇을 하기에는 상황이나 능력이 부족해서 새로운 일을 할 수 없다고 생각해버리는 태도.

특징 '내가 준비가 안 됐는데,' '내가 아직 그럴 형편이 안 되었는데.'

AP-11. 나 조심 너 다침 – 비난(Blame)

좋지 않은 결과의 원인이 상대방에게 있다며 그 책임을 전가시키는 태도.

특징 '그 사람은 잘못돼도 한참 잘못됐어.' '내가 사람을 잘 본다니까.'

AP-12. 나 꼬임 왕 꼬임 – 삐뚤어짐(Deflection)

심사가 틀리면 맞는 상황도 아니라고 우기는 태도.

특징 대놓고 우김. 인정하기 싫어서 이상 행동을 함.

AP-13. 나 삭힘 막 삭힘 – 삭힘(Withholding)

부당한 대우를 받더라도 자신의 감정을 좀처럼 표현하지 않는 태도.

특징 '…… …… …… …….'

AP-14. 나 과연 왕 글쎄 – 자기 의심(Self-Doubt)

자기 능력과 가치를 의심하며 실수할까 봐 걱정만 하다가 행동할 기회를 놓치는 태도.

특징 '음……. 과연.' '음……. 이럴 때는 어떡하지?' '그러다 잘 안 되면 어

떡하지?'

AP-15. 나 구구 나 절절 – 정당화(Justification)
자신의 행동에 대해 구구절절 사연을 대고 변명하는 태도.
특징 '그때는 그럴 수밖에 없었고.' '어쩔 수 없는 상황이었어.' '누구라도 그랬을 거야.'

AP-16. 나대로 왕 생각 – 조종(Control)
원하는 것을 얻기 위해 모든 상황을 자기 뜻대로 통제하려는 태도.
특징 '무조건 내가 원하는 대로 해야 해.' '일단 저지르고 보자.'

AP-17. 나 정한 잘 정한 – 은폐(Screening)
자기가 이미 정해놓은 기준을 지키기 위해 합당한 일을 의도적으로 배제하거나 덮어버리는 태도.
특징 '그게 무슨 도움이 되겠어?' '네 의견은 별로 필요 없어.'

AP-18. 나 조용 안 시끌 – 침묵(Silence)
원하는 것을 이루기 위해 의도적으로 말이나 행동을 억제하는 태도.
특징 '가만히 있으면 중간이라도 가지.' '그냥 있어야겠다.'

AP-19. 나 정해 잘 정해 – 판단(Reprobation)
자신이 정한 기준에 따라 다른 사람의 행동이나 말의 옳고 그름을 정하는 태도.
특징 시비비비, 설왕설래, 따따부따, 블라블라.

AP-20. 너 깎아 다 깎아 – 폄하(Discounting)
상대방의 가치를 깎아내림으로써 상대적으로 자신의 가치를 높이는 태도.
특징 '그런 것쯤은 누구나 다 하는 것 아냐?' '그런 거 못하는 사람이 어디 있어?'

AP-21. 나 갑갑 나 단속 – 폐쇄(Shut down)
자신의 변화를 거부하기 위해 상대방의 제의나 접근 등을 의도적으로 막는 태도.
특징 '그래봤자 난 안 바뀌니까 다가오지 마.' '더는 오지 마.'

AP-22. 나 쓸쓸 위로해 – 피해 보상감(Victimization)
언제나 위로받고 싶어 하고, 위로를 통해서만 보상받을 수 있다고 여기는
태도.
특징 '누가 나를 위로해주지?' '나같이 운 없는 사람도 없을 거야.'

AP-23. 나 부림 왕 부림 – 협박(Intimidation)
상대방이 자신보다 더 열등하다고 협박해 복종시키거나 두려움을 주는
태도.
특징 '내가 가만히 있을 줄 알아?' '넌 나한테 안 돼.' '네가 나한테 그러면
안 될걸?'

AP-24. 나 이리 나 저리 – 회피(Avoidance)
지금 상태를 그대로 유지하기 위해 상황을 직면하지 않고 이리저리 피해
다니는 태도.
특징 '아, 귀찮아. 싫어.' '나는 그 사람 만나기 싫은데.'

위 항목 중에서 자신과 가장 비슷한 항목 세 가지를 골라 아래 표에
순서대로 적어보자. 그리고 각각의 특성과 정의를 살펴보고 스스로 반
복하는 패턴이 무엇인지 자신의 모습을 돌아보자. 더불어 패턴 전환을
위한 향후 행동 설계를 마련해보자.

첫 번째 행동 패턴	두 번째 행동 패턴	세 번째 행동 패턴

AP-7	당신이 말해요, 난 들을게요		AP-1	가르침을 거부함
AP-9	부인		AP-3	결과 증명주의
AP-10	불충분		AP-5	경험주의
AP-13	삭힘		AP-11	비난
AP-14	자기 의심		AP-19	판단
AP-18	침묵		AP-8	독주

F2 P1

F1 P2

AP-4	경계 선언		AP-2	결과 보복주의
AP-12	삐뚤어짐		AP-6	넌 들어라, 난 말한다
AP-20	폄하		AP-15	정당화
AP-21	폐쇄		AP-16	조종
AP-22	피해 보상감		AP-17	은폐
AP-24	회피		AP-23	협박

P1, P2, F1, F2의 주요 행동 패턴

자기를 바라보는 관점 넓히기

2011년에 개봉한 영화 〈완득이〉에는 자신의 처지를 인정하며 당당히 살아가는 주인공들이 나온다. 카바레에서 일하는 난쟁이 아버지, 불현 듯 나타난 베트남 출신 어머니, 지체장애인인 가짜 삼촌, 옥탑방에 살며 미등록 외국인체류자들을 돕는 노총각 담임선생님까지. 하지만 주인공들은 그야말로 열악한 상황 속에서도 불평하는 대신 자신을 있는 그대로 받아들이고 현실을 향유한다. 부정적 현실에 안주하지 않고 새로운 긍정의 힘을 찾아 나서는 주인공들의 이러한 태도가 우리를 미소 짓게 한다.

자신의 연약한 모습을 인정하는 데에는 커다란 고통이 뒤따른다. 누군가 나의 부족함을 지적하면 그 점을 있는 그대로 수용하기란 여간 어려운 일이 아니다. 내면에서 거센 저항이 인다. 따라서 부정을 긍정으로 승화하려면 누군가 나의 단점에 대해 이야기할 때 그것을 정면으로 부인하거나 변명하는 대신 그들의 주장을 우선 인정하면서 새로운 가능성을 열어야 한다.

아내가 만약, "당신, 너무 자기 중심적이야. 자기 혼자만 알고 이기적인 거 알아? 툭하면 고집이나 부리고. 남의 이야기를 좀처럼 귀담아 들으려 하지 않아!" 하고 말했다면 그 말에 일일이 토를 달고 거부하는 대신 이렇게 말해보자. "맞아. 내가 이기적이지. 고집도 많이 부리고. 당신 이야기를 잘 듣지 않았지." 일단 인정하고 나면 새로운 것을 얻을 또 하나의 기회가 열린다. 자기 손에 열쇠가 주어지고, 이로써 그동안 닫혀 있던 문이 열리면서 그 너머의 상대와 만날 수 있는 교류의 장에 들어설 것이다. "당신, 그래도 지난번에 내가 아프다고 할 때 회사 일도 미루고 곁에 있어줬지. 고마웠어." "그러게. 그때 그랬지. 당신 곁에 있어서 나도 좋았어."

직장에서도 누군가가 "부장님은 일처리를 할 때 약간 외골수 같을 때가 있어요. 혼자서만 말하시고. 잠깐 멈춰서면 안 보이던 것들이 더 많이 보일 텐데 말이에요." 하고 말한다면, "맞아, 내가 외골수야. 고집이 무척 세지. 남의 이야기를 잘 들어야 하는데 내 원칙만 들이대는 경향이 있어. 그 말이 맞아." 하고 인정해보라. 부정을 인정하고 나면 나를 향했던 화살은 또 다른 지점을 향해 나아갈 것이다. 자기를 인정한 이상 선순환 기류를 타고 그 다음 긍정의 맥락을 향해 나아갈 것이다. "부장님이 외골수 같은 면은 있어도, 알고 보면 직원들에게 잔정을 잘 베푸시죠." "그래, 내가 독선적이긴 해도 잔정도 많지."

자기 인정은 닫힌 경계를 너머 새로운 영역으로 확장해나가기 위함이다. 자신의 약점을 인정하는 것은 자유로운 삶이라는 찬란함을 이루기 위한 과정의 일부이다. 그 어둠 속에 갇혀 지내는 것은 삶의 목적이 아니다.

자기를 바라보는 관점 확장하기

자신의 부정성을 인정하라는 것은 부정적인 태도를 가지라는 말이 아니다. 부정적인 면을 시인함으로써 긍정의 힘을 찾아가라는 말이다. 바이런 케이티는 "자신의 무지를 아는 것이 지식을 쌓는 첫걸음이다."라고 했다. 자신을 돌아보며 혼란스러울 수도 있고, 내 자신이 불완전할 수 있음을 인정하자. 실수를 인정하지 못했던 자신의 실수도 인정해보자.

내가 어떤 사람인가는 내가 어떤 성격을 가진 사람인가라는 질문뿐 아니라 내가 어떤 입장을 취하는가라는 질문을 통해서도 알 수 있다. 이제 다음 예시를 읽어보고 스스로를 바라보는 관점을 좀더 너른 영역으로 확장해보자.

• 패턴 스위칭 5단계 프로세스 – Confronting 문제 직면하기 •

자기를 바라보는 관점 넓히기

Step 1. 단면적 차원에서 → 다면적 차원으로

누구나 여러 가지 모습을 지니고 있다. 약점이 있으면 강점도 있고, 여러 가지 모순된 특성을 보이기도 한다. 특히 강점은 약점이 될 수도 있고, 그 반대가 될 수도 있다. 따라서 좋지 않은 면이 있다고 해서 슬퍼할 필요는 없다.

- 나는 겁이 많아.
  → 맞아. 나는 겁이 많지. 하지만 [명랑하고 쾌활하기도 해.]
  → 맞아. 나는 겁이 많지. 하지만 [때로는 신중하기도 하지.]

Step 2. 절대적 차원에서 → 상대적 차원으로

자신을 설명할 때 형용사를 더하면 전보다 상황을 더 구체적으로 표현할 수 있다. 인정하기 더 어려워지고, 그 말에 상처를 입기도 한다. 그래서 이런 설명을 절대적인 것으로 받아들이기 쉽다. 하지만 절대적인 것은 없다. 상대적으로 조금 더 취약할 뿐이다.

- 나는 비열한 겁쟁이야.

→ 맞아. 그럴 수 있어. 하지만 [내가 비열하다기보다 다른 사람에 비해 겁이 좀 많은 것뿐이야.]

Step 3. 불변적 차원에서 → 가변적 차원으로

한 단계 더 넘어가 보자. 나를 설명할 때 형용사에 시제까지 붙인다면, 그것은 하나의 세계를 형성하게 된다. 그러면 더 강렬하게 느껴져 자칫 그 설명이 자신을 구속해버릴 수 있다. 누구나 그 세계에 갇힐 수 있다. 하지만 사람은 때로 연약하고, 또 어떤 때는 강해지기도 한다. 누구나 영원히 연약하지는 않다.

- 나는 비열한 겁쟁이고 앞으로도 그럴 거야.

→ 맞아. 그럴 수 있어. [하지만 나는 두려움 때문에 사람을 피할 때가 있어. 하지만 시간이 지나면서 달라질 수 있을 거야.]

Step 4. 불가능의 차원에서 → 회복 가능 차원으로

이제 자신의 부정성에 대해 새로운 차원의 가능성을 열 차례다. 원래부터 당신이 그랬을까? 약점을 뛰어넘으려고 아무리 애써도 소용이 없고, 앞으로도 개선될 가능성은 아예 없을까? 그렇지 않다. 누구나 그러하듯, 당신도 '원래' 그렇지 않다.

- 너는 원래 근본이 그래. 타고 나기를 겁쟁이로 타고 났어.

→ 맞아. 그럴 수도 있어. [하지만 나는 두려운 상황에서 전처럼 행동할 수 있지만 새로운 방법을 모색할 수도 있어. 달라질 수도 있고 새로운 가능성을 지닌 전혀 다른 선택을 할 수도 있어.]

남의 옷 벗어버리기

사람은 긍정적인 경험보다 부정적인 경험에 훨씬 더 크게 반응한다고 한다. 100만 원을 땄을 때의 기쁨보다는 100만 원을 잃었을 때의 고통이 훨씬 더 크다는 것이다. 이처럼 아픈 기억이 더 강력한 힘을 갖는 이유는 우리 두뇌가 생존을 위해 부정적인 것에 더 강력하게 반응하도록 진화했기 때문이라고 한다. 미덕이나 존엄, 협동, 이타주의, 겸손 등의 가치보다는 부도덕, 패륜, 불륜, 오만 등이 우리의 호기심을 더 자극한다. 그래서인지 다른 사람들을 볼 때도 장점보다는 단점에 촉각을 곤두세운다. 짧은 순간에 사람을 파악할 때 타인의 약점을 강점보다 훨씬 더 빠르게 감지한다는 실험결과들도 이것을 입증한다.

그렇다면 우리는 살아가는 동안 부정적인 경험보다는 긍정적인 경험에 훨씬 더 깊이 있고 민감하게 반응해야 한다. 긍정적인 해석을 할 때보다 부정적인 해석을 할 때 두뇌는 다섯 배 더 집중한다고 한다. 삶에서 일어나는 행복과 불행의 비율을 50 대 50, 즉 반반이라고 가정한다 해도, 우리 피부에 와 닿는 행복과 불행의 체감도는 50 대 250이 되는 셈이다. 즉, 불행을 감지하는 감각이 다섯 배나 크다는 것이다. 단순히 계산하더라도 행복에 대한 감각을 다섯 배 이상 끌어올려야 그 비율이 일대일이 된다.

하지만 불행한 일만 생길 경우, 행복에 대한 체감도는 더욱 낮아진다. 객관적인 사건이지만 그것을 '불행하다'고 해석할 경우 그 비율은 더 낮아질 것이다. 사실 무엇을 경험했는지보다도 그것을 어떻게 해석하는지의 의미가 더 중요해지는 대목이다.

어렸을 때 가정에서 들은 지시사항들은 평생의 내레이션이 된다. 어릴 때 우리 집에서는 '실수하면 안 된다' '스스로 문제를 해결해야 한다' '항상 옳은 일을 해야 한다'는 규칙 3종 세트를 강조했다. 부모님께서 일일이 말씀하시지는 않았더라도, 아버지와 어머니의 삶의 태도에서 느껴지는 무언의 메시지로도, 또 당신들의 감수성을 통해서도, 집안 전체 분위기를 통해서도, 그 규칙들은 내 마음에 깊이 새겨졌다.

기성세대가 그러하다. 열심히 일하는 것은 그들에게 있어 '진리'였다. 가족을 부양하기 위해 필사적으로 일하는 것은 1945년생 이전 전통세대가 지닌 삶의 액면가 그 자체였다. 사랑하는 가족을 위해 일하는 것만큼 그들에게 더 중요한 가치는 없었다. 그래서 전후세대, 베이비부머 세대도 삶을 대하는 태도가 닮아 있다. 열심히 일해서 더 높은 자리에 오르는 것이 삶에서 매우 의미 있는 일이라는 인식을 이전 세대에로부터 전수받았다. 출세와 성공은 곧 '성실함'의 사회적 증표였다.

그래서 고통과 절망 앞에서 취하는 모습도 비슷하다. 시시포스 신화처럼 성공을 위해서는 아픔과 실패도 조건 없이 딛고 일어서야 했고, 자신의 영혼을 힘들게 하는 요소들은 좀처럼 돌볼 겨를도 없었다. 힘들어도 악물고 견뎌내야 했고, 새벽에도 깨어 있어야 했다. 그것이 '인간의 조건'이었다. 인내야말로 삶을 승화시키는 지름길이었다. 그래서 얻게 되는 내면의 응어리 또한 끝내 이겨내야만 하는 도전 과제일 뿐이었다. 지금 대한민국은 이러한 전통세대의 고통과 절망에 빚지고, 부귀와 영광을 안고 있다. 감사한 일이다. 하지만 그로 인해 사회 전반에 반드시 성공해야 한다는 명분과 책임감의 그림자가 깊게 드리워졌다.

나도 그래서 남들이 귀하다고 여기는 옷을 갖춰 입는 게 인생의 성공이라 여기고 그걸 가졌으니 행복하다고 해석하며 살고 있다. 하지만 내게 가장 잘 어울리는 옷을 만들어 입었다기보다는 남이 만들어놓은 익숙한 옷을 그냥 입어버렸다는 안일함이 아쉽다. 독자적인 디자인을 찾기보다는 대중적인 기호에 내 몸을 맞추는 식으로 살아온 셈이다. 여태껏 그렇게 살아왔기에 품이 맞지 않고 소매가 길고 깃이 마음에 들지 않아도 벗어버리지 못하고 껴입고 있다.

그 옷은 집에서 입혀준 옷이었고, 사회에서 제공한 옷이기도 했지만 결국엔 내가 선택한 것이다. 잊지 말아야 할 중요한 점은, 내가 벗어버릴 수 있는 옷이기도 하다는 점이다.

숨어 있는 자기 대화 패턴 찾아내기

살아오면서 부여받은 여러 메시지가 있다. 가정과 사회에서 '~해야 한다' '~여야 한다' '결코 ~해서는 안 된다' 따위의 규칙을 부여받았고, 그래서 '내가 꼭 ~해야 한다'는 사회화된 명령을 스스로에게도 내리게 된다.

세부 패턴 진단(DPC: Detailed Pattern Checkup)에 앞서, 자신이 즐겨 입고 있는 남의 옷이 무엇인지 점검해보자. 특히 자기 대화 속에 숨겨져 있는 패턴의 고리들을 살펴보고, 반복되는 내면의 대화에 숨겨진 거짓 메시지도 함께 살펴보자. 다음은 자기도 모르는 사이에 내가 원하는 모습으로 살지 못하게 만드는 자기 대화의 예시들이다.

1. 너무 편해도 안 되고 너무 행복해도 안 돼.

2. 사람은 모름지기 바빠야 해.

3. 어른에게 걱정을 끼쳐서는 안 돼.

4. 실패할 게 눈에 뻔히 보이는데 왜 해.

5. 나는 자격이 부족해.

6. 한 번 한 약속은 반드시 지켜야 해.

7. 그럴 형편이 안 돼. 돈이 없어.

8. 식구들 사이에 갈등이 있어서는 안 돼.

9. 사람은 늘 성실하고 최선을 다해야 해.

10. 부모님 말씀을 어기면 벌 받아.

11. 남자는 말을 아껴야 해. 과묵해야 돼.

12. 그러기엔 나이가 너무 많아(또는 너무 어려).

13. 어디 가서 집안의 그런 이야기하면 안 돼.

14. 약한 모습을 보여서는 안 되지.

15. 무슨 일이 있어도 항상 최고가 되어야 해.

16. 다른 사람에게 결코 의지해서는 안 돼.

17. 이 모든 것을 내가 해야 해.

18. 나중에 여유가 생기면 하지 뭐.

익숙한 옷들과의 결별

내가 가정과 사회에서 입혀주는 옷을 입고 있는 까닭은 사람들에게 인정도 받고 사랑도 받기 위해서였다. 그 옷들은 곧 자신이 지니고 있는 가치와 직접적으로 연결된다. 하지만 우리는 꼭 그 옷을 통해서만 존재 가치를 얻으려고 하는 경향이 있다. 그 옷을 벗어던지고 새로운 옷을 입는 과정은 내가 가지고 있던 옷이 이게 전부가 아니라는 것을 인정하는 과정이다. 한편 자기 피부처럼 느껴지는 옷을 벗어버리는 일은 무척이나 고통스럽다. 하지만 그 과정을 거치고 나면 그동안 입고 있던 낡은 옷 대신 자신에게 진정으로 어울리는 새 옷을 입을 기회를 맞이하게 될 것이다.

1. 누가 내 욕 좀 하면 어때?

2. 그까짓 실수 좀 하면 어때? 누구나 실수할 때가 있잖아?

3. 그 사람 문제를 내가 꼭 해결해야 해?

4. 나에게 적이 있으면 어때?

5. 가족의 평화를 위해 내가 늘 참아야 해?

6. 내가 좋은 것 가지면 안 돼? 그래도 되잖아.

7. 부부 사이에 꼭 여자만 남편에게 양보해야 해?

8. 내 입장을 먼저 생각할 수도 있잖아?

9. 좀 느리게 살면 어때? 조금 천천히 해도 되잖아.

10. 인정받으려고 굳이 애쓰고 노력하지 않아도 돼.

11. 힘들면 힘들다고 말해도 돼. 가끔은 울어도 되고.

12. 누가 도움을 청하면 거절할 수도 있어.

13. 어디 가서 집안 이야기를 할 수도 있지.

14. 약한 모습 보여줘도 괜찮아.

15. 내가 다른 사람에게 어려운 부탁을 할 수도 있어.

16. 언제까지나 죽도록 일만 해야 해?

17. 이 모든 일을 다 끝내지 않아도 돼.

18. 부족한 대로 다시 시작해볼 수도 있잖아?

• 패턴 스위칭 5단계 프로세스 − Confronting 문제 직면하기 •
입고 있는 남의 옷 벗어버리기

Step 1. 내가 입고 있는 옷 점검하기

1. "너는 집안의 장손이야. 너는 꼭 판검사가 돼서 이 집안을 세워야 해."

→ '그렇지. 내가 이 집안의 장손이지. 자식 된 도리로 부모님을 편히 모셔야 할 의
　무가 있어.'

2. "네까짓 게 무슨 유학이야. 가족들을 돌아봐. 집안 형편을 생각해야지."

→ '맞아. 내가 장손이니까 집안 형편도 생각하고 동생들도 돌봐야겠지?'

3. "돈이 없으면 얼마나 무서운 세상인데. 너 아니? 사람은 돈이 있어야 해."

→ '돈이 없으면 사람 구실하기 어려운 세상인 건 맞지. 돈을 벌긴 해야 해.'

4. "어서 인사해라. 높으신 분이야."

→ '웃어른을 공경하는 건 당연한 일이지. 깍듯이 인사도 해야 하고.'

5. "어서 잘못했다고 싹싹 빌어. 무조건 빌어."

→ '나로 인해서 일부러 갈등을 만들 필요는 없을 거야.'

6. "실은 생모가 따로 있단다. 지금 엄마는 네 친엄마가 아니란다."

→ '그게 사실이라면 키워주신 어머니께 고마워해야겠다. 키워주시느라 고생 많으셨으니까. 그분이 나의 어머니라는 사실은 달라지지 않아.'

• 이와 유사한 경우가 있다면 예를 들어보라. 어떠한 경우에 그러했는가?

• 가정에서 반복해서 듣고 자란 메시지 중 나의 의견과 달랐지만 따라야만 했던 메시지가 있다면 무엇인가?

• 그런 메시지를 들을 때마다 느꼈던 자신의 감정 상태를 적어보라.

Step 2. 나의 욕구 이해하기

위와 같은 점을 상기하고 나서 다음으로 넘어가 보자. 자신을 설명할 때
형용사를 붙이면 전보다 상황을 더 구체적으로 표현할 수 있다. 인정하기
더 어려워지고, 그 말에 상처를 더 입기도 한다. 그래서 이런 설명을 절대
적인 것으로 받아들이기 쉽다. 하지만 절대적인 것은 없다. 상대적으로
조금 더 취약할 수 있는 것뿐이다. 스스로를 좀더 구체적으로 바라보자.

• 나의 기대나 욕구는 무엇이었는가? (자기 욕구 이해)

• 나 자신의 현실은 어떠하고 무엇이 문제인가? (사실 이해)

• 그때마다 취하는 행동이나 태도에 패턴이 있는가? (자기 패턴 이해)

Step 3. 미래 설계하기

이제 구체적인 행동 전환 설계를 해보자.

• 감정 패턴 전환 설계

• 행동 패턴 전환 설계

자기 수용을 돕는 세부 패턴 진단

다음 세부 패턴 진단표(DPC: Detailed Pattern Checkup)의 질문을 읽고 본인에게 해당되는 항목에 표시해보자. 그리고 진단지 끝에 있는 표에 각 항목별로 체크된 개수를 적어보자.

• 패턴 스위칭 5단계 프로세스 – Confronting 문제 직면하기 •
세부 패턴 진단

P1-A

☐ 1. 내가 먼저 방어하지 않으면 세상에서 내 위치를 찾기 어렵다.

☐ 2. 남들이 나에게 희생을 요구할 때 마음의 문이 닫힌다.

☐ 3. 서로 돕는 관계를 꺼리므로 남에게도 요구하지 않는 편이다.

☐ 4. 일이 잘되지 않으면 "거봐, 내가 뭐라고 했어." 하고 자주 이야기하는 편이다.

☐ 5. 나는 남의 의견을 따를 경우 타인의 책임임을 분명히 해둔다.

☐ 6. 나는 스스로 긍정적이지 못하다고 생각한다.

□ 7. 나는 나의 부정적인 면이 싫다.

□ 8. 나는 나의 일의 경계를 정해 타인의 개입을 방어한다.

□ 9. 남이 나를 먼저 공격했기 때문에 나는 그들과 일하기를 거절할 수 있다.

□ 10. 나는 다른 사람이 필요하지 않다고 생각한다.

□ 11. 나는 조직 또는 개인이 갖고 있는 여러 결점을 찾아낼 수 있다.

□ 12. 부당한 일이 발생하면 즉각 반발한다.

□ 13. 나를 칭찬하는 사람들의 말을 믿지 않는 경향이 있다.

□ 14. 나는 회의적이고 상대의 의도를 의심하는 경향이 있다.

□ 15. 다른 사람이 조언이라고 해주는 말들은 사실 나를 비난하기 위해서 하는 말이다.

□ 16. 나도 잘못된 것을 알지만 다른 사람이 지적하면 화가 난다.

□ 17. 다른 사람들이 좋은 일을 하는 데는 분명히 다른 목적이 있을 거라고 생각한다.

□ 18. 상대방의 시선과 관심이 기분 나쁘다.

□ 19. 내가 하고 싶은 것이나 갖고 싶어 하는 것을 가진 사람에게 우호적일 수 없다.

□ 20. 다른 사람이 성공을 하면 비정상적인 방법이 개입되었을 것 같다.

□ 21. 남이 나의 잘못을 제대로 지적하더라도 나는 나를 지키기 위해 그말을 부정하고 상대를 비판한다.

P1-B

□ 1. 나의 의견에 반대하면 감정이 먼저 상한다.

□ 2. 상대방의 자격을 부인해야 내 입장을 세울 수 있다.

□ 3. 내 계획대로 일이 진행되지 않으면 화가 난다.

□ 4. 내 뜻대로 되지 않거나 내가 원하는 평가를 받지 못하면 일을 그만 둘 것이다.

□ 5. 내 의사가 반영되지 않은 결정에 대해 화가 난다.

□ 6. 매사가 원활하게 굴러가지는 않으므로 치열한 경쟁은 불가피하다.

□ 7. 나에게 피해를 준 사람의 삶을 계속 주시하며 비난하고 나에게 했던 대로 갚아줄 기회를 엿보고 있다.

□ 8. 나에게 나쁜 일들이 일어나도록 한 절대자에게 화가 난다.

□ 9. 용서할 수 '없는' 것이 아니라 용서하지 '않는' 것이다.

□ 10. 나는 상호 의존 관계가 필요 없다고 생각한다.

□ 11. 부당한 일이 발생하면 왜 일어났는지 꼭 알아야 한다.

□ 12. 부당한 일이 발생하면 즉각 반발하고 그러지 못하면 수십 번이고 곱씹는다.

□ 13. 화가 났을 때 욕이나 안 좋은 말을 참기가 힘들다.

□ 14. 다른 사람의 부족함 또는 무능력을 보면 화가 난다.

□ 15. 싫어하는 사람이 속해 있는 조직마저 싫어질 때가 있다.

□ 16. 다른 사람들의 지루한 이야기를 들으면 화가 난다.

□ 17. 내가 한 말을 이해하지 못하는 사람에게 화가 난다.

□ 18. 어떤 일이나 말에 걷잡을 수 없이 분노가 치밀 때가 있다.

□ 19. 내가 이룬 성과에 대해 칭찬과 격려를 받지 못하면 냉소적이고 공격적이 된다.

□ 20. 나에겐 나를 기분 나쁘게 만드는 특정한 말이나 상황이 있다.

□ 21. 나는 과거를 극복하기가 힘들다. 머릿속에서 그때 그 상황으로 돌아가 상황을 다르게 재연해본다.

P1-C

☐ 1. 나는 남들보다 더 많은 경험을 지니고 있다.

☐ 2. 나는 남들보다 더 바른 지식을 지니고 있다.

☐ 3. 남들은 내가 얼마나 알고 경험했는지 알아야 한다.

☐ 4. 나는 거의 모든 일의 중심에 서 있다.

☐ 5. 내가 이전에 행했던 경험이나 기억들이 앞으로도 나를 꾸준히 이끌어주리라 생각한다.

☐ 6. 나는 남들의 의견보다 내가 결정한 사고와 판단을 더 믿는다.

☐ 7. 나는 다른 사람들이 주로 하는 방식을 꺼린다. 나만의 방식대로 하는 것이 즐겁다.

☐ 8. 거리를 두고 적당히 참견하는 게 관계의 최선인 것 같다.

☐ 9. 나는 말문을 닫음으로써 나를 지킨다.

☐ 10. 나는 내 일의 경계를 정해놓고 타인의 개입을 방어한다.

☐ 11. 나의 믿음이 옳다고 믿고 있고, 그에 따라 모든 일이 정당하게 처리되기를 바란다.

☐ 12. 어떤 일이 성공하기 위해서는 그 일을 하는 사람들을 조정할 필요가 있다.

☐ 13. 목표에 일조하지 못하는 사람을 보면 쉽게 화가 난다.

☐ 14. 나도 잘못된 것을 알지만 다른 사람이 그 점을 지적하면 화가 난다.

☐ 15. 옳은 것을 알지만 다른 사람이 먼저 얘기하면 그것을 받아들이기 힘들다.

☐ 16. 다른 사람이 조언이라고 해주는 말들은 정확한 상황을 잘 모르고 하는 말이다.

☐ 17. 지금까지 나의 선택이 옳았기 때문에 새로운 변화는 굳이 필요하지 않다.

□ 18. 다른 사람들이 나를 비난해도 나에겐 언제나 정당한 이유가 있다.

□ 19. 다른 사람들이 나를 내가 아닌 다른 사람이 되도록 강요하는 것은 잘못이다.

□ 20. 사고 방식이 나와 다른 사람들과는 일부러 거리를 둔다.

□ 21. 내가 분명히 잘못한 것을 남들이 지적한다 할지라도 비판적인 언어로 대응한다.

P2-A

□ 1. 나는 남들의 의견보다는 내가 결정한 사고와 판단을 주로 믿는다.

□ 2. 나는 회의적이며 남의 말을 믿지 않는 경향이 있다.

□ 3. 잘 이해되지 않더라도 내가 믿는 사람의 말은 믿는다.

□ 4. 나는 무슨 일을 하기 전에 명확한 목표와 계획이 없으면 내 시간과 능력을 투자하지 않는다.

□ 5. 나는 행동을 하기 전에 모든 계획과 상황을 미리 알아두어야 한다.

□ 6. 나는 내 뜻대로 되지 않거나 내가 원하는 평가를 받지 않으면 그 일을 그만둘 것이다.

□ 7. 언제 어디서나 재정적으로 부족할 수 있다는 점 때문에 두렵다.

□ 8. 목표로 삼은 시점이나 상황을 조건 삼아 행동을 보류한다.

□ 9. 나는 이미 처리된 일에 대해 비판적이고, 현재 리더의 리더십을 의심한다.

□ 10. 조직 내에서 굳이 다른 사람에게 도움을 줄 필요는 없다.

□ 11. 다른 사람을 굳이 칭찬하지 않는다.

□ 12. 내게 부정적인 일이 발생하면 그것에 대한 이유를 꼭 알아야 한다.

□ 13. 나는 일어나는 일들에 대해 대부분 부정적으로 생각하게 된다.

□ 14. 나에게 칭찬을 해주는 사람들의 말을 믿지 않는다.

□ 15. 나는 권위자의 자격을 의심하고 믿지 않는 경향이 있다.

□ 16. 내 능력보다는 내 약점에 몰두한다.

□ 17. 나와 가까운 사람들과조차도 나의 깊은 감정을 솔직하게 나누는 것이 싫다.

□ 18. 다른 사람이 알려준 정보가 옳은지 다시 한 번 확인한다.

□ 19. 친절하고 매너가 좋은 사람들을 보면 그 안에 숨겨진 동기를 살피게 된다.

□ 20. 나에게 과도하게 엄격한 편이다.

□ 21. 나는 늘 준비된 상태에서 남들 앞에 서야 한다고 생각한다.

P2-B

□ 1. 남들을 먼저 칭찬하지 않는다.

□ 2. 남들에 비해 더 많이 경험했다고 생각한다.

□ 3. 남들보다는 내가 결정한 판단을 주로 믿는다.

□ 4. 이제껏 해온 것만으로도 나는 충분하다고 생각한다.

□ 5. 스스로 잘못이 없기 때문에 애써 바꾸거나 별다른 자유를 찾을 필요는 없다고 생각한다.

□ 6. 일이 만약 내 뜻대로 되지 않을 경우 나는 그만둘 것이다.

□ 7. 내가 원하는 평가를 받지 않는다면 언제라도 그 일을 그만둘 것이다.

□ 8. 일을 진행하기 위해서는 내가 모든 것을 정해야 직성이 풀린다.

□ 9. 다른 사람들의 감정이나 형편에 동요되고 싶지 않다.

□ 10. 내가 어떻게 행동해야 하는지 말해주는 사람은 필요하지 않다.

□ 11. 나는 다른 사람들이 하는 것과 똑같이 하기를 좋아하지 않는다. 나

는 나다.

- ☐ 12. 다른 사람들의 행동에는 관심 없다. 나는 내 생각과 계획대로 살아가야 한다.
- ☐ 13. 단체 활동 중에 아프거나 개인적인 일로 책임을 다하지 못하는 것은 크나큰 피해를 입힌다.
- ☐ 14. 상호 의존 관계가 필요 없다고 생각한다.
- ☐ 15. 다른 사람이 필요하다고 느끼지 않는다.
- ☐ 16. 다른 사람이 잘못된 것을 알지만 지적하여 바로잡는 일은 내가 할 일이 아니다.
- ☐ 17. 내가 지키는 매너는 형식적인 것일 뿐 더 깊은 배려가 필요하다고 생각하지 않는다.
- ☐ 18. 나와 상대방 사이에서 문제가 생길 때 나와 부류가 다른 사람들이기 때문에 그런 문제가 생긴다고 생각한다.
- ☐ 19. 능력이 못 미치는 사람과 함께 일하는 것보다 나 혼자 일하는 것이 훨씬 낫다.
- ☐ 20. 지위가 나보다 낮거나 지식이 나보다 적은 사람들의 판단을 신뢰할 수 없다.
- ☐ 21. 나는 어떤 목적을 이룬 순간(예를 들어 특정한 지위를 얻은 순간) 지금까지 걸어온 것과는 다른 길을 살아갈 것이다.

P2-C

- ☐ 1. 남들은 내가 얼마나 알고 경험했는지 알아야 한다.
- ☐ 2. 나의 실패로 인해 나의 평판이 깨질까 봐 두렵다.
- ☐ 3. 사람들이 나를 좋아하지 않더라도 적어도 나에게 감탄은 할 것이다.
- ☐ 4. 다른 사람이 부족하다고 느껴질 땐 화가 난다.

□ 5. 다른 사람의 승리에 대해 축하하거나 인정하기 힘들다.

□ 6. 사람마다 저 점만 고치면 좋을 텐데 하는 것들이 눈에 보인다.

□ 7. 다른 사람들이 나를 좋아하지 않는다면 그것은 그들의 잘못이다.

□ 8. 다른 사람들이 조언이라고 해주는 말들은 현재 상황을 잘 모르고 하는 말이다.

□ 9. 다른 사람을 칭찬하는 데 인색한 편이다.

□ 10. 내 인생은 내가 만든다.

□ 11. 내가 다가서는 만큼만 다른 사람과 관계를 유지하고 싶다.

□ 12. 세상을 살아가는 방법은 많지만 내가 가는 길이 대체로 옳다.

□ 13. 내가 한 말을 이해하지 못하는 사람을 보면 화가 난다.

□ 14. 나보다 뛰어난 사람을 만나면 그와 가까워지기 힘들고 그를 비판하고 싶어진다.

□ 15. 내 경험이 다른 사람에게도 도움이 될 것이다.

□ 16. 지위가 나보다 낮거나 지식이 나보다 적은 사람들과 어울리기 힘들다.

□ 17. 나보다 못한 사람들의 성공을 의심하고 받아들이기 힘들다.

□ 18. 내가 속한 집단은 항상 나의 의견에 귀 기울여야 한다.

□ 19. 대부분의 상황에서 내가 내린 판단은 거의 옳다.

□ 20. 나의 판단과 믿음이 옳기 때문에 그 일이 성공하는 것은 당연하다.

□ 21. 내 의견에 동조하지 않은 사람에게는 상황에 대한 올바른 판단이 필요하다.

F1-A

□ 1. 더는 내 인생의 조건이나 상황이 호전되기는 어려울 것이다.

□ 2. 무엇을 이룰 가능성보다는 이루지 못할 가능성을 더 크게 본다.

□ 3. 남들과 활동을 할 때 먼저 나서거나 수행하지 않는다.

□ 4. 권력자들에게 두려움을 느낀다.

□ 5. 새로운 일 앞에서 자주 두려움을 느낀다. 그래서 새로운 도전이 두렵다.

□ 6. 내가 할 수 있는 일들을 다른 사람들이 하도록 내버려둔다.

□ 7. 내 모습을 바꿀 수 있다고 믿지 않는다.

□ 8. 다른 사람들이 먼저 나에게 다가오기를 기다린다.

□ 9. 자기계발에 힘과 시간을 투자할 동기를 찾기 힘들다.

□ 10. 사람들이 많이 모이는 곳에는 가고 싶지 않다.

□ 11. 직장 상사 또는 가족이나 친구 중에 나에게 심하게 대하는 사람이 있긴 하지만 어쩔 수 없다.

□ 12. 남의 처지를 돌아볼 마음의 여유가 없다.

□ 13. 앞으로 다가올 시간들이 두렵고 막연하다.

□ 14. 세상에 전쟁이나 재앙이 와서 지금 이 상황이 사라졌으면 좋겠다.

□ 15. 좀처럼 계획을 세우기가 어렵다.

□ 16. 책이나 영화를 봐도 별로 감동적이지 않고, 사람을 만나도 별다른 느낌이 없다.

□ 17. 삶에 의미를 두는 것이 무의미하다.

□ 18. 내가 해야 할 일을 누군가 대신 해줬으면 좋겠다.

□ 19. 다른 사람이 나를 이끌어주기를 바란다.

□ 20. 잘못된 관계나 상황에 대해 별다른 관심이 없다.

□ 21. 내가 꼭 하고 싶은 일이 있어도 지금 해야 하는 일 때문에 결국 그것을 하지 못할 것이다.

F1-B

☐ 1. 내가 경험한 실패에 대해 남들은 이해하지 못하는 나만의 명분이 있다.

☐ 2. 내가 실패한 데는 정당한 이유가 있다.

☐ 3. 현재를 생각하기보다는 과거를 자주 회상한다.

☐ 4. 내가 가해자가 아니라 희생자라서 다행일 때가 있다.

☐ 5. 지금 내가 이런 모습인 것은 다른 사람 때문이다.

☐ 6. 나를 근본적으로 변화시켜줄 수 있는 사람을 만나고 싶다.

☐ 7. 사람은 결국 혼자다.

☐ 8. 세상에 나만 혼자 떨어져 있는 것 같은 슬픔을 느낀다.

☐ 9. 다른 사람들은 모두 행복할 이유가 하나쯤은 있어 보인다.

☐ 10. 내가 실패한 데는 배신 같은 여의치 않은 상황이 있었기에 다른 사람들이 각별히 관심을 가져주어야 한다.

☐ 11. 실패하는 나의 모습이 더 익숙하다.

☐ 12. 내게 부당한 일이 생기더라도 그 의도에 정당성을 부여한다.

☐ 13. 남들이 항상 이해해주었으면 하는 나만의 상황이 있다.

☐ 14. 지금 나의 모습에 대해 다른 사람들이 비난하는 것은 나의 상황을 잘 모르고 하는 말이다.

☐ 15. 우울하거나 불안한 것은 내 성격의 일부다.

☐ 16. 나에게 부당한 일이 일어나더라도 해결하지 않고 묻어버리는 것이 더 편하다.

☐ 17. 나의 실패나 잘못에 무감각해지다 못해 그것들이 친근하기까지 하다.

☐ 18. 때론 내 슬픔이나 상황을 극복할 필요를 느끼지 못한다.

☐ 19. 지도자가 가진 권위나 압박감에서 벗어나기 위해 나 자신에게 더 몰두한다.

□ 20. 다른 사람들이 나에게 관심을 가져야 하는 이유는 내게 특별한 사연이 있기 때문이다.

□ 21. 비록 현실이 부당하다고 느끼더라도 상황이 호전될 계기가 없어 보이므로 현실에 안주할 수밖에 없다.

F1-C

□ 1. 나는 나의 과거의 실수로 인해 조금 더 대가를 치러야 한다고 생각한다.

□ 2. 계획했던 궤도에서 벗어나면 낙오될까 봐 두렵다.

□ 3. 나는 책임감 때문에 경제적으로 힘들 수도 있다는 점 때문에 미리부터 두렵다.

□ 4. 다른 사람들이 내가 지은 어떤 죄를 알아낼까 봐 두렵다.

□ 5. 다른 사람들이 나에 대해 자세하게 알게 되는 것이 싫다.

□ 6. 내가 과거에 저지른 일이 계속 나 자신을 괴롭힌다.

□ 7. 나는 나 자신을 용서할 수 없다.

□ 8. 부득이한 이유로 임무를 완수하지 못해도 죄의식에 시달린다.

□ 9. 누구도 나만큼 나쁘지는 않은 것 같다.

□ 10. 나는 내 인생의 주인공으로 적합하지 않다.

□ 11. 나 자신에게 휴식이나 휴가를 주는 것이 정당하게 여겨지지 않는다.

□ 12. 나 스스로를 용서할 수 있다고 생각하지 않는다.

□ 13. 내 결점으로 인해 다른 사람과 친구가 되기 어렵다.

□ 14. 나는 결코 순수한 원래의 모습으로 돌아가기 어렵다.

□ 15. 내가 나의 잘못을 고백하면 다른 사람은 나를 떠날 것이다.

□ 16. 과거의 죄로 인해 선행을 베풀거나 옳은 일에 동참하는 것이 어렵다.

□ 17. 내게 일어나는 모든 부당한 일의 원인을 과거의 죄나 실수에서 찾는다.

□ 18. 가족이나 친구에게 약한 모습을 보인다면 존경을 받지 못할 것 같다.

□ 19. 내가 저지른 죄와 실수 때문에 내가 누려야 할 자유나 혜택이 줄어드는 것은 당연하다.

□ 20. 내가 저지른 죄나 실수 때문에 나는 결코 성공하지 못할 것이다.

□ 21. 다른 사람들과 깊은 관계를 맺기 어렵다.

F2-A

□ 1. 다른 사람들이 몰랐으면 하는 나의 경력이나 과거가 있다.

□ 2. 설정한 목표에서 벗어날 경우 낙오될까 봐 두렵다.

□ 3. 실패로 인해 나의 평판이 깨질까 봐 두렵다.

□ 4. 언젠가 나의 평판과 지위가 낮아질 것이다.

□ 5. 과거에 배신당한 쓰라린 아픔을 아직도 지니고 있다.

□ 6. 나는 아직 실패를 극복하지 못했다.

□ 7. 나는 일이나 관계에 있어서 다른 사람들을 자주 실망시킨다.

□ 8. 수동적인 것이 오히려 편하다. 수동적이면 적어도 실수가 적다.

□ 9. 나는 무엇을 이루기보다는 이루지 못할 가능성을 더 높게 본다.

□ 10. 일에 앞서 성공과 실패 여부부터 따진다.

□ 11. 앞으로 재정적으로 힘들어질지 모른다는 점 때문에 두렵다.

□ 12. 새로운 일 앞에서 자주 두려움을 느낀다. 새로운 도전이 두렵다.

□ 13. 무슨 일을 하기 전에 명확한 결과가 보이지 않으면 시작하기가 어렵다.

☐ 14. 내가 뭔가 시작하면 실패할 것이다.

☐ 15. 때로는 거리를 두고 참여하지 않는 것이 최선인 것 같다.

☐ 16. 나 자신을 지키기 위해 의도적으로 말을 아낀다.

☐ 17. 단체 활동을 할 때 먼저 나서지 않는다.

☐ 18. 나 스스로 화를 자초할 때가 많다.

☐ 19. 다르게 말하거나 행동했다면 좋았을걸 하고 많이 생각한다.

☐ 20. 사람들이 많이 모이는 곳에는 가고 싶지 않다.

☐ 21. 다른 사람의 성공이 나의 실패로 느껴진다.

F2-B

☐ 1. 자격이 부족해서 남들에게 거부당할 것이라고 생각한다.

☐ 2. 누군가가 나의 약점을 알게 될까 봐 두렵다.

☐ 3. 내 요구가 관철되지 않고 거절당할 것 같아 두렵다.

☐ 4. 남이 먼저 다가오기를 기다리는 편이다.

☐ 5. 내가 먼저 나서서 관계를 만들어보려다가 실패한 경험이 마음에 많이 남아 있다.

☐ 6. 말을 하거나 발표할 때 혹은 감정을 표현할 때 실수할 것 같아 두렵다.

☐ 7. 내 모습 그대로 비춰지는 것이 두렵다.

☐ 8. 다른 사람의 행동을 관찰하는 경향이 있다.

☐ 9. 조직 내부에서 도움을 구하지 않는다.

☐ 10. 다른 사람에게 먼저 전화 거는 일이 거의 없다.

☐ 11. 내가 한 일로 인해 다른 사람이 나를 좋지 않게 생각할 것이다.

☐ 12. 가까운 사람들과도 나의 솔직한 감정을 나누는 것이 싫다.

☐ 13. 가족이나 친구에게 약점을 보이면 그 약점을 이용할 것 같아 두렵다.

□ 14. 처음 보는 사람들 앞에 서면 가슴이 두근거린다.

□ 15. 내가 얘기할 때 다른 사람들이 잘 듣지 않거나 이해해주지 않을 것 같은 두려움이 있다.

□ 16. 나의 과거나 지금 처한 상황이 언젠가는 나를 창피하게 만들 것 같다.

□ 17. 다른 사람의 부탁을 거절하면 관계가 어려워질까 봐 두렵다.

□ 18. 누군가에게 거절당하면 스스로를 비난한다.

□ 19. 만나고 싶은 사람이 있지만 그 사람은 선뜻 나를 만나주지 않을 것 같다.

□ 20. 직장이 없거나 돈이 없다면 사람들은 나와의 관계를 유지하지 않을 것이다.

□ 21. 한 번 시도해서 원하는 결과가 나오지 않으면 바로 포기한다.

F2-C

□ 1. 나는 자격이 부족하다고 생각한다.

□ 2. 나는 모든 일에서 나와 남들을 비교하는 편이다.

□ 3. 나는 사람들이 나의 외모나 내가 이룬 성공 때문에 나를 좋아하리라 생각한다.

□ 4. 사람들이 나를 인정해주지 않을까 봐 두렵다.

□ 5. 나는 다른 사람과 관계를 맺을 가치가 없는 사람이라고 느낀다.

□ 6. 다른 사람들이 나에 대해 어떻게 말할지 두렵다.

□ 7. 나의 배경이나 상황이 나의 앞길에 장애가 될 것이다.

□ 8. 다른 사람들과 나를 비교할 때 나는 거의 항상 패자이다.

□ 9. 다른 사람들이 해주는 격려와 칭찬을 받아들이기가 어렵다.

☐ 10. 나보다 더 자신감 있고 사교적인 사람들을 비판하면서 동시에 부러워한다.

☐ 11. 다른 사람들이 나를 칭찬하는 것은 나를 잘 모르기 때문이다.

☐ 12. 가족이나 친구들이 내 존재를 짐으로 여기는 것 같다.

☐ 13. 내가 그 사람보다 열등하다는 것을 알기 때문에 그의 지시를 받아들이거나 협력하기 어렵다.

☐ 14. 내가 그보다 부족한 인상을 주기 싫어서 내가 가진 것보다 더 많이 가진 것처럼 보이려 한다.

☐ 15. 내가 그보다 재력, 능력, 학벌이 부족하다는 것을 알기 때문에 그와 어울리기 어렵다.

☐ 16. 남들과 다른 나의 모습을 부끄럽게 생각한다.

☐ 17. 사람들에게 주목받고 싶지 않다.

☐ 18. 다른 사람의 행동을 관찰하는 경향이 있다.

☐ 19. 사회적 지위가 높은 친구나 유명인사와의 친분 관계를 자주 이야기하는 편이다.

☐ 20. 나는 지도자의 위치에 서기가 두렵다.

☐ 21. 다른 사람들이 나와 친구가 되길 원하지 않는다는 이유로 다른 이들을 비난할 수 없다. 나는 그들과 친구가 될 자격이 없기 때문이다.

세부 패턴 자가 진단표 작성하기

세부 패턴 진단(DPC)은 앞서 진단한 패턴을 심도 깊게 알아보는 또 하나의 자기 발견 시간이다. 체크한 항목들을 바탕으로, 앞서 살펴본 패턴의 맥락을 추적하고 앞으로의 행동 설계에 접목해보자. 그리고 본인의 DPC 진단 내용을 토대로 다이어그램도 함께 그려보자. (참조: 세부 패턴 자가 진단표 샘플)

세부 패턴 자가 진단표

P1			P2			F1			F2		
A	B	C	A	B	C	A	B	C	A	B	C

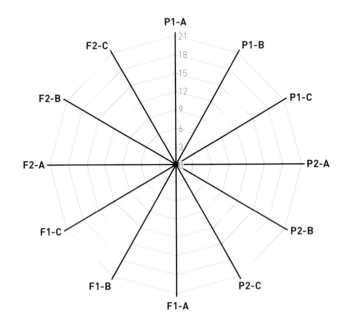

참조: 세부 패턴 자가 진단표 샘플

P1			P2			F1			F2		
A	B	C	A	B	C	A	B	C	A	B	C
6	12	12	6	7	7	8	2	1	3	2	1

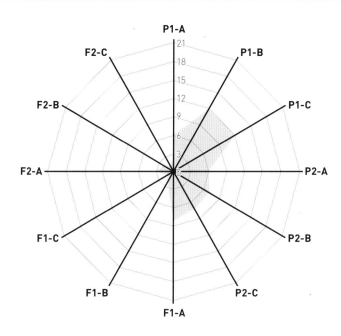

SWITCH

Handling
스스로 운영하기

자신에게 두려운 질문을 하려면 용감해져야 한다.
그러한 두려움을 깰 만한 것 중
믿을 만한 것은 사랑밖에 없다.

지지인가, 의지인가?
Is it Supporting? or Depending?

들어가기 전에 스스로 묻는 질문

리더십을 만족스럽게 발휘한 경험에 대해 말해보라.
무엇을 새롭게 도전해서 얻게 된 경험과 그때 발견한 자신의 잠재력에 대해서 말해보라.
지금껏 가장 강렬하게 몰입했던 적은 언제이고 무엇에 몰입했는가?
당신이 지닌 강점 중 빼앗기고 싶지 않은 것은 무엇인가?
당신이 갖고 싶은 것 중 남들에게 이야기하지 못한 것은 무엇인가?
당신이 정말 원하는 것 중 하지 못한 것은 무엇인가?
자신에게 전혀 새로운 가능성이 있다면 무엇인가?
지금 꿈꾸고 있는 것에 대해 이야기해보라.

오리지널 디자인으로의 귀환

우리 아들은 어려서부터 질문하기를 무척 좋아했다. 가끔 "나한테도 뭘 좀 물어봐 주라."고 한다. 그럴 땐 무척 귀엽다. 우리 부부는 그때마다 대답하기 어렵겠다 싶은 질문을 던진다.

"이후야, 네가 갖고 있는 것 중에 가장 소중한 것은 뭐니?"

나는 속으로 '열심히 모으고 있는 유희왕 카드겠지.' 하고 생각했다. 그런데 아들의 대답이 달랐다.

"믿음!"

마치 그런 것쯤은 진작부터 생각했다는 듯이 한 치의 망설임도 없이 나온 대답이었다.

"믿음이라니? 어떤 믿음?"

"그러니까 내가 다른 사람들에게 배려를 하잖아."

"그렇지. 배려를 아주 잘하지."

"그렇게 배려하면 그것이 나한테 되돌아올 거라는 믿음! 상대방도 나처럼 그럴 거라는 믿음!"

그런 아들과 어느 날 〈라이온 킹 3〉을 보러 갔다. 실은 〈라이온 킹

'3D')가 나왔는데 내가 3편이 나온 걸로 착각했다. 광고를 잘못 본 것이다. 아들은 〈라이온 킹〉을 예전에 보았다. 그것도 나와 함께 말이다. 아들이 다른 영화를 보자고 했지만 나는 평점이 높은 〈라이온 킹 '3'〉를 보자고 우겼다. 아들은 내키지는 않았지만 아빠가 다시 보자니까 군소리 없이 나의 선택을 따라줬다. 영화가 끝날 때까지 나는 〈라이온 킹 '3'〉를 보았다고 생각했다(다시 봤는데 처음 본 것 같은 기분은 뭐란 말인가!).

그 사건을 다시 떠올려보았다. 아들은 본인이 가지고 있는 것 가운데 가장 소중한 것을 나에게 보여주었다. 그렇다면 나는 무엇을 보여주었나? 우선 아들에게 영화를 보여주었다(!). 그리고 한 가지 더. 내가 고쳐야 할 내 연약함의 실체를 보여주었다.

삶에서 무언가를 선택할 때 작은 것에 집착하다가 정작 중요한 것을 놓칠 때가 있다. 나는 재미있는 영화 한 편은 보았지만, 정작 중요한 것을 잊었다. 그때 왜 아들에게 그 영화가 보고 싶지 않느냐고 묻지 않았을까? 왜 아들을 배려하지 않았을까? 반면 아들은 자기가 보고 싶었던 영화는 보지 못했지만, 나를 배려해줌으로써 자신에게 가장 소중한 것을 이뤘다. 본인에게 가장 소중한 것을 실천했으니 '믿음'이라는 가치는 아들의 것인 셈이다.

인생의 또 다른 안나푸르나

해발 8,000미터가 넘는 히말라야 산맥 14개 봉우리 중 가장 험난하다고 알려진 안나푸르나 산 등반에 최초로 성공한 사람은 모리스 에르조

그라는 프랑스 등반가이다. 그는 자서전에서 이렇게 말했다.

"우리 삶에는 또 다른 안나푸르나가 기다리고 있다."

인생의 목표를 이뤄도 그만큼 혹은 그보다 더 중요한 무언가가 있음을 이야기한 것이다. 그렇다면 인간이 경험할 극한의 한계점을 뚫고 자신이 바라던 최고의 목표를 이룬 그의 앞에 무엇이 기다리고 있었을까?

목표를 이루고 나서 얻는 만족감이나 화려함은 기대만큼이 아니라고들 한다. 성공 이후에 밀려드는 회의감이 크기도 해서 그것을 얻으려고 애쓸 때보다 더 허탈하다고도 한다. 목표를 이룬 후에도 삶은 계속되기 때문이다. 그 이후에 또 다른 목표를 세우고, 미래가 고민되는 것은 마찬가지다.

결국 우리가 진실로 바라는 것은 삶의 목표를 이루는 것 이상이다. 그것은 목표를 이뤘을 때의 성취감 그 너머에 있다. 하지만 목표 지점이 최고 목적이라고만 생각하고 목표가 우리를 잡아끌게 되면, 자칫 호흡의 핵심을 놓칠 수 있다. 자기를 계발하고 스스로를 돌본다는 의미는 자신이 서 있는 좌표, 즉 등고선상의 높이나 내가 현재 가진 장비를 점검한다는 의미도 있지만, 자신이 추구하는 진정한 목적, 즉 산꼭대기라는 목표 지점을 통해 이루려는 가치가 무엇인지를 성찰하는 것이다.

P 패턴의 사람들은 자칫하면 브레이크가 고장 나서 마음대로 멈출 수 없는 차가 될 수 있다. 그러다 장애물을 만나면 사고가 날 것이다. 반면 F 패턴의 이들은 스스로 삶을 주도적으로 이끌어나가지 못하고 무언가에 자꾸 끌려다닌다. 결과적으로 다른 차에 견인되어가기는 P 패턴이나 F 패턴이나 마찬가지인 셈이다. 그렇다면 자신이 꿈꾸는 비

전이 돈이나 권력, 명예나 권세 같은 수단적 목표에 이끌려가지 않도록 자신의 좌표를 점검할 필요가 있지 않을까? 자신이 세운 목표가 최종 목적지가 되지 않도록 유의하며 자신에게 주어진 역량이 어떤 가치를 위해 활용되는지도 차분히 살펴야 한다.

가장 소중한 가치 되찾기

아이가 산 지 얼마 안 된 비싼 카펫에 음료수를 엎질렀다. 나도 모르게 버럭 화를 냈다.

"그러니까 조심하라고 했지! 세탁하기 얼마나 귀찮은 줄 알아? 그리고 이게 얼마짜린데!"

아이에게 화가 난 이유는 말 그대로 경제적인 이유 때문이었다. 그래서 더 짜증을 냈다. 사랑하는 사람끼리도 종종 이렇게 경제적인 문제로 화를 내고 다투게 될 때가 있다. 유산 상속 문제로 형제끼리 다툰다든지, 편찮은 시부모님을 누가 모시느냐로 자식들끼리 싸운다든지, 사업에 실패해 친했던 동업자 사이에 시비가 일어난다든지 하는 일은 우리 주변에서 왕왕 일어난다.

서울 광화문에 있는 어느 식당에 자주 다녔던 적이 있다. 식사를 마치고 주차장을 나설 때면 늘 드는 의문이 있었다. 그 빌딩 주차요금 정산소에서 일하시는 분이 남달랐기 때문이다. 그분은 늘 밝은 목소리로 "즐겁게 식사하셨습니까?" 하고 물어보았다. 처음엔 "네." 하고 반사적으로 답했다. 의례적인 인사라고 생각했다. 하지만 나중에 보니 거의 모든 운전자에게 그렇게 인사하고 계셨다. 처음엔 '한 평도 안 되는 좁은 공간에서 일하려면 답답하겠지. 그러니 손님들과 말이라도 주고받고 싶으신가 보다.' 하고 짐작했다.

어느 날 차가 밀려 정산이 늦어졌다. 그랬더니 "오래 기다리게 해드려 죄송합니다. 기다리기 지루하셨죠?" 하고 인사를 건네셨다. 그건 단순한 고객 응대가 아니었다. 자신 앞에 있는 한 사람을 존중해서 건네는 말이었다. 신선한 충격을 받았다. 그의 직무는 주차요금 정산 업무다. 요금을 받고 거스름돈과 영수증을 내어주는 일이 그의 일이다. 용역회사 직원일 수도 있다. 하지만 그가 상대를 배려하는 태도는 고객이 빌딩에 자주 오도록 하는 '최고 경영인'의 자세였다. 마치 본인이 그 빌딩 주인이라도 되는 듯 손님을 대했다. 왜 그렇게까지 사람들에게 친절하게 대하는지 묻고 싶었다. 무언가가 주차요금 정산원이라는 자리에서 그를 해방시켜주고 있는 듯했다. 그는 주어진 일보다 훨씬 더 중요한 일을 하고 있음이 분명했다.

사회의 신념과 규범에서 벗어나기 위해 패턴을 전환하는 일도 그가 보여준 방식과 유사하지 않을까? 경제적 이유 대신 본래의 가치를 되찾는 실천 행위 말이다. 따라서 "네가 더럽힌 그 카펫을 세탁하려면 얼마나 돈이 많이 들고 귀찮은 줄 아니?" 하고 말하기보다는 "비싸게 산 카펫이 더러워졌다는 생각 때문에 네가 다칠 수 있다는 건 잠시 잊었네. 미안했다."라고 말해주자. 더 소중한 본래의 가치를 되찾자.

'패턴 스위칭'의 목적도 동일하다. 본인의 '오리지널 디자인'을 되찾아 그 가치를 실현하는 데 있다. 패턴의 폐단을 하나하나 극복해가며 자신에게 가장 중요한 가치, 즉 목표 너머의 목적과 본질을 되찾는 것이 목적이다.

인생이라는 경기에 임하는 자세

인생을 축구 경기에 비유하자면, 역동적인 사람은 골을 직접 넣어 성공을 이뤄낸다. 반대로 수동적인 사람도 한발 물러서 있다가 상대방이 실수로 자살골을 넣어 승리할 수 있다. 경쟁적인 사람은 어떤 식으로든 수단과 방법을 가리지 않고 경기를 승리로 이끌어내려고 할 것이다. 반면 성공에 무관심한 사람도 경쟁하던 사람의 실수나 실패로 운 좋게 성취를 맛볼 수도 있다. 성공만을 기준으로 보면 그렇다. 하지만 승리하는 그 순간은 기쁠지 몰라도 다른 생각이 들 수 있다.

'내가 진짜로 바라던 경기는 이런 게 아니었는데.'

'진짜 나의 모습은 이런 게 아닌데.'

어느 순간 승리했다고 해도 삶은 그대로 끝나지 않는다. 짧은 축구 경기보다 훨씬 더 긴 생이 남아 있다. 단기적인 계획만으로는 '나는 왜 사는가, 삶의 목적이 무엇인가'라는 질문 앞에 당당하기 어렵다.

'그때 좀더 많은 시간을 가족들과 보낼걸.'

'사람들에게 더 많이 베풀면서 살걸.'

'내 감정에 충실하면서 하고 싶은 대로 살걸.'

죽기 전에 많이 한다는 이러한 후회들에는 공통점이 있다. 죽기 직전에 떠올리는 그 가치, 바로 '사랑'이다.

'좀더 많은 시간을 가족들과 '사랑'하며 살걸.'

'더 많은 사람들을 도와주고 '사랑'하며 살걸.'

'더 많이 나를 위해주고 나를 '사랑'하며 살걸.'

삶을 다시 운동 경기에 비유하자면 지배적인 사람은 늘 자신이 최고가 되어야 하고, 비판적인 사람은 언제나 자신이 옳아야 한다. 쉽게 포기해버리는 사람은 내가 원하는 경기가 아니라 남이 원하는 경기를 하기 쉽고, 자기 연민에 빠진 사람은 내 잘못보다 다른 사람의 잘못만 탓하기 쉽다.

하지만 삶이라는 경기는 승리만을 위해 존재하지 않는다. 지금 뛰고 있는 경기가 마음에 들지 않는다고 이 경기를 포기해버리고 다른 경기를 뛸 수 있는 것도 아니다. 따라서 경기에 참여하는 목적을 점검하고 그 가치를 살리기 위해서는 경기에 임하는 태도를 바꿔야만 한다. 단순히 승리만을 위해 뛰지도 않으며, 다른 사람의 시선을 위해 경기에 임하지도 않는, 전과는 다른 목적을 찾아야 한다.

사랑은 그 목적과 태도를 식별해주는 지혜의 열쇠이다. 해야만 하는(have to) 경기에서 본인이 진정으로 원하는(want to) 경기를 알려주는 앞선 안내자가 되어주고, 진정으로 우리가 지녀야 할 태도와 함께 서로가 함께 누려야 할 가치들까지도 식별하게 해주는 길라잡이니 말이다.

우리는 교섭하고 통합하는 능력을 가지고 있다. 집중과 선택, 결속과 분리를 할 줄 아는 능력을 보유하고 있다는 뜻이다. 패턴의 폐단을 분해하고 사랑을 되찾으려는 노력은 나의 본연의 역량을 찾아내는 일로 이어진다. 특정한 패턴이 자기 고유의 성질을 분해하고 있다면, 그와 반대되는 성향을 얻으려는 노력을 통해 그 패턴의 폐단을 풀어주고 '오리지널 디자인'을 회복해 사랑이라는 중심으로 돌아오려는 노력을 해야 한다.

나는 패턴의 폐단을 풀어주고 사랑을 이루게 해주는 오리지널 디자인들을 '리더십 모델'이라고 부른다. L(Love, 사랑), E(Equilibrium, 균형), A(Aright, 정의로움), D(Decisiveness, 결단), E(Enthusiasm, 열정), R(Recreation, 창의), S(Stimulation, 격려), H(Humility, 겸손), 그리고 I(Integration, 화합), P(Peace, 평화)의 앞 글자를 따서 LEADERSHIP, 즉 '리더십'이라고 부른다.

L — Love 사랑
E — Equilibrium 균형
A — Aright 정의로움
D — Decisiveness 결단
E — Enthusiasm 열정
R — Recreation 창의
S — Stimulation 격려
H — Humility 겸손
I — Integration 화합
P — Peace 평화

리더십 모델 개념

'리더십'의 기본 속성

'리더십'의 속성을 파악하기 전에 먼저 알아두어야 할 세 가지가 있다.

첫째, 우리 모두가 고유한 오리지널 디자인, 즉 '리더십'을 지니고 있다는 것이다. 어쩌면 당연한 이야기일 수도 있다. 누군가는 계획적인 성향이, 또 누군가는 열정적인 성향이, 아니면 창의적이거나 화합적인 성향이 도드라질 수 있다. 더불어 사랑, 균형, 정의로움, 결단, 열정, 열정, 창의, 격려, 겸손, 화합, 평화라는 덕목을 완벽하게는 아니지만 누구나 각자 나름대로 지니고 있다. 정도의 차이가 있을 따름이다.

둘째, 우리는 각자 서로 다른 '리더십'을 발휘하고 있다. 또한 그것은 완전하지 않다. 누구나 '리더십' 덕목을 지니고 있지만 그것이 발현되는 모습은 각자 다르다. 그리고 저마다의 강점과 약점을 지니고 있다. 따라서 부족한 점이 있다면 그것을 인정하고, 다른 사람들에게 도움을 받음으로써 보완할 수 있다. 또한 다른 사람의 부족함은 나의 강점으로 채워줄 수도 있다. 이렇게 교류의 장을 형성할 때 사랑은 완성된다.

셋째, 우리 모두는 서로에게 부족한 '리더십'을 채워줄 역량을 지니고 있다. "나는 A형이라서 원래 소심해. 그래서 남들 앞에 잘 나서질 못해." 하고 스스로 평가를 내리고 있다고 하더라도, 이런 인식을 뛰어넘을 수 있는 전략을 이미 내재하고 있다. 일단 'A형이라 소심하다'는 평가도 잘못되었지만, 설령 그게 맞다 하더라도 누구나 자신의 감정과 욕구를 다른 사람에게 사실 그대로 이야기할 소통 의지를 가지고 있으므로 부족한 역량을 채울 기회는 얼마든지 있다. 교육을 받지 못한 시골 할머니라도 당대 최고 석학 못지않게 '리더십'을 발휘할 수 있는 까닭은 인간이 상호 호혜적인 동물이기 때문이다. 자신의 부족함을 다른 사람의 역량으로 채우기도 하고, 마찬가지로 다른 사람의 부족함을 자신의 역량을 나누어 채워줄 수도 있다. 사랑을 주고받으며 더 큰 사랑을 이뤄가는 것이 인간 존재 본연의 모습이기 때문이다.

내가 제안하는 '리더십' 모델의 시작은 사랑(Love)이고 그 결과는 평화(Peace)다. 그리고 사랑과 평화를 뺀 나머지 앞 글자 'EADERSHI'에서 두 글자씩 묶어 EA 리더십, DE 리더십, RS 리더십, HI 리더십으로 구분지었다. 이제 오리지널 디자인 진단을 통해 먼저 자신이 가지고 있는 오리지널 디자인 유형이 무엇인지 점검해보고, 각각의 특성을 자세히 살펴보자.

자기 개방을 돕는 오리지널 디자인 진단

오리지널 디자인 진단

다음 오리지널 디자인 진단(ODC: Original Design Checkup)의 질문을 읽고 본인에게 가장 많이 해당되는 항목부터 4, 3, 2, 1 순서로 256쪽 작성지에 기록하자. 이렇게 21번까지 다 마치면 A, B, C, D 각각의 점수를 합산한다. A, B, C, D 합계의 총합은 210점이다. 중요한 것은 답을 고르는 일이 아니다. 어떤 항목이 자신에게 해당되는지 점검하며 자신의 모습을 발견하는 것이다.

· 패턴 스위칭 6단계 프로세스 – Handling 스스로 운영하기 ·

오리지널 디자인 진단

1. 나는 이야기할 때 남들이 주로
   - ☐ A. 어느 쪽에도 치우치지 않고 정확하고 분명하게 이야기한다고 한다.
   - ☐ B. 목적과 방향에 대해 핵심을 잘 파악하고 이야기한다고 한다.
   - ☐ C. 평범한 이야기도 인상적이고 설득력 있게 이야기한다고 한다.
   - ☐ D. 부담 없이 편안한 방식으로 이야기한다고 한다.

2. 사람을 처음 만났을 때 나는 주로
   - □ A. 상대방에게 과장되거나 경솔한 행동을 할 수 있음에 주의한다.
   - □ B. 상대방의 주요 관심사나 형편을 잘 헤아린다.
   - □ C. 상대방의 인상이나 매력에 대해 관심을 드러낸다.
   - □ D. 상대방을 편하게 해주려고 노력한다.

3. 내게 일어난 아픈 기억이나 상처에 대해 나는 주로
   - □ A. 부당한 점은 바로잡아야 한다고 생각한다.
   - □ B. 재발하는 것을 막기 위한 대처 방안을 강구한다.
   - □ C. 불쾌한 감정은 곧잘 잊는 편이다.
   - □ D. 집착하거나 굳이 화낼 필요는 없는 것 같다.

4. 내가 일하면 남들로부터 주로
   - □ A. 남들보다 일을 효과적으로 추진한다는 평가를 듣는다.
   - □ B. 남들보다 탁월한 성과를 거둔다는 평가를 듣는다.
   - □ C. 남들보다 일을 창의적으로 한다는 평가를 듣는다.
   - □ D. 남들보다 일을 안정되게 추진한다는 평가를 듣는다.

5. 일을 할 때 나는 주로
   - □ A. 조직과 규율의 문제를 먼저 고려한다.
   - □ B. 능력과 성취의 한계를 먼저 고려한다.
   - □ C. 변화와 융통성의 한계를 먼저 고려한다.
   - □ D. 화합과 여건의 문제를 먼저 고려한다.

6. 조직원들의 업무 능력을 향상시키기 위해 나는 주로
   - □ A. 주어진 역할을 세세하고 철저하게 수행할 수 있는 지침을 마련해준다.
   - □ B. 주어진 목표를 이루기 위한 조언과 실질적인 도움을 아끼지 않는다.
   - □ C. 일하는 데 있어서 근본적인 흥미와 욕구를 불러일으키도록 돕는다.
   - □ D. 업무 영역을 안정되고 분명하게 지정해줌으로써 도움을 주려고 한다.

7. 일을 성공적으로 완수했다면 그 원인은

 □ A. 내 분석 능력을 효과적으로 사용했기 때문이다.

 □ B. 내 능력을 아낌없이 열정적으로 발휘했기 때문이다.

 □ C. 내 재능이 흥미롭게 발휘되었기 때문이다.

 □ D. 내 재능이 안정적으로 발휘되었기 때문이다.

8. 사람들이 많이 모인 곳에서 나는 주로

 □ A. 여러 사람을 만나기보다는 소수의 사람을 만나더라도 깊이 있게 만난다.

 □ B. 뛰어난 사람들과 고급 정보나 중요한 경험을 공유한다.

 □ C. 다양한 사람과 많은 이야기를 나눈다.

 □ D. 좋은 관계를 맺으며 안정된 만남을 갖는다.

9. 임무를 완수하는 데 위험이 뒤따를 때 나는 주로

 □ A. 위험 요소를 세밀하게 검토하여 가능한 한 안정적으로 진행하려고 한다.

 □ B. 위험을 극복하는 방법에 일의 초점을 우선적으로 맞춘다.

 □ C. 세울 수 있는 다른 장치들을 통해 위험을 분산하고자 한다.

 □ D. 가능한 한 쉬운 방법을 택하려고 한다.

10. 화가로서 내가 그림을 그린다면 나의 화풍은

 □ A. 이상주의

 □ B. 현실주의

 □ C. 낭만주의

 □ D. 실용주의

11. 어려움에 처한 동료들에게 주로 나는

 □ A. 구체적인 문제점을 파악해서 빈틈없이 돕는다.

 □ B. 남들에게 알리지 않고 배후에서 지속적으로 돕는다.

 □ C. 다른 동료들에게도 사실을 전해서 함께 조력한다.

 □ D. 내 상황과 상관없이 기꺼이 돕는다.

12. 조직원의 분열로 조직에 어려움이 생긴다면 나는

    □ A. 조치를 취하기 전에 조직원의 의도나 동기를 파악한다.

    □ B. 동기가 순수하지 못한 조직원들과 맞서 싸운다.

    □ C. 조직원들에게 다소 잘못이 있어도 되도록 격려한다.

    □ D. 분열된 조직원들과 조용하고 침착하게 어려움에 대해 이야기한다.

13. 나에게 좋은 정보가 있다면

    □ A. 그 가치를 소중히 여겨야 한다.

    □ B. 행동으로 적용시켜야 한다.

    □ C. 효과적으로 전해야 한다.

    □ D. 통찰력을 길러야 한다.

14. 조직에서 남들을 가르친다면 나는

    □ A. 원칙 중점 지도를 한다.

    □ B. 대형 그룹 지도를 한다.

    □ C. 집중 성장 지도를 한다.

    □ D. 특별 개인 지도를 한다.

15. 어려운 상황임에도 일을 끝까지 밀어붙여야 한다면 나는

    □ A. 통찰력을 가지고 정당하게 밀어붙일 것이다.

    □ B. 어려운 상황에서도 굴하지 않고 담대하게 밀어붙일 것이다.

    □ C. 낙천적이되 행동 지향적으로 밀어붙일 것이다.

    □ D. 인내하면서 침착한 마음으로 밀어붙일 것이다.

16. 동료와 갈등이 있다면 나는

    □ A. 순수한 의도를 가지고 옳은 말로 격려한다.

    □ B. 잘 지도하고 타일러 관계를 회복한다.

    □ C. 스스럼없이 터놓고 이야기한다.

    □ D. 부드럽고 여유 있는 말로 갈등을 해소한다.

17. 내가 열심히 일하는 이유는

    □ A. 그것이 목적과 의미를 채워주기 때문이다.

    □ B. 그것이 성과와 목표를 채워주기 때문이다.

    □ C. 그것이 재미와 흥미를 주기 때문이다.

    □ D. 그것이 안정과 평화를 주기 때문이다.

18. 대외적으로 무엇을 알리고 홍보해야 한다면 나는

    □ A. 무엇보다 정확하게 전한다.

    □ B. 무엇보다 확신을 가지고 알린다.

    □ C. 무엇보다 매력적으로 전한다.

    □ D. 무엇보다 편안하게 전한다.

19. 성공했을 때 나는

    □ A. 성공에 의미를 부여하고 성공한 방법을 다른 일에도 적용해본다.

    □ B. 성공을 통해 얻은 것들을 대외적으로 적극 공표한다.

    □ C. 성공을 기념하는 단합 계획을 도모한다.

    □ D. 성공을 돕고 이끈 이들과 소식을 먼저 나눈다.

20. 실패했을 때 나는

    □ A. 기대가 컸기 때문에 너무 실망하지 않아도 된다.

    □ B. 또다시 도전하면 된다고 생각한다.

    □ C. 실패는 금방 잊힌다고 생각한다.

    □ D. 실패했다고 기대를 모두 저버린 것은 아니다.

21. 다른 사람들이 나를 좋아하는 이유는

    □ A. 나의 정직하고 사려 깊은 태도 때문이다.

    □ B. 나의 결단력 있고 자신감 있는 태도 때문이다.

    □ C. 나의 사교적이고 낙천적인 태도 때문이다.

    □ D. 나의 친절하고 믿을 수 있는 태도 때문이다.

오리지널 디자인 진단 작성지

구분	A	B	C	D
1				
2				
3				
4				
5				
6				
7				
8				
9				
10				
11				
12				
13				
14				
15				
16				
17				
18				
19				
20				
21				
합계	EA 디자인	DE 디자인	RS 디자인	HI 디자인

오리지널 디자인 진단 결과 활용하기

오리지널 디자인 진단은 각자 어떤 오리지널 디자인 역량을 가지고 있
는지 알아보기 위함이다. 가장 높게 나온 점수를 살펴보고 다이어그램
을 통해 시각적으로 점검해보자. (참조: 오리지널 디자인 진단 결과 샘플)

오리지널 디자인 진단 결과

EA 디자인	DE 디자인	RS 디자인	HI 디자인

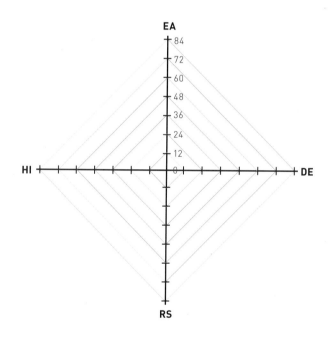

참조: 오리지널 디자인 진단 결과 샘플

EA	DE	RS	HI
50	43	56	61

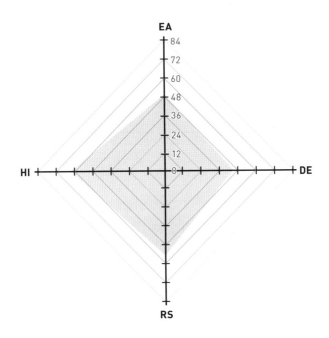

오리지널 디자인 이해하기

EA 디자인

- **핵심 키워드** EA 디자인을 이끄는 화두는 정직과 정의다. 이들에겐 사회적 정의뿐 아니라 자신의 양심을 지키는 일 또한 더없이 중요한 일이다. 무엇보다도 일을 올바르게 수행함으로써 일의 가치를 살리는 이들의 본성 덕택에 책임을 다한다. 또 누군가를 실망시키지 않으려 하기 때문에 다른 이들의 신뢰를 얻는다. 공과 사의 구분을 잘하고 공평하다.

- **조직 내에서의 역할** 이 유형의 사람들이 지닌 타고난 충실함과 절제력, 신중함과 의지력은 단연 돋보인다. 이들은 일의 중요성을 제대로 이해하고 상황을 정확히 파악하고 분석할 줄 아는 균형적인 시각을 겸비하고 있다. 자신의 능력으로 할 수 있는 일은 철저하고 세심하게 준비하고 분석하며 맡은 임무를 반드시 완수하는 성실한 유형이다.

- **상황을 발전시키는 방법** 깊은 사고력과 통찰력을 자랑하는 EA 디자인은 정서적으로도 세심하고 섬세하여 창의적인 능력이 있다. 정의롭고 정직한 시각으로 사물을 바라볼 줄 알고 뛰어난 분석력과 균형감

각 그리고 잠재적인 문제까지도 끄집어내어 파악할 줄 아는 탁월한 사고력이 이들의 감각적이고도 미학적인 능력을 크게 부각시킨다.

- **위기를 극복하는 방법** 리더로서 EA 디자인 유형의 사람들은 조직원들을 위해 자기 희생을 마다하지 않는다. 철저하게 계획을 세우고 세심하고도 논리적으로 일의 방향을 제시하므로 조직원들에게 신뢰를 얻는다.

- **미래를 개척해나가는 역량** 규칙적이며 원칙을 잘 지켜야 하는 상황에서 더 큰 리더십을 발휘한다. 하는 일의 의미를 잘 알려 구성원들에게 동기를 부여하고 고취시켜 성과를 이끌어낼 줄 안다.

균형(Equilibrium)		정의로운(Aright)	
□ 이상적	□ 양심적	□ 효율적	□ 구조적
□ 도덕적	□ 과업적	□ 강직함	□ 규칙적
□ 예술적	□ 절제력	□ 의지적	□ 세부적
□ 섬세함	□ 전통적	□ 희생적	□ 지속적
□ 성실함	□ 성찰적	□ 신중함	□ 고풍적

올바른 · 성실한 · 진실된 · 치우치지 않는 · 공평한 · 명철한 · 조직력 있는 · 적절한 · 충성하는 · 희생하는 · 집중하는

EA 디자인의 특징

DE 디자인

- **핵심 키워드** 결단을 잘 내리고 열정적이어서 세상을 이끌어가는 데 부족함이 없다. 뛰어난 직관으로 목표를 수립하고 냉철한 판단과 강한 의지로 업무를 능동적으로 추진한다. 사람들은 이들이 새로운 세계에 과감하게 도전하는 모습에 매력을 느낀다.

- **조직 내에서의 역할** DE 디자인 유형의 사람들은 열정적인 추진력으로 조직원들을 설득력 있게 지휘하고 큰 성과를 이끌어낸다. 도전을 꿈꾸고 실천한다. 불합리하거나 부당한 일이 생겨도 단호히 헤쳐나간다. 과감히 목표를 설정하고 자신감 있고 야심차게 활동하며 별다른 어려움 없이 여러 일을 동시에 처리하기도 한다.

- **상황을 발전시키는 방법** 자주성이 강해 스스로 잘 결정하고 자신의 능력에 확신을 가지고 있으며 진취적이다. 자신이 원하는 방향으로 일을 잘 추진하며 차질이 생기면 신속하게 대처한다. 사람들에게 동기를 부여하는 능력이 뛰어나 함께하는 이들과 큰 성과를 이뤄낸다.

- **위기를 극복하는 방법** 일을 완벽히 해야 하는 부담감에서 벗어나 진취적으로 생각하며 일을 계획하면 어려운 상황이 닥쳐도 목표를 쉽게 바꾸지 않는다. 혹여 다른 사람의 동의를 얻지 못하더라도 개척정신과 모험심이 줄어들지 않고 더 고무된다.

- **미래를 개척해나가는 역량** 기회를 잘 포착하고 도전하기를 좋아하므로 분명한 목표와 성과 앞에 탁월한 리더십을 발휘하며 방향을 잘 개척해나가는 행동가로, 일의 결과와 성취에 앞장서서 기여한다.

결단(Decisiveness)		열의 있는(Enthusiastic)	
☐ 결단력	☐ 생산적	☐ 열정적	☐ 직관력
☐ 낙관적	☐ 목표성	☐ 의지력	☐ 자신감
☐ 외향적	☐ 지휘력	☐ 경쟁적	☐ 실천력
☐ 통제력	☐ 혁신적	☐ 민첩성	☐ 용감함
☐ 추진력	☐ 실제적	☐ 단호함	☐ 설득력

열정적인 · 활력 있는 · 혁신적인 · 논리적인 · 적극적인 · 자신감 있는 · 꿈을 지닌 ·
영향력을 미치는 · 대담한 · 도전적인 · 탈피하는

DE 디자인의 특징

RS 디자인

• **핵심 키워드** 이들이 지닌 창의력과 타인을 격려하는 능력으로 인해 세상은 더욱더 풍요롭고 다양해진다. 그 누구보다도 상황에 잘 적응하고 사교성이 좋아 다른 이들을 고무시키고 칭찬하고 격려함으로써 활력과 에너지를 불어넣어 준다. 예상하지 못한 일이 생겨도 유연하게 받아들이며 오히려 즐기기까지 하는 모습이 매력적이다.

• **조직 내에서의 역할** 이들은 재미를 찾고 삶을 낙천적으로 바라보기 때문에 감동과 감화의 능력이 뛰어나 창조적이고 유익한 생각을 해내어 사람들에게 즐거움을 준다. 이들의 상상력과 풍부한 감정은 세상을 다양하고도 풍요롭게 발전시킨다.

• **상황을 발전시키는 방법** 리더로서 이들은 사람을 모으고 활력을 제공

하며 대화를 주도한다. 주목받기를 즐기고, 말하는 능력이 뛰어나다. 사람과 사물에 늘 호기심을 가지고 다정다감해 사람들과 진심으로 교감한다.

- **위기를 극복하는 방법** 불쾌한 감정이나 기억에 집착하지 않으므로 앞으로 겪게 될 새로운 일과 사람에게 두려움이 없다. 일을 추진할 때도 방법과 규칙에 지나치게 얽매이지 않고 융통성이 있어 자신의 재능을 충분히 발휘해나간다.

- **미래를 개척해나가는 역량** 끊임없이 여러 계획을 세워 추진하며 변화와 한계의 영역을 넘어설 수 있는 능력이 있다. 개방적인 상황에서 탁월한 리더십을 발휘하며 규칙과 틀을 깨는 창의적인 아이디어로 상황을 재창조하고 일의 재미와 가치를 찾는 탁월한 능력이 있다.

창의(Recreation)		격려하는(Stimulating)	
□ 낙천적	□ 외향적	□ 상상력	□ 열정적
□ 감화력	□ 자발적	□ 설득력	□ 활동적
□ 온화함	□ 사교적	□ 실천력	□ 열광적
□ 친화력	□ 긍정적	□ 표현력	□ 타협적
□ 영향력	□ 관용성	□ 사회성	□ 격려함

칭찬하는 · 협조적인 · 낙천적인 · 활동적인 · 상상력이 풍부한 · 사교적인 · 유연한 · 관심을 일으키는 · 흥미를 주는 · 재미있는 · 창조적인

RS 디자인의 특징

- **핵심 키워드** 겸손과 화합을 추구하며 평정심을 잃거나 동요하지 않는 등 감정을 잘 제어한다. 웬만해서는 화를 내지 않고 상처를 오래 묵히지 않는다. 부담 없이 편안하게 대화하며 다른 사람의 말을 잘 경청한다. 어려운 상황에서도 안정적인 인간관계를 맺으며 부드럽고 지혜로운 말로 갈등을 해소한다. 상대가 자신을 실망시킬지라도 이들은 사람들을 쉽게 배반하지 않는다.

- **조직 내에서의 역할** 업무를 수행할 때 높은 통찰력과 인내력으로 신뢰를 얻는다. 현실적이고 객관적인 성향 때문에 비상식적인 일을 하지 않으며 일단 일을 시작하면 효율적으로 잘 처리하는 편이다.

- **상황을 발전시키는 방법** 이들은 앞에 나서기보다는 뒤에서 일하기를 즐기므로 리더를 맡는 것을 선호하지는 않지만, 일단 지도자 자리에 오르면 조직원들을 보호하고 포용하는 겸손한 리더가 된다. 사람들은 이 유형의 사람들과 함께 일하고 가까운 관계 맺기를 좋아하는데, 이는 사람들을 사려 깊게 배려하고 존중하는 본연의 따뜻하고 화합하는 심성 때문이다.

- **위기를 극복하는 방법** 인내심을 요하는 작업에 능하며, 온화하고 차분하여 어떤 문제에도 지나치게 몰두하지 않는다. 때로는 자신을 따르는 이들을 위해 희생도 마다하지 않는다.

- **미래를 개척해나가는 역량** 화합이 잘되는 분위기, 예측 가능한 여건이 마련된 상황에서 큰 리더십을 발휘한다. 조직원들을 존중함으로써 안정과 여유를 찾고, 화합이 잘되도록 중재하는 역할을 한다.

<table>
<tr><td colspan="2" align="center">겸손(Humility)</td><td colspan="2" align="center">화합하는(Integrating)</td></tr>
<tr><td>□ 화합력</td><td>□ 효율성</td><td>□ 자제력</td><td>□ 유연성</td></tr>
<tr><td>□ 타협적</td><td>□ 계획적</td><td>□ 진지함</td><td>□ 인내성</td></tr>
<tr><td>□ 전문적</td><td>□ 친절함</td><td>□ 협동적</td><td>□ 온화함</td></tr>
<tr><td>□ 실질적</td><td>□ 외교적</td><td>□ 안정적</td><td>□ 신뢰성</td></tr>
<tr><td>□ 충성심</td><td>□ 평화적</td><td>□ 실천적</td><td>□ 친화적</td></tr>
</table>

융합하는 · 조화로운 · 배려하는 · 사려 깊은 · 존중하는 · 겸손한 · 예의 바른 · 헌신
하는 · 중재하는 · 절제하는 · 포용하는

HI 디자인의 특징

· 화합력 · 충성심 · 외교적 · 협동적 · 인내성
· 타협적 · 효율성 · 평화적 · 안정적 · 온화함
· 전문적 · 계획적 · 자제력 · 실천적 · 신뢰성
· 실질적 · 친절함 · 진지함 · 유연성 · 친화적

· 융합하는 · 조화로운
· 배려하는 · 사려 깊은
· 존중하는 · 겸손한
· 예의 바른
· 헌신하는 · 중재하는
· 절제하는 · 포용하는

· 이상적 · 양심적 · 효율적 · 구조적 · 도덕적
· 과업적 · 강직함 · 규칙적 · 예술적 · 절제력
· 의지적 · 세부적 · 섬세함 · 전통적 · 희생적
· 지속적 · 성실함 · 성찰적 · 신중함 · 고풍적

· 올바른 · 성실한 · 진실된
· 치우치지 않는 · 공평한
· 명철한 · 조직력 있는
· 희생하는 · 충성하는
· 적절한 · 집중하는

겸손(Humility) / 화합하는(Integrating)   균형(Equilibrium) / 정의로운(Right)

HI 디자인   EA 디자인

사랑
LOVE

RS 디자인   DE 디자인

정상(Recreation) / 격려하는(Stimulating)   통찰(Insight) / 결단력(Decisiveness)

· 칭찬하는 · 협조적인
· 낙천적인 · 활동적인
· 상상력이 풍부한 · 사교적인
· 창조적인 · 관심을 일으키는
· 흥미를 주는 · 재미있는 · 유연한

· 낙천적 · 외향적 · 상상력 · 열정적 · 감화력
· 자발적 · 설득력 · 활동적 · 온화함 · 사교적
· 실천력 · 열광적 · 친화력 · 긍정적 · 표현력
· 타협적 · 영향력 · 관용성 · 사회성 · 격려함

· 열정적인 · 활력 있는
· 혁신적인 · 논리적인
· 적극적인 · 자신감 있는
· 대담한 · 영향력을 미치는
· 꿈을 지닌 · 도전적인 · 탈피하는

· 결단력 · 추진력 · 혁신적 · 경쟁적 · 자신감
· 낙관적 · 생산적 · 실제적 · 민첩성 · 실천력
· 외향적 · 목표성 · 열정적 · 단호성 · 용감함
· 통제력 · 지휘력 · 의지력 · 직관력 · 설득력

오리지널 디자인의 이해

오리지널 디자인과 패턴의 통폐합

1997년 IMF 당시, 무수한 은행들이 흡수되고 통폐합되었다. 그러면서 열세인 은행은 강세인 은행으로, 중복되는 지점은 하나의 지점으로 통폐합되었다. 그렇게 하는 이유는 하나다. 살아남기 위해서다. 마찬가지로 우리는 앞으로 더 잘살기 위해 자신이 지닌 오리지널 디자인을 되살리고 패턴의 폐단을 줄이는 통폐합을 시도해야 한다.

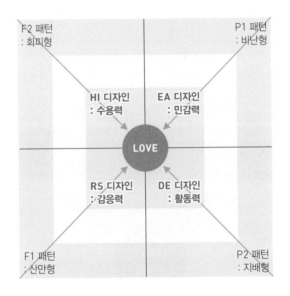

P1 패턴 ▶ Critizm (비난형) ─────────── Sensitivity (민감력) ▶ EA 리더십

P2 패턴 ▶ Control (지배형) ─────────── Activity (활동력) ▶ DE 리더십

F1 패턴 ▶ Inattentive (산만형) ─────────── Sociability (감응력) ▶ RS 리더십

F2 패턴 ▶ Avoidance (회피형) ─────────── Acceptability (수용력) ▶ HI 리더십

오리지널 디자인과 패턴의 통폐합

RS 디자인을 통한 PI 패턴 스위칭

내가 지닌 P1 패턴은 다분히 계산적이며 완벽주의를 과도하게 지향하게 함으로써 나의 오리지널 디자인을 충분히 못 펼치게 한다. 하지만 P1 패턴과 대각선 맞은편에 있는 RS 디자인은 무조건 규칙을 지키기보다는 융통성 있게 행동한다. P1 패턴이 무조건 공격하려는 극단성을 보일 때 RS 디자인을 본받으려 한다면 P1 패턴이 망치고 있는 EA 디자인을 제대로 발현할 수 있다. 그동안 쓰던 힘과는 전혀 다른 시도를 해야 원래 자신이 지닌 에너지를 되찾을 수 있기 때문이다. RS 디자인을 통해 P1 패턴의 폐단을 풀고, EA 디자인이 잘 나타나 사랑이라는 가치를 되찾는 것, 이것이 내가 제안하는 자기 경영과 돌봄의 방법이다.

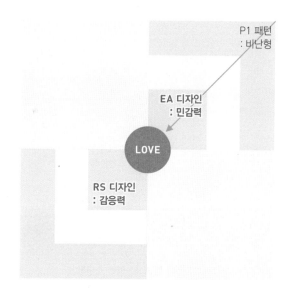

RS 디자인을 통한 PI 패턴 스위칭

HI 디자인을 통한 P2 패턴 스위칭

P2 패턴의 사람들은 목표와 결과에만 집중하기 때문에 사람들을 지배하려 하거나 모든 상황을 통제하길 원한다. 따라서 그 과정에서 발생하는 세부적인 형편들, 즉 타인의 입장이나 감정을 무시하기 쉽다. 반면 P2 패턴과 대각선 쪽에 있는 HI 디자인을 지닌 사람들은 화합을 추구하고 목표나 결과보다 사람들과의 조화를 소중하게 여긴다. P2 패턴의 사람들이 HI 디자인을 통합시키려고 노력한다면 스스로 지니고 있는 DE 리더십의 강점을 극대화하고, 본인들의 원래 관심사인 목표 달성을 더 잘해낼 수 있을 것이다.

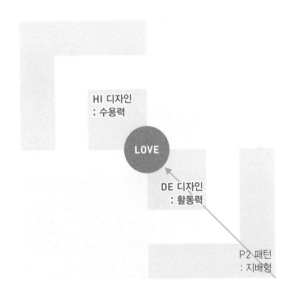

HI 디자인을 통한 P2 패턴 스위칭

F1 패턴도 마찬가지다. F1 패턴은 상대의 감정을 주관적으로 판단해버리고 스스로를 지나치게 동정하며 자기 연민에 빠져 주위 사람들과의 갈등을 유발하기도 한다. 하지만 F1 패턴의 대칭점에 있는 EA 디자인이 지닌 책임감과 객관성, 어떤 일이라도 치밀하고 철저하게 준비하는 태도를 배운다면 추진력 있게 상황을 처리하고 관계를 회복할 수 있다. 상황에 집중하는 대신 자신의 감정에 빠져 주위 사람들을 어지럽고 산만하게 하는 분산적인 폐단에서 벗어나 EA 리더십의 민감한 균형 감각을 끌어당김으로써 본연의 RS 리더십을 발휘할 수 있을 것이다.

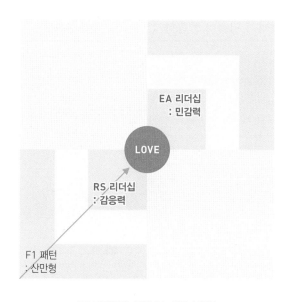

EA 디자인을 통한 F1 패턴 스위칭

F2 패턴도 마찬가지다. F2 패턴은 수동적이고 우유부단하며 갈등을 회피하고 포기해버리는 성향을 지니고 있다. F2 패턴의 대칭점에 있는 DE 디자인의 결단력과 추진력, 적극적인 태도를 견지한다면 다른 사람들과의 수동적인 관계를 회복하고 그 진정성을 획득할 수 있다. 즉 수동적인 F2 패턴에서 나타나는 회피성, 즉 상황과 직면하기를 포기하고 쉽게 상대에게 주도권을 내줘 버리는 성향을 풀고(Pulling Out), DE 리더십의 활동적 특성으로 끌어당김(Pulling In)으로써 F2 패턴의 본래 역량인 HI 디자인이 제 빛을 발하도록 돕는 것이다. 막상 안 써보던 근육을 써보는 시도를 해보면 머릿속으로만 알고 있었던 자기 주도성을 통해 얻는 성과가 얼마나 달콤한지 느낄 수 있을 것이다.

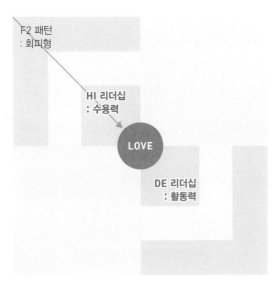

DE 디자인을 통한 F2 패턴 스위칭

커뮤니케이션 방식 전환

초기 문명을 이룬 국가 중 상당수는 바다로 나갈 수 있는 지리적 환경을 갖추고 있었다. 상대적으로 큰 어려움 없이 바다로 진입할 수 있었던 지중해 연안의 그리스, 로마가 대표적이다. 그리스, 로마는 외부 문명을 받아들일 기회가 많았다. 지중해라는 열린 통로를 통해 다른 국가들과 적극적으로 교류하고 문화도 받아들여 풍부한 문화유산을 남길 수 있었다.

마찬가지로 자신과 다른 역량을 가지고 있는 사람들과 교류할 때 자신의 모습을 깨닫고 잠재력을 일깨워 더 풍족한 삶을 일구어나갈 수 있다. 한편 누구나 다른 이들에게 그들의 부족한 역량을 채워주는 조력자가 될 수 있다. 각자의 성향이 다르기 때문에 가능한 일이다.

우리 가족 안에서도 나와 아내, 아들과 딸, 이렇게 넷은 각자 다른 에너지와 빛깔을 지니고 있다. 내가 발휘하는 오리지널 디자인이 진취적인 DE 리더십 코드라면, 아내는 계획적인 EA 리더십 성향을 지니고 있고, 아들은 수용 능력이 뛰어난 HI 리더십, 딸아이는 사회성이 좋은 RS 리더십 성향을 보인다. 내가 목표를 이루는 데만 매몰되어 지배적인 성향을 강하게 드러낼 때면 딸아이는 유연하게 대처하고 재미를 불어넣어 주며 삶을 돌아보고 여유를 찾을 수 있게 해준다. 아들이 실수로 물건을 흘리면 아내는 그 물건을 잘 챙기도록 도와준다. 누가 더 뛰어나다고 할 수도 없고, 그럴 필요도 없다. 함께 사는 가족끼리니 서로 도우며 살면 된다. 자신의 역량으로 다른 구성원을 채워 주고 감싸 안고, 때로 안기면 되는 것이다.

효율을 극대로 내야 하는 조직에서라면 이런 협력은 더더욱 필요하다. 소통을 강조하다 보면 효율이 떨어지는 것 아니냐고 생각하는 사람도 있다. 처리할 일이 산더미 같은데, 상대방 처지에서 생각하고 서로 감정을 일일이 나누는 것은 너무 비효율적이라는 것이다. 하지만 생업이라는 격전지에서도 마음을 밀착해 드러내고 소통하면 할수록 더 효율이 높아진다는 점을 주목해야 한다.

아는 분이 몽골로 이주하게 되었다. 한국에서 컴퓨터를 한 대 구입해서 몽골에 가져간 지 1년쯤 되었을 때 CD롬이 고장이 났다. 보증서를 찾아보니 무상 수리 서비스 보장 기간이 끝난 지 며칠밖에 되지 않았다. 문의해보니 수리비가 26만 원이더란다. 불과 며칠 차이로 거금을 내게 된 셈이다. 아쉬운 마음에 어떻게 할지 고민하다가 그는 자기가 정말로 원하는 게 뭔지를 먼저 생각해보았다. 그건 '조금이라도 저렴하게 컴퓨터를 고치는 것'이었다. 서비스센터로 다시 전화를 걸었다.

"컴퓨터 CD롬이 고장이 났는데 아쉽게도 무상 수리 서비스 보장 기간이 며칠 전에 끝났네요. 수리비용이 26만 원쯤 나온다고 하는데 갑자기 그만한 비용을 내려니 부담스럽네요. 그래서 그러는데 비용을 줄일 수 있는 다른 방법이 없을까요?"

"네. 그러시군요. 지금은 특별히 알려드릴 방법이 없는데, 저희 매니저님과 상의해보고 다시 연락드려도 될까요?"

"네. 그렇게 해주시겠어요? 감사합니다."

얼마 지나지 않아 전화가 다시 왔다.

"안녕하세요. 저는 서비스센터 매니저입니다. 직원을 통해 이야기 들었습니다만, 이런 경우 저희가 해드릴 수 있는 방법이 별로 없네요. 죄송합니다. 음……. 그런데 본부에 물어보면 다른 방법이 있을지도 모르는데 며칠만 기다려주시겠어요?"

"네, 부탁드립니다. 감사합니다."

결과는 어떻게 되었을까? 싱가포르에 위치한 회사의 지역 본부에서 "본 건을 무상으로 처리해도 좋다."는 승인과 함께 "그동안 이런 식으로 요청해주신 분은 고객님이 처음이었으며 고객님과 주고받은 대화가 매우 유쾌했다. 본 서비스를 요청해주셔서 또한 감사하다."는 답변까지 받았다.

소통 방식을 되짚어보자. 그는 "제가 지금 이걸 해결하고 싶은데 어떻게 해야 할지 잘 몰라서 답답합니다. 저를 도와주시겠어요?"같이 '내가' 부족해서 아쉬운데, '나는' 이렇게 했으면 좋겠다는 식으로 내 감정과 기대를 말하는, '나를 말하는(I statement)' 식의 대화를 했다. 이는 "내 생각에는 당신이 이렇게 했으면 좋겠는데" 하며 자신의 의견을 말하는 듯하지만 실제로는 상대방에게 지시하는 '내가 말하는(I message)' 방식과는 다르다. 그분은 자신의 부족함을 인정하고 자기 감정과 바람을 있는 그대로 말하고, 또 상대가 자신을 도와줄 능력이 있다는 것을 짚음으로써 원하는 것을 이루었다. 그는 내가 당신을 필요로 하고(I need you), 당신이 나를 완전하게 하는(You complete me) '리더십'의 교환 구도를 보여주었다. 다음은 서로의 오리지널 디자인을 발전적으로 끌어내기 위해 각 패턴들에게 제안하는 소통 방식 전환 요령이다.

P1 패턴의 소통 방식 전환

CO 커뮤니케이션

: 사람들과 함께하고(Company) 감정을 개방하라(Open)

- **핵심 키워드** 상대방을 속단하지 않고 자신의 감정을 먼저 열어 보여 공감을 이끌어내는 커뮤니케이션.
- **CO 커뮤니케이션의 필요성** P1 패턴 유형의 사람들은 상대방의 이야기를 들으면서 상대방 처지에 공감해준다면서 정서를 이해하기보다는 정황만 분석할 때가 많다. 이런 '객관적'인 이해보다 더 중요한 것은 상대방의 감정 자체를 인정하고 이해해주는 것이다. CO 커뮤니케이션은 해결책을 제시하기 이전에 상대방의 정서를 있는 그대로 인정해줌으로써 상대방 스스로 상황을 전환할 힘을 얻게 도와줄 수 있고, 이를 발판 삼아 서로 공감대를 넓혀 믿음과 신뢰를 쌓을 수 있다.
- **CO 커뮤니케이션의 역할** 통찰력을 키우려면 먼저 자신의 감정을 세심하게 파악해야 한다. 감정이 무엇인지 밀착해서 언어화해볼 때 본인이 지닌 능력들을 섬세하게 일깨울 수 있다. 정서적인 안정감을 구

축하고 나면 P1 패턴이 지닌 EA 디자인의 잠재력, 즉 사물을 정확히 바라보는 분석력과 문제를 탁월하게 해결해나가는 통찰력 있는 사고력을 보다 유용하게 쓰게 될 것이다.

- **CO 커뮤니케이션을 발전시키는 태도** 보고 들으며 함께 공감하는, 상대방의 마음을 이해하고 고무하는, 적극적으로 칭찬하고 지지하는, 창의성을 살리는 말로 북돋우는, 타인의 충고에 귀 기울이는, 수용하는, 애써 가르침을 받으려 하는

- **CO 커뮤니케이션 실천 방안**

  1. 때로는 의견을 피력하지 않고 절제한다.

  2. "조금만 더 해보자."라고 말한다.

  3. '피드백 보류' 프로세스

     1단계 도입
     - (1) "듣고 보니 잘 이해가 됩니다."
     - (2) "혹시 제가 더 알아야 할 것이 있나요?"
     - (3) "조금만 더 이야기해주시겠어요?" 하고 묻기.

     2단계 전개: 다른 사람이 원하지 않는 대화나 피드백은 그만둔다.
     - (1) "혹시 제 도움이 필요하세요?"
     - (2) "제 의견에 대해 더 듣기를 원하십니까?"
     - (3) "제가 너무 세세한 점까지 지적한 것은 아닌가요?"

     3단계 보완: 최근에 내가 사람들 이야기에 공감하고 사람들을 잘 배려하는지 주변 사람들에게 묻고 고친다.

P2 패턴의 소통 방식 전환

MM 커뮤니케이션

: 타인에게 관심을 갖고(Mind) 형편을 존중하라(Matter)

- **핵심 키워드** 상대의 처지에서 생각하고 그 형편을 존중하는 커뮤니케이션.

- **MM 커뮤니케이션의 필요성** 과제를 열정적으로 수행하다 보면 효율성이 떨어진다는 이유로 함께 일하는 동료들에게 피드백하기를 생략할 때가 있다. 물론 냉철한 판단과 의지력도 중요하지만 더 능동적으로 일을 추진하려면 적극적인 피드백 프로세스가 필수적이다. 목표가 분명하고 일을 신속하게 진행하는 행동가들은 조직을 설득력 있게 지휘하고 큰 성과를 내기 위해서라도 함께 일하는 구성원들의 정서와 심리 상태를 반드시 확인해야 한다. 일할 때 상대의 처지를 존중하는 것은 목표를 향해 순조롭게 일을 풀어가기 위한 가장 효율적인 방법이라는 점을 기억해야 한다.

- **MM 커뮤니케이션의 역할** 난관에 봉착한 때일수록 사람들의 생각을 많이 듣고, 많이 수용한다면 더 좋은 결과를 얻을 수 있다. 다른 사람들에게 일방적으로 명령하는 대신, 사람들과 목표 의식을 공유하고 원하는 바를 부드럽게 요청하면 사람들의 마음을 얻으면서 더 나은 성과를 얻을 수 있다.

- **MM 커뮤니케이션을 발전시키는 태도** 먼저 말하기보다는 들으려 하는, 눈을 마주 보며 상대방의 표정과 정서를 따라가는, 의혹을 품거나 추측하는 대신 상대의 이야기를 천천히 이해하려 하는, 결과를 미리

추측하지 않는, 듣는 대로만 반응하는, 상대의 감정 표현에 적절한 관심을 기울이는, 자신의 상황이 더 중요하다고 돌려 이야기하지 않는, 자신의 경험만으로 상대를 재단하지 않는

- **MM 커뮤니케이션 실천 방안**

1. 자기 중심적인 말을 하지 않고 상대의 의견을 더 묻는다.

   "그런데 말이야……." "그런데 내가 아까 말한 것처럼……." "당신이 말한 건 말이죠……." 이와 같은 표현 대신, "당신이 무슨 말을 하고 싶어 하는지 알겠어요. 그렇다면 우리가 어떻게 해야 할까요?" 하고 묻는다.

2. "내가 당신의 말을 제대로 이해한 걸까요?" 하고 묻는다.

3. '피드백 구현' 프로세스

   1단계 도입

   > (1) "제가 잘 이해하고 있나요?"
   > (2) "질문에 대한 답이 되었나요?"
   > (3) "조금 더 이야기해주시겠어요?" 하고 묻기.

   2단계 전개: 자신의 주장을 펼치고 나면 주변 사람들에게 의견을 꼭 물어본다. 회의가 끝나면 다른 사람들의 의견은 어떤지 더 많이 묻고 피드백을 해준다.

   > (1) "제가 잘 이야기했나요?"
   > (2) "제가 너무 나서지는 않았나요?"
   > (3) "제가 너무 강압적이었던 걸까요?"
   > (4) "제가 너무 세세한 점까지 간섭한 건 아닐까요?"

   3단계 보완: 때로는 공감해주는 것 자체만으로도 충분히 목표를 달성할 수 있다. 주변 사람들에게 자신이 다른 사람들의 이야기를 잘 듣고 감정에 공유해주려고 했는지 묻는다.

F1 패턴의 소통 방식 전환

UN 커뮤니케이션

: 상대의 의도를 이해하고(Understand) 사실에 주목하라(Note)

- **핵심 키워드** 상대방의 의도를 분명히 파악하고 사실을 충분히 관찰하는 커뮤니케이션.

- **UN 커뮤니케이션의 필요성** 사교적인 이들은 상대방을 칭찬하고 독려하지만 경우에 따라서는 공허한 칭찬으로 효과를 반감시키는 경우가 있다. UN 커뮤니케이션은 사실에 기반을 둔 '제대로 된' 칭찬과 조언을 함으로써 상대방에게 에너지와 활력을 주는 커뮤니케이션이다.

- **UN 커뮤니케이션의 역할** F1 패턴의 사람들은 자신의 감정만을 앞세워 대화하기 쉬운데, 그렇게 되면 상대의 기분이나 감정을 파악하기 어려울 수 있다. 상대의 기분을 살피고 욕구를 파악하려 애쓰며, 현실을 직시하면서 본인이 가진 낙천성을 언어로 잘 전달할 때 분위기를 전환할 수 있다. 남의 이야기를 우선적으로 경청하고 자신의 반응 표출을 유보하면 상대는 마음을 더 열고 다가온다. 상대를 따뜻한 시선으로 바라보며 고개를 끄덕여준다든가 하는 비언어적인 공감을 해준다면 대화는 훨씬 더 원활해져 상당수의 문제를 해결할 수 있을 것이다.

- **UN 커뮤니케이션을 발전시키는 태도** 관심이 별로 없는 것에도 집중하는, 남의 이야기를 있는 그대로 받아들이는, 상대의 감정 표현을 내 기준에 따라 감정적으로 해석하지 않는, 이야기의 핵심과 사건을 집중

해서 듣는, 상대의 감정 표현 그대로를 전하려는, 자신의 감정 표현에만 매몰되지 않는, 남의 처지와 의도를 고려하며 이야기하는, 산만하게 듣지 않는, 대화 도중에 남을 평가하지 않는

- **UN 커뮤니케이션 실천 방안**

  1. 상대방의 감정이나 상황을 말한 그대로만 받아들이고, 있는 그대로만 표현한다.

  2. "제대로 해보자." 하고 말하기.

  3. '피드백 구현' 프로세스

     1단계 도입

       (1) "제가 잘 이해하고 있나요?"
       (2) "제가 좀더 들어야 할 내용이 있나요?"
       (3) "그 상황을 조금 더 자세히 말씀해주시겠어요?" 하고 묻기.

     2단계 전개: 주변 사람들에게 자신과 대화한 느낌이 어떤지 묻는다.

     3단계 보완: 대화나 회의가 끝나면 다른 사람들이 어떤 느낌을 받았는지 피드백을 구한다.

       (1) "다른 사람의 형편이나 상황을 잘 고려하며 이야기했나요?"
       (2) "너무 무턱대고 내 이야기만 하진 않았나요?"
       (3) "다른 사람의 형편이나 상황을 있는 그대로 잘 표현했나요?"
       (4) "내가 이야기한 세부 내용이 사실과 맞나요?"

F2 패턴의 소통 방식 전환

IO 커뮤니케이션

: 주체적으로 관계 맺고(Involve) 자기 의견을 제공하라(Offer)

- **핵심 키워드** 매사에 주체적으로 관계를 맺고 자신의 의견을 적극적으로 제안하는 커뮤니케이션.

- **IO 커뮤니케이션의 필요성** 사람들과의 화합을 중요하게 여기고 편안하게 사람을 대하는 F2 패턴의 사람들은 다른 사람의 말을 경청한다는 장점이 있지만, 껄끄럽고 어색한 상황이 되면 회피해버리는 경향이 있다. 이는 자신이 의견을 제시하면 화합이 깨질 수 있다고 염려하기 때문인데, 오히려 입장을 분명히 했을 때 문제를 풀 실마리를 찾을 수 있다. 문제를 주도적으로 해결하는 주체적인 IO 커뮤니케이션은 F2 사람들이 견지해야 할 태도다.

- **IO 커뮤니케이션의 역할** F2 패턴의 사람들은 앞에 여러 사람과도 잘 화합하고 예측 가능한 상황에서는 여유롭게 소통하지만, 갈등의 골이 깊다거나 격변하는 환경에서는 방관자적인 태도를 보인다. 하지만 조직에서 일어나는 문제도 본인의 문제이고, 따라서 스스로 주체적으로 나서야 한다. 입장을 분명히 밝히고 갈등 상황에 적극적으로 개입하며 문제를 해결해나갈 때 훨씬 더 큰 성취감과 보람을 느낄 수 있을 것이다.

- **IO 커뮤니케이션을 발전시키는 태도** 상대의 갈등에 정서적으로 관여하는, 갈등을 적극적으로 해결하려 하는, 자신의 감정 표현을 미루지 않는, 상대의 기분에 지나치게 압도당하지 않는, 사건의 핵심을 눈여겨보

는, 갈등에서 오는 감정을 포함한 자신의 감정을 열고 드러내는

- **IO 커뮤니케이션 실천 방안**

1. 곧바로 의견이 떠오르지 않을 때 생각을 정리할 시간을 적극적으로 요청하라.

2. "일단 한번 해보자."는 마음가짐을 갖는다.

3. '피드백 구현' 프로세스

   1단계 도입

   > (1) "제가 어떻게 하기를 원하시나요?"
   > (2) "제가 좀더 해야 할 것이 있나요?"
   > (3) "제 입장에 대해 듣기를 원하시나요?" 하고 묻기.

   2단계 전개: 문제가 잘 해결되지 않을 때 자기 입장과 감정을 솔직히 잘 말하고 해결책을 찾으려고 노력하면 문제 해결에 도움이 될 수 있음을 기억하고, 주변 사람들에게 말한다.

   3단계 보완: 자신의 소통에 대해 반드시 주변 사람들에게 평가를 구하도록 한다. 대화나 회의가 끝나면 사람들에게, 또 스스로에게 피드백을 구한다.

   > (1) "나의 의사가 분명하게 전달되었나요?"
   > (2) '내가 느끼는 감정이나 사실을 너무 유보하려 하지는 않았나?'
   > (3) '부정적인 이면을 너무 감추려고만 하고 있지는 않나?'

모든 패턴의 공통 소통 방식 전환

N 커뮤니케이션

: 상대방이 무엇을 요구(Need)하는지 파악하라

- **핵심 키워드** 본인과 상대방의 욕구와 필요를 중요하게 여기는 커뮤니케이션.

- **N 커뮤니케이션의 필요성** 일을 하다 보면 내부 구성원 또는 상대방과 협상할 일이 생긴다. 이 소통 방식은 협상 과정에 드는 시간을 대폭 줄일 수 있다. 상대방의 필요나 욕구를 알고, 무슨 일을 해야 할지를 먼저 생각하면 상호 협력의 접점을 빠르게 찾을 수 있기 때문이다.

- **N 커뮤니케이션의 역할** N 커뮤니케이션은 상대에 대한 배려, 협력하고자 하는 강한 의지로 이어지기 때문에 소통의 장애물을 없애고 잡음을 줄일 수 있는 효과적인 소통 방식이다.

- **N 커뮤니케이션을 발전시키는 태도** 상대의 요구에 먼저 귀 기울이는, 대화할 때 상대의 욕구가 무엇인지, 무엇이 필요한지 먼저 살피는, 욕구가 충족되지 않아 생기는 상대방의 갈등에 공감해주는, 상대의 결핍과 필요를 우리의 문제로 삼는, 자신의 필요와 감정을 있는 그대로 솔직하게 드러내는

오리지널 디자인 공유하기

내가 지닌 강점은 상대방의 약점을 채워줄 고귀한 보충제가 된다. 또한 상대방의 강점을 배우고 받아들임으로써 나 자신을 새롭게 일깨우고 확장할 계기를 마련할 수 있다. 앞에서 패턴별로 소통 방식을 전환하는 법을 살펴보았다면, 이제 서로의 역량에서 공유할 점들을 다각도로 살펴보자. 여기서는 우리 가족 네 명이 네 가지 오리지널 디자인을 각각 지니고 있기에, 네 명의 상호 보완 관계를 예로 들어보기로 한다.

- 우리가 일을 함께한다면 우리는 각자

  EA(아내) 일을 옳은 방법으로 하는 사람

  DE(나) 일이 성사되게 만드는 사람

  RS(딸) 일을 즐겁게 하는 사람

  HI(아들) 일이 서로에게 용납되도록 하는 사람

- 일할 때 추구하는 것은

  EA(아내) 순서

DE(나) 지도력

RS(딸) 자유

HI(아들) 안정

• **어떤 조직의 리더라면**

EA(아내) 정직하고 신뢰할 만한 리더

DE(나) 능력 있고 경쟁력 있는 리더

RS(딸) 날 이해해주고 관심 가져주는 리더

HI(아들) 감정을 믿고 말할 수 있는 리더

• **전투에서 승리하기 위해**

EA(아내) 냉철히 분석하고 철저히 계획하여 승리로 이끈다

DE(나) 목표를 이루고 고지를 탈환함으로써 승리로 이끈다

RS(딸) 사병들의 사기를 북돋아 승리로 이끈다

HI(아들) 사병들의 신변과 안전을 최우선으로 하여 승리로 이끈다

• **조직에 기여하는 바는**

EA(아내) 앞으로의 계획과 인력 배치 제안

DE(나) 장애물을 극복하는 방법 제시

RS(딸) 일하는 재미와 여유 제공

HI(아들) 팀의 단합과 일체감 고취

• 함께 일할 때 서로에게 원하는 바는

　EA(아내) 타인에게 감사와 지지를 받는 것

　DE(나) 성취한 것에 대해 존중받는 것

　RS(딸) 주목받고 관심을 가져주는 것

　HI(아들) 일보다는 존재 자체로 인정받는 법

• 프로젝트를 마친 후 얻고 싶은 바는

　EA(아내) 공헌과 소속감

　DE(나) 결과와 영향력

　RS(딸) 격려와 흥미

　HI(아들) 화합과 대외 관계

• 여행을 갈 때 신경 쓰는 것은

　EA(아내) 스케줄, 일정과 동선, 여행의 의미

　DE(나) 새로운 볼거리, 도전과 목표

　RS(딸) 먹을거리, 변화, 재미

　HI(아들) 안전, 여유, 나눔

• 다른 사람이 보는 장점은

　EA(아내) 정확하다, 믿을 수 있다, 조직적이다, 민감하다, 성숙하다

　DE(나) 결단력 있다, 자신감 있다, 겁내지 않는다, 영향력 있다

　RS(딸) 유연하다, 낙천적이다, 사교적이다, 상상력이 풍부하다, 재미있다

HI(아들) 협력적이다, 충실하다, 배려심이 깊다, 이해심이 많다

- **일에서 중요하게 생각하는 바는**

EA(아내) 소속감을 즐기고 올바른 방법으로 일하는 것

DE(나) 일을 완수하여 성취감을 얻고 타인의 능력을 이끌어내는 것

RS(딸) 사교 생활에서 즐거움을 얻고 자유를 얻는 것

HI(아들) 서로가 평화롭게 화합하는 것

- **함께 일할 때 중요한 것은**

EA(아내) 정당성, 품격, 계획대로 일이 진행되는 것

DE(나) 독립성, 도전의 가치, 새로운 의미

RS(딸) 인기, 칭찬, 흥미를 주는 것

HI(아들) 혼자만의 공간, 일보다는 존재 자체로 인정받는 것

- **자부심은**

EA(아내) 나는 높은 기준과 이상을 가지고 있다, 사려 깊다, 정직하며 신뢰할 만하다, 조직적이다

DE(나) 나는 지도력이 있고 인내심이 강하다, 추진력 있고 비전이 있다

RS(딸) 나는 창의적이고 직관적이다, 매력이 있고 활발하다

HI(아들) 나는 침착하고 중요한 가치가 무엇인지 안다, 사교적이며 매사에 충실하다

- **일할 때 서로 알고 있어야 하는 것은**

  EA(아내) 규칙적인 삶을 좋아하고 부당하거나 불필요한 말은 하지 않으며 약속 시간을 매우 중요하게 여긴다

  DE(나) 독립심이 강하여 통제받는 것을 좋아하지 않으며 견해와 주관이 뚜렷하다

  RS(딸) 삶이 재미있기를 원하고 적극적이고 친구와의 사교생활을 좋아하며 자유를 매우 중요하게 여긴다

  HI(아들) 베푸는 것을 즐기고 누구에게나 친절하고 화합하여 평화로운 시간을 갖는 것을 중요하게 여긴다

- **다른 유형의 사람에게서 배워야 할 점은**

  EA(아내) DE에게서는 빠른 판단력, RS에게서는 낙천성, HI에게서는 설득력

  DE(나) EA에게서는 사실 판단 능력, RS에게서는 여유, HI에게서는 판단력

  RS(딸) EA에게서는 세부 계획 수립 능력, DE에게서는 논리적 접근, HI에게서는 임무 수행 능력

  HI(아들) EA에게서는 합리성, DE에게서는 업무 집중력, RS에게서는 자발성

- **다른 사람과 살아가기 위해 노력해야 할 것은**

  EA(아내) 긍정적이고 즉흥적일 필요, 불완전함을 즐길 필요, 자신을 쉬

게 할 필요, 긴장을 풀어줄 필요

DE(나) 성과에 집착하지 않을 필요, 지배적이지 않을 필요, 틀려도 괜찮다고 생각할 필요, 연약해도 괜찮다고 할 필요, 빈정거리지 않을 필요

RS(딸) 시간을 지킬 필요, 자원을 조직화할 필요, 집중력을 끌어올릴 필요, 자기 훈련을 도모할 필요

HI(아들) 상황에 덜 민감할 필요, 자신의 감정을 주장할 필요, 자신을 가두지 않을 필요, 더 꼼꼼할 필요, 부담감을 줄일 필요

• 각자 인정하고 보완해야 할 점은

EA(아내) 비판받을 때 긴장 풀기, 과감해지기, 도덕적으로 완벽주의 버리기, 긴장 풀기

DE(나) 업무에 지배당하지 않기, 관계에 민감하기, 융통성 키우기, 조종하는 태도 버리기, 열린 외교 관계 수립하기

RS(딸) 세부 사항 조직력 높이기, 시간과 규율 관리, 집중력 향상, 더 정직해지기, 자기계발하기

HI(아들) 우선순위 설계, 자기 개방, 압도당하지 않기, 상대의 감정에 덜 신경 쓰기

각자의 오리지널 디자인 특성

구분	EA(아내)	DE(나)	RS(딸)	HI(아들)
핵심 키워드	균형과 정의	결단과 열정	창의와 격려	겸손과 화합
장점	올바른 성실한 진실된 치우치지 않는 공평한 명쾌한 조직력 있는 희생하는 충성하는 적절한 집중하는	열정적인 활력 있는 혁신적인 논리적인 적극적인 자신감 있는 대담한 영향력 있는 꿈을 지닌 도전적인 탈피하는	칭찬하는 활력 있는 낙천적인 활동적인 상상력이 풍부한 사교적인 창조적인 관심을 유발하는 흥미를 주는 재미있는 유연한	융합하는 조화로운 배려하는 사려 깊은 존중하는 겸손한 예의 바른 헌신하는 중재하는 절제하는 포용하는
특징	이상적 양심적 효율적 구조적 도덕적 이지적 강직함 규칙적 예술적 절제력 의지적 세부적 섬세함 전체적 희생적 지속적 성실함 성찰적 신중함 고풍적 성실함	결단력 추진력 혁신적 경쟁적 자신감 낙관적 생산적 실제적 이지적 실천력 외향적 목표성 열정적 단호함 용감함 통제력 지휘력 의지력 직관력 설득력 민첩성	낙천적 외향적 상상력 열정적 감화력 자발적 설득력 활동적 온화함 사교적 실천력 열광적 친화력 긍정적 매력적 타협적 영향력 관용성 사회성 격려함 표현력	화합력 충성심 외교적 협동적 인내력 타협적 포용적 평화적 안정적 온화함 전문적 계획적 자제력 실천적 신뢰성 실질적 친절함 진지함 유연성 친화적 순수함

일상에서 드러나는 오리지널 디자인 특성

구분	EA(아내)	DE(나)	RS(딸)	HI(아들)
1. **중요한** **것은**	합리성 소속감 올바른 방법으로 일하기를 좋아한다	성취감 보람 타인을 지도하고 일을 실행하기를 즐긴다	사교생활 인간관계 자유를 소중하게 여긴다	평화 화합 일의 안정된 속도
2. **원하는 것**	타인에게 감사와 지지를 받는 것	일을 통해 이룬 결과를 인정받는 것	주목 받고 인기를 얻는 것	자신의 일이 아닌 존대로 용납받는 것
3. **필요한 것**	품격 정당성	독립심 도전	칭송 인기	나만의 공간 존경 안정감
4. **강점**	사려 깊고 높은 기준과 이상을 지님 조직력이 뛰어나고 정직하며 믿을 만함	지도력이 출중하고 비전을 갖췄으며 인내력이 뛰어나고 추진력 보유	창의적이고 재미있으며 직관적이고 활력과 매력이 넘침	침착하고 유순하며 충실하고 외교적이며 친절함
5. **다른 사람이** **알아주었으면** **하는 점**	불필요한 말을 줄이고 진지하며 약속을 소중히 여김	실수하기를 매우 꺼리고 무의미한 말을 좋아하지 않음 통제받기를 원치 않고 견해와 주관이 뚜렷함	삶이 재미있기를 원하고 긍정적이며 적극적이고 사교 생활을 중시하고 자유로운 분위기를 추구함	평화와 화합을 좋아하고 친절하고 충성스러우며 자기만의 공간을 좋아함
6. **잘 배울 수** **있는 환경**	체계적으로 잘 정돈하여 순서대로 조직적으로 교사가 가르칠 때	도전적이고 빠르며 능력 있고 권위 있는 교사가 가르칠 때	자유롭고 사교적이고 상호 작용하고 재미있고 선택의 폭을 넓게 주는 교사가 가르칠 때	편안하고 잘 보살펴주며 친절한 교사가 안정적으로 가르칠 때

일터에서 드러나는 오리지널 디자인 특성

구분	EA(아내)	DE(나)	RS(딸)	HI(아들)
1. **리더가** **되었을 때**	믿을 수 있고 정직한 리더	능력 있고 유능한 리더	구성원을 이해해주고 관심을 가져주는 리더	자기 감정을 드러내고 믿을 수 있는 리더
2. **일할 때 얻고자** **하는 것**	높은 공헌 소속감	좋은 결과 강한 영향력	격려 흥미	화합 사교
3. **일한 결과** **얻고 싶은 것**	인정 감사	존경 승인	주목 관심	수용 독립
4. **일할 때** **필요한 것**	순서 질서	지도력 통제	자유 관계	안정성 만족감
5. **능력을 잘** **발휘할 수** **있을 때**	소그룹이나 가까운 관계에서 일할 때, 문제 발생 시 사생활 보장 익숙한 환경일 때	새롭게 도전할 때 일상적이지 않을 때, 타인에게 영향력을 줄 기회가 있을 때, 자신의 의견을 피력할 때	아이디어를 인정받을 때, 재미있을 때, 자유로울 때, 흥미로운 자극이 있을 때, 통제로부터 자유로울 때	예측 가능한 상황일 때, 안정적인 상황일 때, 문제 발생 시 시간이 충분히 주어질 때
6. **조직에** **줄 수 있는** **능력**	계획성과 조직력	문제 해결 능력	일하는 재미와 여유	조직원의 단합과 일체감
7. **일에서** **찾는 의미**	의미	성과	보상	융합
8. **멘토가** **된다면**	원칙 중점 지도	대형 그룹 지도	집중 성장 지도	특별 개인 지도

9. 리더십을 발휘하기에 알맞은 조건	규율과 원칙이 분명할 때	목표와 성과가 분명할 때	통제하지 않고 자유로울 때	화합의 여건이 갖춰질 때
10. 문제 발생 시 필요한 것	성공할 수 있다는 긍정성	성취에 대한 강박 관념 제거, 권위자에 대한 존경심	조직적인 행동 양식, 규칙과 시간에 대한 관념	자기 확신, 자기 표현
11. 압박을 받을 때 하는 행동	비관, 까다로움, 변덕 부리기	공격성, 강한 요구, 이기적임	지나친 낙관, 비현실적 접근	회피, 망설임, 고집
12. 스스로 노력해야 할 점	긍정적으로 사고하기, 계획하지 않은 일이 일어나도 잘 대처할 수 있다고 믿기, 속으로 비난하는 태도 버리기, 지나치게 긴장하지 않기, 때로는 아무것도 하지 않기	결과에 지나치게 집착하지 않기, 항상 자신이 옳아야 한다는 강박관념 버리기, 경쟁심 줄이기, 미리 판단하지 않기, 빈정거리지 않기	시간과 자원을 계획적으로 조직하기, 집중력 높이기, 정직하기, 우선순위를 잘 정리하기, 자기계발하기	상황에 너무 민감하게 반응하지 않기, 자신의 주장을 밖으로 표현하기, 민첩하게 행동가기, 자신을 먼저 챙기기
13. 고쳐야 할 태도	비판받았을 때 방어적인 태고, 지나치게 긴장하는 태도, 너무 조심성 있는 태도, 비판적이고 완벽주의적인 태도, 독선적이고 까다로운 태도	지배적인 태도, 상대방에게 민감하지 못한 태도, 융통성 없는 태도, 논쟁하려 드는 태도, 조종하려 하는 태도	정리되지 않고 우발적인 태도, 너무 잘 믿는 태도, 부주의한 태도, 지나치게 낙천적인 태도, 시간을 잘 지키지 않는 태도	결단력 없는 태도, 상대방에게 양보만 하는 태도, 상대방 감정에 지나치게 예민한 태도, 우선순위를 잘 정하지 못하고 애매하게 구는 태도

정체를 밝혀야 존재가 바로 선다

있는 그대로 소중한 사람

나는 럭비부가 있는 중학교에 다녔다. 중학교에 입학하자마자 '싸나이 중의 싸나이', 럭비부 코치 김동렬 선생님이 내 시선을 사로잡았다. 퇴근하는 미혼 여선생님들에게 일부러 공을 냅다 차고는 "빨리 공 던져 줘요!" 하며 작업을 걸기도 하고, 열 명이 한꺼번에 덤벼도 이길 자신 있다고 너스레를 떠는 모습이 꽤 멋있어 보였다. 수업이 끝나면 나는 럭비부실로 달려가 청소도 하고 선생님 심부름을 도맡았다. 럭비부실은 방과 후 내 아지트였다.

그러던 어느 날, 우리 학년 체육선생님 책상 위에서 1학기 중간성적이 적힌 수첩을 발견했다. 우리 반 점수도 적혀 있었다. 반장만 95점이고, 대부분은 80, 85점이었다. 그런데 내 점수는 75점. 내 국민체조 동작이 반장 녀석보다 훨씬 더 정교하고 각도 잡혀 있었는데 20점이나 낮았다! 이건 분명 부모님들이 학교에 내는 기부금 액수에 따라 정해진 점수임에 틀림없었다. 순간 이것을 고쳐야겠다는 욕망이 꿈틀거렸다. 결국 선생님 책상에서 모나미 볼펜을 집어 들고 정교한 손놀림으로

'7' 자에 1밀리미터가 될까 말까 한 선을 그어 '9'를 만들어 '95'점을 만들어버렸다.

체육선생님이 모를 리 없었다. 나는 럭비부실에 불려가 엎드려뻗쳐를 하고 엉덩이를 수도 없이 맞았다. 이러다 마비되는 것 아니냐 싶을 정도였는데, 솔직히 맞는 것은 두렵지 않았다. 김동렬 선생님이 나를 어떻게 볼지, 선생님께 뭐라고 말씀드려야 할지, 그 마주침이 더 두려웠다. 마음이 너무나 아팠다. 그 이후로는 도저히 선생님을 찾아갈 수 없을 것 같았다.

체육시간이 돌아왔다. 운동장 계단에 멀찍이 앉아 있는데, 김동렬 선생님이 내게 다가오셨다.

"잘 있었니?"

지난 일은 대수롭지 않다는 듯 물으시는데 나는 아무 말도 할 수 없었다. 선생님은 나에게 그 어떤 질책도, 꾸지람도 하지 않으셨다. 어떤 평가도 하지 않고, 어떤 판단도 내리지 않으셨다. 그저 내 모습을 바라봐 주시기만 했다. 물론 선생님은 그 사건을 알고 계셨을 테지만, 내가 한 잘못에 대해 이야기하는 대신 그저 나를 받아들여 주셨다. 내가 어떤 생각을 하고 있을지, 내가 얼마나 괴로워했을지도 아주 잘 아시는 듯했다. 그때 나는 선생님에게 있는 그대로 받아들여지고 있었고, 선생님 또한 나에게 있는 그대로 소중한 사람이었다.

아기가 태어나 첫 걸음마를 뗄 때 사람들은 아기의 발걸음 하나하나에 열렬히 환호하고 지지해준다. '잘한다'를 연발하며 새로운 경험의 시작을 모두 기뻐한다. 뒤뚱거리다 넘어져도 상관없다. 그게 중요한 문제는 아니다. 넘어졌다고 해서 뭐라고 하지 않는다. 실패해도 상관없다. 어디로 가는지 잘 모르고 걸어도 걸음마를 하려는 그 마음을 지지해준다.

우리는 그렇게 사람들에게 지지받았다. 그러한 과정을 통해 걷기 시작했다. 하지만 더 나이가 들고 자라면서 스스로를 어떻게 지지하고 있는가. 나 자신의 무엇을 지지하고 있으며 또한 상대방의 무엇을 지지해주고 있는가.

어느 조직에 강연하러 갔을 때 한 남자 직원에게 여자 직원을 칭찬해보라고 했다. 대부분의 직원은 이렇게 칭찬한다.

"음……. 목걸이가 참 멋지네요."

"오늘따라 옷이 근사해 보여요."

이번에는 여자 직원을 "인정해주세요." 하고 주문한다. 사람들은 고개를 갸우뚱한다. "인정은 어떻게 하는 건가요? 칭찬하는 것과 어떻게 다르죠?"

"치마가 세련되고 예쁘네요.""머리 스타일이 참 멋있으세요.""옷이 참 근사하네요." 등은 칭찬을 하고는 있지만 그 대상이 물건이다. 그 대상을 물건에서 사람으로 바꾸면 상대방은 색다른 기분을 느낄 수 있다. "옷 고르는 안목이 높으시네요.""눈썰미가 대단하세요." 그가 지닌 성품, 능력을 인정해주는 식이다. 다시 말해 물건에서 사람으로, 외면에서 내면으로 다가서는 것이다. 칭찬하는 것과 인정하는 것의 차이는 바로 이런 것이다.

컬럼비아 대학의 한 연구팀이 초등학생 5학년 400명을 대상으로 칭찬의 효과가 얼마나 큰지 실험해보았다. 아이들을 두 그룹으로 나누고, 간단한 문제를 풀게 한다. A 그룹에게는 "너 참 똑똑하구나, 정말 잘 풀었다." "너 정말 머리가 좋구나. 다 맞췄네." 이렇게 칭찬을 해주고 다른 B 그룹에게는 "너 정말 열심히 노력했구나, 대단한데?" "너 끈기 있게 정말 잘 풀었다. 훌륭해." 하며 아이의 노력을 인정해줬다.

얼마 후 두 그룹의 아이들에게 물어보았다. "다른 문제도 풀어볼까? 어려운 문제도 있고 아까 풀었던 것처럼 쉬운 문제가 있는데 어느 것을 풀래?" A 그룹 아이들은 대부분 쉬운 문제를, B 그룹의 아이들 대다수는 어려운 문제를 선택했다고 한다. 사람은 같은 보상을 받고자 하는 심리가 있다. 그리고 그것을 강화하고자 노력한다. 여기서 우리는 아이에게 어떤 점을 어떻게 칭찬해주느냐에 따라 아이의 미래가 달라질 수도 있다는 것을 알 수 있다. 상대방의 능력, 특성, 기질, 성품, 인격의 훌륭한 점을 인정해주고, 그것으로 상대가 스스로 본연의 가치를 찾을 수 있도록 말이다.

칭찬인가? 인정인가?

다음을 읽고 칭찬인지, 인정인지 구별해보자.

칭찬인가? 인정인가?

- 수고 많았어. 덕분에 이번 실적 초과 달성이야.
- 회장님, 정말 훌륭하세요. 작년 경영 실적 업계 최고예요.
- 당신이 성실하게 임해줘서 정말 고마워.
- 힘들 때 함께해주셔서 정말 고마워요.
- 열정적으로 노력해주셔서 감사합니다.
- 넥타이가 정말 잘 어울리세요. 색깔 감각이 좋으시네요.
- 당신의 사려 깊고 온유한 성품이 팀을 살렸어! 고마워.
- 당신 월급 올랐네. 멋지다.
- 당신 어쩜 그런 생각을 다 하지? 탁월해.
- 바쁠 텐데 끝까지 남아 일을 마무리해줘서 고마워.
- 당신이 내 남편이라 자랑스러워.
- 당신이 내 동료라서 정말 힘이 나.
- 오늘 당신의 유쾌함 때문에 아주 기분 좋았어.
- 네가 내 아들인 것이 정말 기쁘다.

칭찬에서

"부장님, 올해 실적이 사상 최대입니다. 정말 탁월하십니다."

"자네 올해 성과가 그 어느 때보다 놀라워. 수고했어."

"넥타이가 정말 잘 어울려요. 정말 근사한걸요?"

"어쩌면 몸매가 그렇게 날씬하세요? 슈퍼모델인 줄 알았어요."

인정으로

"부장님께서 끈기 있게 일을 마무리하셔서 실적도 사상 최대네요. 추진력이 대단하세요."

"자네는 언제나 열정적이라 자넬 만나면 나도 힘이 생긴다네. 고마워."

"사람들을 참 편하게 대해주시네요. 그래서 선생님을 뵈면 마음이 편해요."
"우리 곁에 있어줘서 정말 고마워요. 그동안 큰 힘이 되었어요."

같은 상황에 처하더라도 누구는 일어서고 누구는 주저앉는다. 똑같은 현상을 겪고도 어떤 이는 또 다른 도전의 기회로 삼고, 또 어떤 이는 끝없이 나락으로 떨어지기도 한다. 따라서 어떤 평가를 내려주고 어떻게 물어봐 주느냐에 따라 그것이 변화의 첫걸음이 될 수도 있고, 좌절감만 깊어지는 계기가 될 수도 있다. 상대의 가치를 알아봐 주고 인정해주는 일. 그것은 누군가 자신의 오리지널 디자인을 찾는 계기가 될 것이다.

박지성 선수의 이야기는 그래서 두고두고 회자된다. 2002년 월드컵 4강을 이룬 히딩크 감독은 박지성 선수에게 이렇게 이야기했다고 한다. "지성, 너는 양발을 쓸 수 있는 좋은 미드필더야. 게다가 성실하지. 체력만 더 키우면 유럽 리그에서도 뛸 수 있는 더 유능한 선수가 될 수 있을 거야."

이전까지만 해도 국내 감독들은 박지성 선수의 역량에 대해서 "유능하기는 한데 뭔가 부족하다."고 평가했다. 그를 국가 대표로 발탁해 주전으로 뛰게 하기에는 무언가 부족하고 불편하다는 것이었다. 하지만 히딩크는 그의 잠재력을 알아봐 주었다. 선수의 미래를 그려주었다.

박지성 선수가 영국 프리미어리그에 입성한 인터뷰 도중 이런 말을 했다. "나를 믿어주는 사람이 단 한 명이라도 있다면 그를 위해 그라운 드에서 뛰다 죽을 수도 있다고 생각했다. 그 사람이 바로 히딩크 감독 이었다." 히딩크는 박지성 선수의 능력을 칭찬하고 성실함도 인정하면서 그를 지지해주었다. 박지성 선수는 이러한 믿음과 지지를 기반으로 자신을 단련해 세계적인 선수가 될 수 있었던 것이다. 그리고 모두에게 대단한 결과를 보여주었다.

• 패턴 스위칭 6단계 프로세스 – Handling 스스로 운영하기 •

서로를 지지하는 24가지 행동 설계

- 이야기를 오래 참고 들어주기
- 관심을 가지고 감정 물어봐 주기
- 서로 무엇이 필요한지 물어봐 주기
- 상대방의 이야기를 듣고 다시 한 번 확인해주기
- 상대방의 수고를 칭찬해주기
- 상대방의 가치를 적극적으로 인정해주기
- 상대방에게 충분히 감사 전하기
- 상대방 일이 잘 되었을 때 축하해주기
- 바르고 참된 일에 서로 기뻐하기
- 자신의 업적을 과도하게 자랑하지 않기
- 성내지 않고 자신의 감정을 상대에게 알려주기
- 상대방의 기대에 관심을 가지고 물어봐 주기
- 어려워도 서로 쉽게 포기하지 않고 격려해주기
- 옳지 못한 일에는 동조하지 말고 먼저 알려주기
- 시기하거나 질투하지 않기

- 서로에게 친절히 대하기
- 서로에게 예의를 지키기
- 서로에게 품은 원한을 다른 사람에게 말하지 않기
- 상대방이 이야기하는 중간에 끼어들거나 잔 질문으로 끊지 않기
- 상대방의 이야기로 대화 시작하기
- 상대방의 이야기에 긍정적인 확언해주기
- 서로에게 다가가 안아주기
- 반가운 인사말로 환영하기
- 섣불리 가정하거나 추측하거나 판단하거나 지적하거나 평가하지 않기
- 상대방의 이야기에 집중하고 있다는 것을 언어적으로, 비언어적으로 보여주기
- 자신의 실수나 허물을 인정하기

남과 다른 나를 환영하라

다음 그림을 보고 1에서부터 16까지 순서대로 찾아보자.

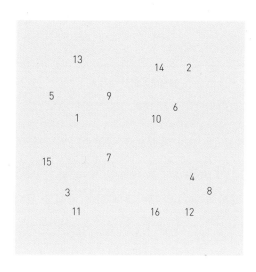

순서대로 숫자 찾기

이번에는 가운데에 십자를 그리고 왼쪽 위 칸에서부터 시계 방향으로 가며 각 칸에서 숫자를 하나씩 찾아보자. 왼쪽 위 칸에 1, 오른쪽 위

칸에 2, 왼쪽 아래 칸에 3, 오른쪽 아래 칸에 4가 있는 식이다.

순서대로 숫자 찾기 2

우리가 무언가를 몇 가지 유형으로 구분한다거나 특정 기준에 따라 '이런 사람' '저런 사람'으로 구별 짓는 이유는 흩어져 있어서 파악하기 어려운 것들에 나름의 규칙을 부여해 사람과 세상을 보다 쉽게 이해하기 위함이다. 하지만 그러한 규칙의 취지를 이해하고 자신과 다른 사람들을 이해하기 위한 노력을 시작했다면, 이제 그 규칙에서 벗어나 보자. 그 격자에서 벗어나 보자. 틀에서 자유로워지자.

인간은 태어나면 반드시 죽는다. 죽음 앞에서는 모두가 공평하고 차별이 없다. 앞서 우리는 각자 나름의 정체를 패턴으로 구분해보기도 하고 오리지널 디자인의 형태로도 구분해보았지만, 모두가 비교할 수 없는 존재 가치를 가지고 있음은 변함이 없다. 저마다의 가치는 다르다. 값이 서로 다른 것이 아니라, 가치가 다르기에 값을 비교할 수 없다는 뜻이다.

예를 들어 나의 1원은 너의 16원에 비해 15원 적은 게 아니라, 나의 1원은 네 16원과는 완전히 다른 통화라는 말이다. 각자가 전혀 다른, 교환될 수 없는 통화 가치를 지니고 있다는 의미다. 그렇지만 본인이 스스로를 아무 가치도 없다고 생각한다면 그에 대한 결과 또한 본인이 책임을 져야 한다. 자신이 가진 가치를 무시하고 타인의 가치를 시기한다거나, 거꾸로 내가 지닌 가치만 최고라고 생각하고 타인의 가치를 무시하는 이기심에 사로잡힐 때 문제가 발생한다.

본인이 내리는 스스로의 존재 가치 설정은 누구에게나 주어지는 특권이다. 그래서 독자성에 대한 평가는 남이 내리기 전에 자신이 주도적으로 내려야 한다. 나조차도 나를 믿지 못하는데 또 다른 누굴 믿을 수 있을 것이며, 또 그 누구에게 자신을 믿어달라고 이야기할 수 있겠는가. 진정한 능력은 나의 가치를 지지하는 일에서부터 시작된다.

삶이 시작되는 시점

TV에 나오는 코미디언들은 대체로 얼굴만 봐도 우습다. 매년 못생긴 개그맨들이 새로 등장한다. 고(故) 이주일 선생에서부터 박명수, 정종철, 오나미, 신봉선, 박지선까지. 뚱뚱한 몸매를 자기 강점으로 내세우는 개그맨들도 있다. 최근엔 김준현, 유민상이 그 계보를 잇는다. 이들에게는 공통점이 있다. 자신을 희화하지만 결코 비하하지는 않는다는 점이다. 다르다고 해서 그들 존재가 우스워지는 건 결코 아니다. 그들은 자신이 남과 다르다는 점을 부각시켜 사람들에게 웃음을 준다. 남과 다른 나를 적극 환영한다. 팔다리가 없는 닉 부이치치나 팔다리 길이가 10센티미터밖에 되지 않는 오토다케 히로타다 등도 마찬가지다. 그들 나름대로의 삶을 잘 영위하고 있고, 또한 많은 이에게 희망과 영감을 안겨준다.

다른 사람과 내가 신체적으로만 다른 건 아닐 테다. 문화와 환경이 다르고, 사고방식과 가치관도 다르다. 그래서 극복해야 할 과제도 많다. 내가 어릴 때는 여러 관습을 지켜야 한다고 배웠다. "잘 때 머리를 북쪽에 두어서는 안 된다." "베개를 포개어 두어서는 안 된다." "남에게 밥을 줄 때는 두 숟가락 이상 떠줘야 복을 받는다." "상갓집에 다녀오면 몸에 소금을 뿌려야 한다." 등이 그렇다. 비과학적이고 출처를 알 수 없는 미신이라도 오랫동안 그런 걸 믿는 문화에서 자라면 그게 당연한 것처럼 여겨진다. 본인이 동의하지 않더라도 그런 전통에 영향을 받을 수밖에 없다. 문화와 규범은 때때로 인간을 규정짓는 혹독한 굴레가 되기도 한다. 어제 오늘만의 일이 아니다. 공자와 맹자, 고대 그리스와 로마 시대에도 마찬가지였을 것이다.

고대 희랍인들은 신과 인간의 차이에 각별한 관심을 가졌다. 문화유산들이 그것을 증명한다. 자신에게 닥친 문제를 해결하기 위해 신전에 가서 신을 찾고 삶의 고민들을 풀어보고자 했다. 그중에서도 델포이의 아폴론 신전이 가장 인기가 많았다고 한다. 아폴론 신전은 "너 자신을 알라!"는 경구가 새겨진 곳으로도 유명하다.

고대 희랍인들은 삶의 문제를 해결하는 과정에서 '이성이 감정보다 우월하다'는 해석을 내놓았다. 그들이 보기에 욕망이 분출되는 것은 심각한 문제였다. 본능이나 감정으로 인해 고통이 생기기 때문에 그 대가로 피해를 입는다고 본 것이다. 그래서 욕구는 단단히 자신 안에 가두어야 하는 대상이었다. 사회적으로도 해로운 이 욕망이야말로 없애야 마땅한 것이었다. 그런데 '욕망'을 자신 안에 가둘수록 '나'라는 개인을 감추게 되었다. 본능은 덧없고 기만적이며 하찮기 때문에 없애야 하고, 그렇게 함으로써 본능의 지배로부터 자유로워지고자 했다. 이성이라는 그들만의 지고의 선(善)은 이렇게 탄생했다. 이성은 감정과 본능, 욕구와 욕망의 분출을 지배하는 자리를 차지하고, 욕망은 죄라는 오명을 뒤집어썼다. 그러나 이성을 우상화하고 자연적인 기초 욕구마저도 부정적인 방향으로 몰고 가면서 욕망을 부정하고자 하는 인간의 또 다른 욕망을 우상시하게 되었다는 자가당착에 빠지게 되었다.

여기서 우리가 교훈으로 짚고 넘어가야 할 점이 있다. 시대가 아무리 금욕적인 가치를 숭상하고 비이성적인 미신을 따른다 해도 자기 안의 질문은 자기가 찾아야 한다는 사실이다.

연애할 때 우리는 상대에게 멋지고 이상적인 모습만 보여주려고 한다. 하지만 그리 오래가지 못한다. 사랑하는 사람이 알고자 하는 것은 내가 가진 외적인 모습이나 소유한 물건이 아니다. 치장을 하지 않은 나, 있는 그대로의 나이다. 우리가 기대하는 사랑은 바로 있는 그대로의 나 자신을 받아들여 주고, 또 상대의 그런 모습을 받아들이며 평안을 얻는 것이다. 그게 사랑의 본질이다. 이는 개인의 취향이나 한 사회의 도덕을 뛰어넘는 가치다. 내가 올바르고 뛰어나 상대에게 받아들여지고 사랑받고 싶은 것이 결코 아니다.

서로의 존재 키워드 호명하기

어떤 물건을 가지고 있으면 그것을 구하기 위해 애써 찾으러 다니지 않는다. 집에 라면이 있으면 마트에 가서 라면이 있는지 없는지 일부러 물어보고 확인하지 않는다. 커피가 이미 내 손에 있으면 어떤 커피를 마실까 고민하지 않는다. 자기 존재감도 마찬가지다. 가족들에게 '내가 누군지' 인정받으면 굳이 그 질문을 밖에 나가서까지 하지 않아도 된다.

내가 누군지 아는 사람은 나의 정체를 굳이 확인할 필요가 없다. 엄마, 아빠가 있는 아이들은 집 밖에 나가 "나에겐 엄마도 있고, 아빠도 있다!"며 떠들고 다니지 않는다. 황금을 가진 사람도 굳이 "나 황금 가졌다!" 하면서 돌아다니지 않는다. 이미 자기 손에 쥐고 있기 때문에 말이 필요 없다. 황금을 갖지 못한 사람만이 "너는 황금을 가지고 있느냐?"며 여러 사람에게 따져 묻는다. 자기 존재를 스스로 긍정하고 존중하면 굳이 외부에서 구하고 살피지 않아도 된다.

라틴어로 '카리스마'는 신이 내린 선물이라는 뜻의 '카리스'에 이것을 담는 그릇인 '마'를 합한 단어다. 누구나 살면서 다른 사람이 자신을 부르는 이름을 수없이 듣는다. 하지만 남의 이름을 부르고, 내 이름이 불리는 일보다 더 중요한 것은 서로의 존재 키워드를 찾아주는 일이다.

서로가 서로의 존재 키워드를 찾아내 호명해주고, 존재 자체에 역동성을 불어넣어 주는 것이다. 내 이름, 내 직급, 내 업무, 내 역할이 아닌 나 자신의 진정한 생김새에 이름이 붙여지고 불릴 때 울림이 일어난다. 진짜 존재 가치인 '카리스'에 걸맞은 '카타르시스'가 발생한다.

누군가로부터 환영받는다는 것

딸아이가 유치원에 다닐 때 가족여행을 간 적이 있었다. 출발하려고 막 집을 나서는데 갑자기 비가 쏟아졌다. 딸아이는 그때부터 "가족 모두 우산을 한 개씩 다 챙겨가자!"며 떼를 쓰기 시작했다. 집 앞에 차가 주차되어 있었기 때문에 두세 걸음만 걸으면 되는데도 우산을 네 개나 챙기라는 것이다. 도착했을 때에도 비가 오면 어떻게 하느냐면서 계속 우산을 챙기자며 떼를 썼다. 내가 놀러 가는 곳이 서울에서 먼 데다가 비가 곧 그칠 거라는 예보가 있었기 때문에 그럴 필요가 없다고 말해도 소용없었다. 딸아이는 "그래도, 그래도."라면서 계속 우겨댔다.

돌이켜보면, 이 "그래도"는 "앞으로 무슨 일이 일어날지 내가 어떻게 알아?"의 다른 표현이었다. "도대체 이 비가 언제 그칠지, 차를 타고 가면 얼마나 가야 할지, 한 번도 가보지 않은 숙소가 어떻게 생겼는지, 그래서 우산이 필요할지 아닐지 내가 어떻게 알아?"의 다른 표현이었던 것이다.

딸아이의 말이 맞다. 앞으로 일어날 일을 우리는 모른다. 우리는 모두 세상에 처음 태어났으니까 말이다. 내게 무슨 일이 일어날지 한 치앞도 내다보지 못한다. 신생아들은 모든 것이 낯설다. 그래서 울고 불며 누군가 안아주고 자신에게 안정을 주기를 바란다. 아이들은 자신을 향한 애착과 관심을 직접적으로 느끼지 못할 때면 누군가로부터 공격받는 듯한 공포를 느낀다고 한다. 밤길을 걷는데 골목길 끄트머리에서 누군가 튀어나올지 모른다는 생각이 들면 자신도 모르게 오싹해지는 것처럼, 미래에 어떤 일이 일어날지 모르고 그게 나를 위협할지도 모른다는 생각이 들면 온몸에 힘이 들어가기 마련이다. 아이들에게 이런 두려움을 없애주려면 아이의 손을 잡고 "이 길 끝에는 이런 게 있단다." 하고 일러주어야 한다. 그것도 지속적으로 일러주어야 한다. 누군가에게 친절하게 안내를 받아보는 경험이 필요하다.

존재의 모양과 그 본질의 생김새에 구체적으로 언어화된, 친절한 환영을 받아본 사람들은 다르다. 공격받은 자는 다시 공격받지 않기 위해 방어 태세를 갖추고 있지만, 환영받은 경험이 내재된 자들은 또다시 환영받는 기쁨을 얻기 위해 자신의 문을 열고 상대방에게 자신을 개방한다. 이것은 일종의 훈련과도 같다.

오리지널 텍스트를 지지하라

미운오리새끼도 처음에는 자신이 누구인지 전혀 깨닫지 못했다. 주변에서 '알려줬기에' 자기 정체를 들여다보게 되었다.

"너는 우리와 달라. 색깔도 다르고, 모양도 다르고, 모든 게 다르다고!"

오리들이 알려줬기 때문에, 물에 자신의 모습을 비춰보며 나중에 자신이 백조라는 사실을 알게 되었다. 나 스스로는 내가 어떤 사람인지 알기 힘들지만, 누군가 친절히 안내해준다면 막연한 두려움은 사라질 것이다. 저 길모퉁이에 무엇이 있다고 해도, 그게 뭔지 누군가 알려주고 함께 손을 잡고 가준다면 두렵지 않다.

따라서 존재 키워드를 호명하는 연습 과정이 우리 모두에게 필요하다. 예를 들어 내 딸아이는 집안에선 하도 "이거 달라, 저거 줘라.", "이거 저건 주지 말고 저것도 주지 말라."라고 해서 '달라마라 공주'로 통하지만, 아이에게 아이의 본연의 모습에 대해 이야기해주기도 한다.

"너는 어떤 부정적인 비판에도 자신이 고귀하다는 점을 잃지 않는 당당한 품격을 가졌단다."

"너에게는 건강한 기쁨이 물방울처럼 넘쳐흐르는 찬란한 영롱함이 있단다."

"너는 그 어느 곳, 그 어떤 환경에서도 자신의 색깔을 주변에 밝히는 고운 빛을 가지고 있다."

"너는 모든 사람의 마음을 기쁘게 하고, 사람들에게 생동감 넘치는 즐거움을 주어 사람들의 마음을 벅차도록 한다."

"널 보면 무지개가 생각나. 세상 어느 곳이라도 환히 수놓고 사람들의 마음마저 따스하게 할 뿐만 아니라 자신의 빛을 잃지 않으면서 또 다른 빛을 품을 수 있는 무궁하고 신비로운 무지개가 떠오른단다."

"널 보고 있으면 장대한 바다가 그려진단다. 그 바다에선 어느 누구나 온종일 마음껏 헤엄칠 수 있고, 그 드넓은 마음을 누구라도 자연스레 알 수 있는, 그런 웅숭깊음을 가지고 있단다."

그 누구보다도 가장 가까운 사람에게 내 존재에 대한 지지가 흘러나올 때, 우리는 스스로의 가능성을 찾을 수 있다. 존재의 가능성을 더 분명하게 그릴 수 있다. 성취의 원천을 붙잡게 된다. 강점을 찾아내고 전략을 세운다. 보완할 점을 찾고 노력하게 된다. 자신에게 밴 패턴의 폐단을 줄이고, 각자의 오리지널 디자인을 제대로 발현하게 된다.

가장 소중한 이들에게 전하는 가장 소중한 메시지

사랑한다, 고맙다, 미안하다는 말 이외에 가장 소중한 이들에게 전할 수 있는 소중한 메시지에는 어떤 것이 있을까? 311쪽 메시지를 자신에게 소리 내어 말해주자. 혼자 이야기를 하면 쑥스러울 수도 있겠지만, 자기 목소리를 자기 귀로 듣는다면 큰 위안이 되고 힘도 얻을 수 있을 것이다. 그리고 소중한 이들에게도 소리 내어 말해주자.

어린 시절 어머니 무릎에서 선잠이 들었을 때, 어머니가 우리 머리를 쓰다듬으면서 동네 아주머니들과 나누던 말씀을 들은 적이 있을 것이다.

"이 아이는 커서 반드시 훌륭한 사람이 될 거예요. 자기가 알아서 뭐든지 척척 해낸다니까요. 이다음에 꼭 위대한 인물이 될 거예요."

우리 귓가를 스치던, 그 무의식에 각인된 어머니의 그 말처럼, 이제는 훨씬 더 위력 있고 살아 있는 입김으로, 우리의 원초적인 능력으로 나와 가장 가까운 이들에게 존재를 지지한다는 말을 생생하게 전달해보자. 미래는 이미 와 있다. 다만 우리 입으로 불리지 않았을 따름이다.

가장 소중한 이들에게 전하는 가장 소중한 메시지

- 당신은 있는 그대로 늘 충분한 사람입니다.
- 당신은 있는 그대로 늘 존귀한 사람입니다.
- 당신은 있는 그대로 늘 유능한 사람입니다.
- 당신은 있는 그대로 늘 탁월한 사람입니다.
- 당신은 있는 그대로 늘 필요한 사람입니다.
- 당신은 있는 그대로 늘 중요한 사람입니다.
- 당신은 있는 그대로 늘 감사한 사람입니다.
- 당신은 있는 그대로 늘 신뢰할 수 있는 사람입니다.
- 당신은 있는 그대로 늘 소중한 사람입니다.
- 당신은 있는 그대로 늘 용납받을 수 있는 사람입니다.

나는 몇 년 전부터 기업과 단체를 상대로 조직 멤버 케어링(Corporate Member Caring) 프로그램을 운영하고 있다. 일터에서 조직원들이 서로를 돌볼 수 있도록 도와주는 일이다. 목표는 하나다. 서로를 이해할 수 있도록 도와서 마진(Margin) 영역을 넓히는 것이다. 그동안 나에게 상담을 요청하는 이들은 문제의 답을 대부분 알고 있었다. 그런데도 문제를 안고 있는 이유는 정답을 몰라서가 아니라, 그 문제를 해결하는 데 필요한 에너지가 없어서였던 셈이다. 마진이 그 시점에 부족할 따름이었다.

어느 조직이나 시련이 있고 갈등이 있다. 당면한 과제도 산재해 있다. 하지만 어떤 팀은 흥겹게 문제를 풀어나가는 반면, 또 어떤 팀은 악순환을 되풀이한다. 그 차이는 문제를 해결할 힘과 의지가 있느냐에 달려 있다. 서로가 지닌 패턴의 폐단을 풀어주고 에너지를 불러일으켜 서로의 마진을 키우는 일은 그래서 무엇보다 중요하다.

강남에 위치한 K 병원에서 조직 멤버 케어링을 진행한 적이 있다. 그 병원은 매출 목표를 과도하게 높게 잡아 조직원들의 스트레스가 극심했다. 지나치게 많은 진료 일정으로 피로감에 시달렸고, 성과를 내야 한다는 압박감을 받았다. 병원장들 역시, 주변 병원들과의 과열된 경쟁과 막대한 은행 빚으로 인해 스트레스가 극심하긴 마찬가지였다. 경영진은 더 큰 성과를 위해 리더십 구조를 바꿔보고 고객 응대법도 바꿔보고 진료 동선을 수정해보기도 했지만 매출에는 큰 영향이 없었다.

나는 이 조직에 일터에서 자기 감정을 드러내고 서로를 인정해주는 공통 경험을 가져야 한다는 처방을 내렸다. 서로 진심을 알고 이해하게 되면, 어느 조직에나 있는 불만과 불협화음도 자연스레 해소되는 경우가 많기 때문이다. 프로그램을 진행하면서 사람들은 각자 자신의 경험과 그때 느낀 감정을 이야기하고, 얽히고설킨 감정들을 풀어냈다. 서로가 소중한 사람이라는 메시지를 이야기할 때는 눈시울을 적셨다. 이런 경험들이 동료라는 관계를 다시 맺는 계기가 되었다. 서로 불평하고 원망하는 대신 자신의 내면을 펼쳐 보이며 서로의 진정성을 향유했기 때문에 가능한 일이었다.

그렇게 지치고 피로한 조직원들은 조금씩 회복해나갔고, 병원은 반년이 채 지나지 않아 기존 매출의 두 배를 달성했다. 손님들의 반응도 달라졌다. 예전과는 다르게 자신의 마음과 욕구를 읽어준다는 것이었다. 직원들은 그런 결과를 얻을 수 있었던 가장 큰 이유로 서로에 대한 감사함을 직접 표현해본 일을 꼽았다. 결국 이들에게 필요했던 것은 서로의 감정에서부터 각자의 패턴과 오리지널 디자인까지 있는 그대로를 나누고 그것을 말로 표현해봄으로써 서로 신뢰를 쌓는 일이었던 셈이다.

조직 멤버 케어링은 한 외국계 자동차 대리점 아침 조회 방식을 완전히 바꾸어놓기도 했다. 책상을 없애고 모두 빙 둘러앉아 서로의 감정을 밀착해서 나누는 것으로 하루를 시작하는 것이다. 점장 혼자 직원들에게 일방적으로 일장 연설하던 예전 풍경과는 완전히 달라졌다. 조회 시간에 직원들은 자신의 감정을 이야기한다. "몸이 피곤해서 회사 오기가 싫었다." "오늘 계약하기로 해서 기대된다." "나는 본부장 프레젠테이션이 두렵다." "나는 부사장님과 만나기가 겁이 난다." "제발 그 손님과는 마주치지 않았으면 좋겠다." "제발 그 사람에게 전화가 오지 않았으면 좋겠다. 너무 괴롭다." "오늘만을 기다려왔다. 두근거린다." 등등. 무엇이든 다 좋다. 이 모두가 '있는 그대로 우리는 모두 소중한 사람이다.'라는 전제를 공유했기 때문에 할 수 있는 이야기이다.

이들은 자신을 가두고 있었던 감정의 실체들을 서로에게 공개하고 그 문제를 풀어내는 훈련을 했다. 우선 조직의 리더부터 실행에 옮겼다. 갈등의 사슬 중심에 있는 책임자들은 더 각별히 훈련받았다. 그 과정에서 함께 일할 때 어떻게 공감하고 이해해야 하는지 연습했다. 그동안 서로를 몰라 생긴 두려움 때문에 혼자서 어떻게든 해결해보려고 애쓰던 게 얼마나 비효율적이었는지를 깨달았다.

이후 이 대리점은 높은 성과를 올렸다. 그 전해에도 지역 본부 판매량 1위였지만, 이 경험을 한 이후 두 배 이상을 판매한 것이다. 직원 모두 괌으로 포상휴가까지 떠났다.

누군가를 미워하면 신기하게도 내가 아프다. 그 사람이 아팠으면 좋겠는데 내 몸이 아프다. 마녀가 백설공주를 저주하면 공주가 아파야 하는데 실은 마녀 자신이 고달프다. 백설공주는 마녀가 자신을 미워한다는 사실을 알고 나서 마음이 괴로웠다. 미워하는 사람과 미움받는 사람 모두가 아프니 그 누구도 미워해서는 안 되는 걸까? 무조건 참고 용서해야 옳은 걸까?

살다 보면 잊히지 않는 감정의 찌꺼기들이 생기기 마련이다. 풀리지 않는 응어리가 가슴에 남는다. 가족에게 그런 응어리가 져 있다면 더 괴롭다. 사랑하는 사이이고, 또 당연히 그래야 하는 사이이니 속마음을 말로 표현하기가 오히려 더 어렵다. 부모님이 주는 최선의 사랑이 자녀에게는 족쇄가 되기도 한다. 형제들끼리도 어떻게 마음을 전달할지, 어떻게 부탁을 거절할지, 자신이 원하는 것을 어떻게 잘 전달할지 고민이 된다. 마음먹고 대면해볼 때도 있지만 늘 결과는 비슷하다. 반복되는 대화의 어떤 흐름이 있기 때문이다. 고치고 싶어도 또다시 되풀이되는, 삶에서 가장 가까운 이들을 대하는 서로의 고질적인 습관이 있다.

내가 나를 놓아주지 못하는 것도, 대를 이어 자녀를 풀어주지 못하는 것도, 부부나 형제, 친구와 동료를 서로 붙잡고 놓지 못하는 것도 한 가지 이유 때문이다. 바로 너도 나도 사랑받고 싶다는 마음 때문이다. 하지만 언제 그 이유를 몰라서 문제가 생겼던가!

이제 가장 소중한 사람들에게 돌아갈 시간이다. 그에 앞서 스스로에게 물어보자. 패턴이 가져오는 폐단을 풀고, 에너지를 되찾기 위한 SWITCH 프로세스, 그 여섯 가지 가이드라인을 상기해보자.

S 진짜 자기 감정과

W 바라는 욕구,

I 사실을 찾아 있는 그대로 지지하자. 그리고

T 자신의 연약함을 우선 인정하고,

C 그 연약함을 정면으로 직시하면서

H 그 너머에 있는 나의 오리지널 디자인을 지지해보자.

사랑하는 사람들과의 관계는 곧 자아의 확장이다. 따라서 나에게도 답이 있다. 내가 변하면 관계도 변한다. 내가 변하는 만큼 우리도 함께 변한다. 이것은 나와 너, 가정과 일터에서 벌어질 미래다.

나의 패턴 스위칭

초판 1쇄 발행 | 2014년 2월 10일

지은이   김형기
책임편집   김원영
디자인   박은진·김한기

펴낸곳   바다출판사
발행인   김인호
주소   서울시 마포구 서교동 어울마당로 5길 17 (서교동, 5층)
전화   322-3885(편집), 322-3575(마케팅부)
팩스   322-3858
E-mail   badabooks@gmail.com
홈페이지   www.badabooks.co.kr
출판등록일 1996년 5월 8일
등록번호   제10-1288호

ISBN 978-89-5561-692-7 03180